Remote Viewing

Forschungen, Erkenntnisse, Anwendungen in Theorie und Praxis

Manfred Jelinski

Remote Viewing

Forschungen, Erkenntnisse, Anwendungen
in Theorie und Praxis

Dank an die vielen Viewer für die Erfahrungen,
die ich mit ihnen machen durfte.

Manfred Jelinski
Remote Viewing
Forschungen, Erkenntnisse, Anwendungen in Theorie und Praxis

1. Auflage 2015

Titelseite:
Illustration: Benny Pamp
Gestaltung: Indigo Kid

Layout: Indigo Kid
Alle Bildrechte beim Autor, wenn nicht anders angegeben

Druck und Bindung: PRESSEL Digitaler Produktionsdruck, Remshalden

ISBN (Print): 978-3-933305-25-1
ISBN (E-Book): 978-3-933305-37-4

Ahead and Amazing Verlag, Jelinski GbR, Magnussenstr. 8, 25872 Ostenfeld
www.aheadandamazing.de, www.rv-akademie.com

RV macht erstmal gar nichts - aber jeder kann es,
das macht alles so kompliziert.

Für Peter Brandt, der uns viel zu früh verließ.

Deutsche Bücher und Videos über Remote Viewing bei AAA:

Geheimnisse des Remote Viewing, Frank Köstler, AAA, 2002, 224 S.
Verdeckte Ziele, Frank Köstler, AAA, 2003, 220 S.
Der verborgene Plan, Frank Köstler, AAA, 2006, 350 S.
Alltägliche Wunder, Frank Köstler, AAA, 2010, 350 S.
Tanz der Dimensionen, Manfred Jelinski, Kopp-Verlag, 2000, 400 S.
AAA, Überarbeitung 2008, 420 S.
Remote Viewing – das Lehrbuch Teil 1, AAA, 2001/2012, 220 S.
Remote Viewing – das Lehrbuch Teil 2, AAA, 2003/2008/2013, 210 S.
Remote Viewing – das Lehrbuch Teil 3, AAA, 2004/2013, 230 S.
Remote Viewing – das Lehrbuch Teil 4, AAA, 2007/2013, 290 S.
Schritte in die Zukunft, Manfred Jelinski, AAA, 2002/2013, 220 S.
Die Bar am Ende des Universums, 1. Anflug 2003, AAA, 220 S.
Die Bar am Ende des Universums, 2. Anflug 2007, AAA, 270 S.
Die Bar am Ende des Universums, 3. Anflug 2011, AAA, 270 S.
Die Bar am Ende des Universums, 4. Anflug 2015, AAA, 260 S.
Sportwetten mit Remote Viewing, AAA, 2009, 170 S.
Das Ende aller Geheimnisse, Video, AAA, 1997, ca. 80 min.
Erkenntnisse aus dem Unsichtbaren, Video, AAA, 1998, ca.150 min.
Die Grauen in Louisas Landschaft, Manfred Jelinski, RV-Roman, AAA 2011, 240 S.

Erhältlich über den Buchhandel und den RV-Shop www.remoteviewing.de

Remote Viewing
Forschungen, Erkenntnisse, Anwendungen in Theorie und Praxis

Inhalt

Vorwort

Über die Jahre hinweg habe ich immer wieder Artikel für Webseiten, Online- und Printmagazine geschrieben. Anlass dafür war, dass bestimmte Teile des RV-Ablaufes ins Blickfeld gerieten, weil eine Session oder die Erfahrung bzw. die Schlussfolgerung einer Person eine Frage aufwarf. Soweit es mir möglich war, habe ich versucht, diese aus meiner Erfahrung und meinen Forschungen heraus zu beantworten. Das ist natürlich oft „State-of-the-Art", aber das bedeutet auch, dass es solange gilt, bis jemand fundierte andere Erfahrungen gemacht und dazu Rückschlüsse gezogen hat.
Inzwischen stellte ich fest, dass es eigentlich schade ist, diese Artikel so verstreut herumfliegen zu lassen und die Sammlung zwischen Buchdeckeln auch den Reiz hat, solche Artikel nahe beieinander zu haben, sie miteinander verknüpfen zu können und daraus wieder neue Schlüsse ermöglicht zu bekommen. (Außerdem muss man sie nicht immer wieder neu schreiben, weil sie im weiten Netz im Laufe der Zeit schlechter auffindbar sind, sondern kann auf diese verfügbare Publikation verweisen.)
Natürlich ist es sozusagen eine "Zweitverwertung", aber ich denke, wegen der geschilderten Gründe eine legitime.
Wer ein Verfechter des Free-Download ist und findet, dass Menschen, die an Erkenntnissen arbeiten, diese Arbeit in jedem Fall immer umsonst der „Allgemeinheit" zur Verfügung stellen müssen, muss dieses Buch nicht kaufen, kann sich eben genau alle diese Artikel im Netz zusammensuchen.
Das kostet dann eigene Zeit (die ja in dieser Philosophie auch nichts kostet) und die Anhänge, zusätzliche Bebilderungen und Weiterführungen sind dann ebenfalls nicht zugänglich. Aber, nun, es ist „for free", wem das wichtig ist.
Darüber hinaus steht es jedem frei, selbst Forschungen anzustellen, diese zu publizieren und sich über Interessenten zu freuen. Ich mache mir diese Werke dann auf dem billigsten Weg

zugänglich, den ich kenne: ich kaufe einfach das Buch, wenn es das gibt. Denn meine Zeit ist mir kostbar, ich werde sie nicht durch endlose Netz-Recherche, das Ausdrucken und Sortieren und Ablegen vertändeln, sondern im Bedarfsfall einen Griff ins Regal tun.[1]
Und deshalb dieses Buch.
Und nur so ganz nebenbei: Die allermeisten Artikel sind weiter bearbeitet, komplettiert und mit Bildmaterial versehen.
Ich wünsche allen Lesern ein erfülltes „Vorandenken".

Manfred Jelinski, Juni 2013

Zweites Vorwort

Da kann man mal wieder sehen, wie der Alltag dazwischenfunkt. 2013 sollte dieses Buch erscheinen, nun ist es 2015. Aber das kennen wir schon: Wenn man ein wichtiges Vorhaben hat, wird es garantiert schwer, es umzusetzen. Was uns zu einer generellen Aussage bringt. Alles Neue hat es schwer, sich durchzukämpfen. Das kann man an der Verbreitung von Remote Viewing in Deutschland einfach ablesen. Die entschlossene Trägheit des Ereignisstroms ist sehr schwer umzulenken. Aber die letzten zwei Jahre waren deshalb nicht unnütz. Es gab eine Menge Seminare, Zeitschriftenartikel und sogar einen vierten Anflug an „Die Bar am Ende des Universums", denn es gab doch wieder genügend Remote Viewer, die sich bereit fanden, aus ihrem Nähkästchen zu plaudern. Und nicht zuletzt: Einige Artikel wurden in dieser Zeit neu geschrieben oder aufgearbeitet. Und das ist doch auch wieder ein Vorteil. In diesem Sinne wünsche ich viele Aha-Erlebnisse, wie ich sie auch hatte.

Manfred Jelinski, August 2015

---

[1] E-Bookordner sind auch nur Regalfächer

Was genau ist Remote Viewing?
(Und was ist es nicht?)

„Remote Viewing ist“, so Günter Haffelder 1997 in seinem Gehirnforschungsinstitut, „eine faszinierende Methode... so genau wussten wir es bisher noch nicht. Und wenn das möglich ist ...“
Fragt man andere Personen, die vielleicht gerade erst mit dem Thema in Berührung gekommen sind, so hört man unter Umständen:
„Remote Viewing ist, wenn man sagen kann, was für ein Bild in einem geschlossenen Umschlag steckt! Ist ganz einfach, kann jeder!“
Tatsächlich ist Remote Viewing nun in weiten Kreisen der Bevölkerung angekommen. Es hat auch lange genug gedauert von dem Zeitpunkt an, als die Methode 1995 öffentlich wurde bis jetzt, wo jeder, der in der medialen Szene etwas auf sich hält, selbstverständlich auch Remote Viewing anbietet. Und es jeder Internetbenutzer durch Ansehen von ein paar Videos lernen kann.
Wenn man allerdings nachfragt, wie man Remote Viewing praktiziert, gehen die Meinungen weit auseinander.
„Man setzt sich hin und schreibt einfach alles auf, was einem durch den Kopf geht!“, ist der eine Pol der möglichen Ansichten. Andere behaupten, man müsse sich in einem abgedunkelten Zimmer bequem hinlegen und den Geist ungebändigt reisen lassen. Wieder andere behaupten, man müsste seinen Schlafsack dazu mitbringen.
Kann es sein, dass alles das Remote Viewing ist? Dann wäre es ja wie früher schon, nur, dass es damals „Hellsehen“, „automatisches Schreiben“ oder „Geistreisen“ bzw. “Schamanische Reisen“ hieß.
Was ist dann das Besondere an dieser Methode und warum machen sich manche dieser „Remote Viewer“ so wichtig und wollen das Gelbe vom Ei für sich reserviert haben?

Die Antwort ist ganz einfach: Weil mittlerweile kaum noch Remote Viewing drin ist, wo Remote Viewing draufsteht. Das ist ein gesellschaftlich üblicher Prozess. Wenn etwas erfolgreich ist, übernimmt man es gern für die eigene Vita, auch wenn es sehr zurechtgebogen werden muss. Und wenn ich versuche, hier etwas geradezurücken, wird man in weiten Kreisen mich bestimmt einen „verbissenen Verfechter der reinen Lehre" nennen. Und man wird selbst bei Berühmtheiten wie dem amerikanischen „Remote Viewer Nr. 001", Joseph McMoneagle fündig, der auch in seinem einzigen Interview in Deutschland 1998 erzählte, dass es verschiedene Methoden unter dieser Bezeichnung gäbe. Er habe sie alle zusammen mit anderen Medien und einigen Wissenschaftler in verschiedenen Forschungsstätten untersucht.[2]

Joe McMoneagle mit Frau Nancy beim Einkaufsbummel in Hamburg 1998

Um hier zu einer adäquaten Beurteilung zu gelangen, muss man allerdings zur Kenntnis nehmen, dass McMoneagle von Vorgängen in den 1970er und Anfang der 1980er Jahren sprach, als man generell noch abenteuerliche Vorstellungen hatte, welcher besondere Umstand im Gehirn eigentlich für diese merkwürdigen Fähigkeiten von manchen Menschen verantwortlich ist.

[2] Gemeint sind: SRI-Forschungsprojekt, PEAR-Projekt der Universität Philadelphia, Forschungsprojekte am Monroe-Institut und die verschiedenen Herangehensweisen unter der Schirmherrschaft von CIA, NSA, DIA und INSCOM im militärischen Bereich der USA. Hinzu kamen diverse Fernsehauftritte, auch für ausländische (deutsche, japanische) TV-Stationen.

Es ist tatsächlich so, dass „altgediente Remote Viewer“, die sich schon lange aktiv mit diesem Prozess befassen, im Laufe der vielen Jahre tatsächlich mit einem Minimum von dem arbeiten können, was wir heute „das Protokoll“ nennen und was bei wirklich jedem Menschen die gleichen Effekte zeigt. Und dass sie wenig Verständnis dafür zeigen, welchen Aufwand manche der heutigen Trainer betreiben, um den Interessierten diese Fähigkeiten zu vermitteln.
Deshalb ist es an der Zeit, einmal genau zu definieren, was Remote Viewing ist.
Das Problem, das wir dabei haben, möchte ich mit einem Vergleich darstellen. Nehmen wir für alles, was bisher genannt wurde, den zusammenfassenden Begriff „mediale Aktivität“, und ersetzen diesen Begriff durch „Obst“.
„Wenn du einkaufen fährst, bring doch etwas Obst für mich mit!“, ruft die Frau dem Mann hinterher, der gerade zu einer Besorgungstour aufbricht. Gehorsam kauft er Äpfel, Birnen und Bananen und entert fröhlich die heimatliche Wohnung. Die Frau schaut unwirsch auf das Mitgebrachte.
„Ich hätte aber gern Pflaumen, Apfelsinen und Tomaten gehabt!“, erläutert sie missgestimmt.
„Dann sag das doch bitte!“
„Aber du weißt doch, was ich mit Obst meine!“
„Nein, weiß ich nicht. Letztens hast du noch Bananen mitgebracht und den Kindern Äpfel hingehalten, weil Obst eben so gesund ist! Und überhaupt sind Tomaten gar kein Obst!“
Und – wunderbar – der schönste Streit ist da, der Tag ist gelaufen.
Der Umgang mit medialen Aktivitäten hat lange Tradition. Vielleicht ist das die Ursache, dass neuere Erkenntnisse, die im Gesamtrahmen wirklich zum Verständnis dieses bisher so nebulösen Themas beitragen, bei Bekanntwerden in falsche Schubladen gelegt werden. Hinzu kommt, dass der Begriff „Remote

Viewing" schon ungefähr ein Jahr nach Beginn der Forschungen[3] feststand, als man noch nach den Faktoren suchte, die „übersinnliche" Fähigkeiten zur Entfaltung bringen.
Inzwischen kann man (und sollte man auch, damit einfach nur der Verständigungswirrwar endlich abnimmt) eine eindeutige Definition des Begriffes „Remote Viewing" vornehmen:
Remote Viewing ist ein Prozess der Informationsgewinnung jenseits der Sinnesorgane Augen, Ohren, Nase, Mund und Haut, allgemein als „die fünf Sinne" bekannt, also der Einsatz eines sechsten Sinnes demgemäß. Durch einen Ablaufplan, der bei jedem Menschen die gleichen Vorgänge im Gehirn erzeugt, ist es möglich, genauso exakt wie bei den „fünf Sinnen" solche Eindrücke zu bekommen, egal wo sich das zu untersuchende Gebiet oder Objekt befindet. Das kann räumlich und zeitlich sehr weit weg sein, in einem anderen Jahrhundert, auf einem fremden Stern, alles das spielt nur eine untergeordnete Rolle. Wichtig ist die Wiederholbarkeit, was ja das wissenschaftliche Ansinnen war.
Damit ist Remote Viewing durch den Gebrauch eines solchen genauen Ablaufplans, auch „Protokoll" genannt, definiert, in dem (sehr wichtig!) Mechanismen enthalten sein müssen, die die Assoziationsbereitschaft und Phantasie eliminieren können. Und damit haben wir schon den Knackpunkt der ganzen Geschichte genannt.
Remote Viewing ist die einzige Technik, in deren Durchführung
1. überhaupt darauf aufmerksam gemacht wird, dass Assoziationen des Gedächtnisses immer eine Rolle spielen, weil sie für das physische Überleben im Alltag so wichtig sind, und die zeigt,
2. dass es Möglichkeiten gibt, diese für einen bestimmten Zeitraum „auf Kommando" außer Kraft zu setzen.
Diese Probleme haben einige weltweit verbreitete Lehren schon vor Tausenden von Jahren erkannt, die Methoden zur Behebung des Problems blieben jedoch sehr einfach und schwer zu hand-

---

[3] 1971 oder 1972 am SRI, ganz sicher sind sich die historisch Beteiligten nicht immer, Ingo Swann meint: Dezember 1971. Privat forschte er schon Jahre vorher.

haben. Die chinesische traditionelle Meditation „betrachtet ohne Emotionen den unberührten Spiegel eines Sees und wartet ab, was sich dort zeigt.“ [4]
Dazu muss man seinen Geist sehr stark disziplinieren, was oft viele Jahre nachhaltigen Bemühens bedeutet. Das Remote Viewing-Protokoll erledigt das mit ein paar Anwendungen sozusagen „nebenbei“. Die noch in der Anfangszeit der Forschungen praktizierten „Cool-Down-Phasen“ werden praktisch überflüssig. Ein einigermaßen geübter Remote Viewer kann sich zu jeder Zeit (fast) überall hin setzen und darauf vertrauen, dass seine Ergebnisse einen hohen Grad an praktischer Relevanz aufweisen.

Jede Methode, in der Funktionen nicht enthalten sind, die Assoziationen, Phantasie und Emotionen ausfiltern, muss man anders benennen. Sie wäre nicht „Remote Viewing“.
Durch eine andere Bezeichnung würden Sinn und Existenzberechtigung anderer Methoden überhaupt nicht berührt. Es gibt eine Menge Anwendungen, die ebenfalls PSI-wirksame Mechanismen enthalten und somit auch einiges an „Übersinnlichem“ bewirken.
Das Spannende daran ist aber, dass wir mit der Kenntnis, welcher Punkt im Protokoll welche Auswirkungen im Gehirn hat, auch andere Methoden erklären können.
Im Laufe der Jahre habe ich festgestellt, dass das Beginnertraining für Remote Viewing eigentlich die generelle Grundlage für alle PSI-Methoden bildet. Diese Methoden könnte man vielleicht auch noch mal umbenennen. In „PSI-Basis“ vielleicht.

---

[4] Dr. Manfred Kubny, Experte für traditionelle chinesische Philosophie im Interview 1997

Die Wahrheit über Remote Viewing

Dieser Artikel ist dem Andenken an Ingo Swann gewidmet, einem der bedeutendsten Remote Viewing-Forscher.

Wunsch und Wahrheit liegen oft weit auseinander. Manchmal gibt es sogar ein Happy End, mit dem niemand gerechnet hatte.
Als zu Beginn der 1970er Jahre an verschiedenen Stellen in den USA die Forschungen zu dem begannen, was wir heute Remote Viewing nennen, wollte man einfach nur der Angst begegnen, die Russen hätten auf einem bestimmten Gebiet unbemerkt die Vorherrschaft gewonnen. Im kalten Krieg eine ganz unangenehme Entwicklung, besonders wenn es ein Gebiet betraf, um das man sich kaum gekümmert hatte. Ingo Swann sei Dank, dass er das einmal so explizit herausgearbeitet hat!
Also steckte man plötzlich einige Millionen Dollar in die Erforschung dessen, was gemeinhin unter dem Begriff „Hellsehen“ bekannt ist. Was herauskam, konnte schlichtweg keiner erwarten und beschäftigt uns in der Forschung noch heute.
Wie wir wissen, wurden Methoden entwickelt (Methoden, sagt McMoneagle, nicht Protokolle!) um es tatsächlich zu ermöglichen, dass Menschen kontrolliert Dinge wahrnehmen, die sich dem Einzugsbereich ihrer normalen fünf Sinne entziehen. Wie erfolgreich sie dabei waren, wurde erst in den kommenden Jahrzehnten klar.
Denn Remote Viewing als trainierbare Methode bewirkt weitaus mehr als nur „Hellsehen“. Und am radikalsten arbeitet hier die Methode, die allgemein als CRV, inspiriert von Ingo Swann, bekannt ist.
Um diese Vorgänge zu erkennen, mussten die Anwender aber erst das Erstaunen überwinden, dass „so etwas“ überhaupt funktioniert. Der Wunsch, PSI zu enträtseln, führte zu völlig neuen Ufern beim Gehirntraining.
Wir in Deutschland waren ebenso erstaunt über unsere Erfahrungen und gingen mit unseren Beobachtungen in ein Gehirnla-

bor, machten spezielle Messungen, sammelten Daten, analysierten Abläufe und gingen deduktiv wieder zurück in die Praxis.

Als ich 1997 bei den ersten EEG-Messungen von Remote Viewern im Stuttgarter Institut für Kommunikation und Gehirnforschung zugegen war, waren alle Beteiligten höchst erstaunt, welch Muster Remote Viewer auf den Messprotokollen produzierten.
Günter Haffelder, der Begründer und Leiter des Instituts, wandte die damals revolutionäre Methode der Fast-Fourier-Darstellung eines EEGs an, in dem man topographisch sieht, was das Gehirn in einem bestimmten Zeitraum tut.

Betrachten wir den Ausdruck eines solchen Ablaufs:
Die Darstellung ist in zwei Hälften gegliedert, die jeweils die Aktivität einer Gehirnhälfte repräsentieren. Sie sind mit „rechts" und „links" bezeichnet. Die x-Achse zeigt die jeweilige Taktfre-

quenz des Gehirns an, hauptsächlich in den alltagswichtigen Bereichen zwischen Delta- und Gamma-Bereich.
Die y-Achse repräsentiert die vergehende Zeit des Versuchsablaufes. Die projizierte z-Achse zeigt die Ausprägung des Messwertes.
Diese Messmethode ist sofort auch für Laien interpretierbar.

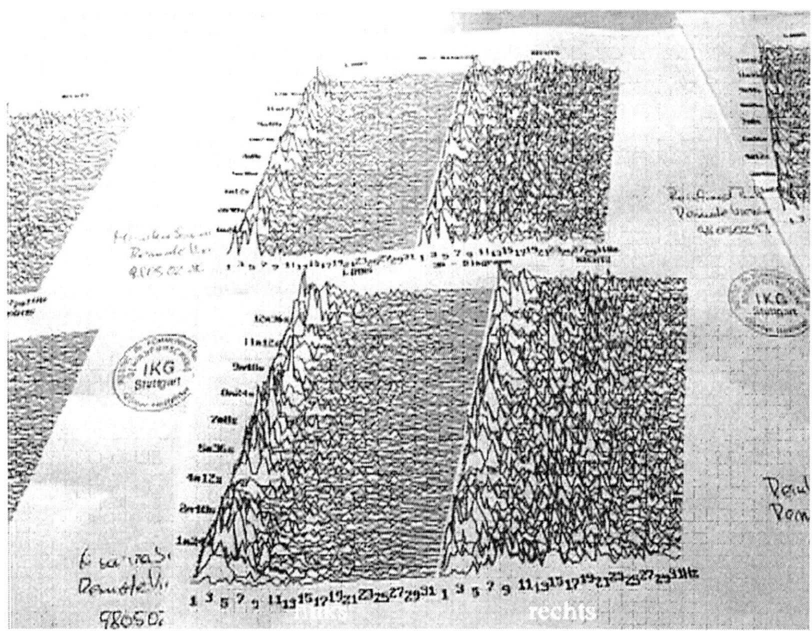

Was sofort auffällt, ist die erheblich stärkere Aktivität der rechten Gehirnhälfte in einer Session, die sich über die Zeitachse hin noch verstärkt. In einer normalen Situation müssten die Aktivitäten der linken Hemisphäre größer sein bis hin zu einer gewissen Ausgeglichenheit der beiden Seiten. Das ist hier deutlich nicht der Fall.
Wenn wir die Messungen von Aktivitäten des Gehirns bei anderen Tätigkeiten zum Vergleich heranziehen, wird die These unterstützt, dass sich die linkshemisphärischen Bereiche eher mit

rationalen Dingen beschäftigen: Wahrnehmungsorganisation, Entscheidungen, Situationsbewertungen, Ordnungsverhalten.
Die rechte Hälfte beschäftigt sich mit intuitiven Inhalten: künstlerisches Gestalten, übergeordnete Koordination, spontane Eingebungen.
Die linke Hälfte arbeitet seriell, d. h. hintereinander, während die rechte Hälfte an dieses Hintereinander nicht so sehr gebunden ist und eher parallel arbeitet.
Für unseren Alltag wäre es sehr ungesund, wenn beide Gehirnbereiche die gleiche Autorität hätten. Deshalb gibt es ein Kontrollprogramm, das den Kontrollinstanzen der linken Hemisphäre die Entscheidung überlässt und den Einfluss der rechten Hemisphäre stark begrenzt.
Aus den Messungen können wir schließen, dass Remote Viewing diese Sperre mindestens teilweise aufhebt, indem die linkshemisphärische, sperrende Aktivität reduziert wird.
Die Folge ist, dass Informationen der rechten Hälfte Zugang zum Aufmerksamkeitsbereich finden und benannt bzw. niedergeschrieben werden können.
Diese Art Zugang zu Informationen nennen wir landläufig „Hellsehen", und die Schlussfolgerung ist, dass die Programme der rechten Hemisphäre den Anschluss an das sogenannte „Kollektive Unbewusste" mindestens kontrollieren, vielleicht aber auch herstellen. Hier müsste man noch die Interaktion mit der Hypophyse untersuchen, die von manchen als „Sende/Empfangsorgan" angesehen wird.
Aber zurück zu der Sperre zwischen linker und rechter Hemisphäre. Im Alltag ist das sehr sinnvoll. Wer auf eine rote Ampel zufährt, braucht Hellsehen in diesem Moment am Allerwenigsten. Beachtung von Verkehrsregeln ist hier nützlicher.
Deshalb wenden wir Remote Viewing auch in geschützten Situationen an.
Beide Gehirnhälften stehen über Taktfrequenzen miteinander im Austausch, das Corpus Callosum ist die organische Verbindung.

Das Beispiel eines PCs ist hilfreich: Es gibt zwar nur eine Gehirnhälfte, die Leistung ist aber von der Taktfrequenz abhängig.

Frequenzband	Frequenz	Zuordnung
Gamma	>30 Hz	Geistige Höchstleistung, Problemlösung, Angst, neuronale Reorganisation
Beta	>13 bis 30 Hz	Hellwach, geistige Aktivität, Konzentration, Aufmerksamkeit
Alpha	8 bis 13 Hz	Entspannung, Zustand kurz vor und nach dem Schlaf
Theta	4 bis <8 Hz	Leichter Schlaf, REM-Phase, Träume
Delta	0,1 bis <4 Hz	Traumloser Schlaf

Das sehr spezielle EEG-Bild einer Remote-Viewing Session kommt nach der Erfahrung von zahlreichen Messungen, die Günter Haffelder über viele Jahre hinweg auch an natürlichen Medien durchführte, in der gezeigten Ausprägung nur bei Verwendung des CRV-Protokolls in der gezeigten Ausprägung zustande.
Andere „mediale" Methoden sind auch wirkungsvoll, Ingo Swanns Ablaufplan bringt jedoch die deutlichsten Ergebnisse. Und das bei jedem Menschen. Er ist wie eine „Brechstange": in den 15 Jahren, seit ich RV anderen Menschen vermittele, hat es immer funktioniert, selbst bei Skeptikern.
Was macht dieser Ablaufplan mit dem Gehirn?
Die grundlegende Technik ist das Hin- und Herschalten zwischen den Gehirnhälften. Am Anfang, in Stufe 1, ist es am deutlichsten zu erkennen. Die Beschäftigung mit dem Ideogramm ist so ausgelegt, dass abwechselnd linke und rechte Programme gefragt sind.

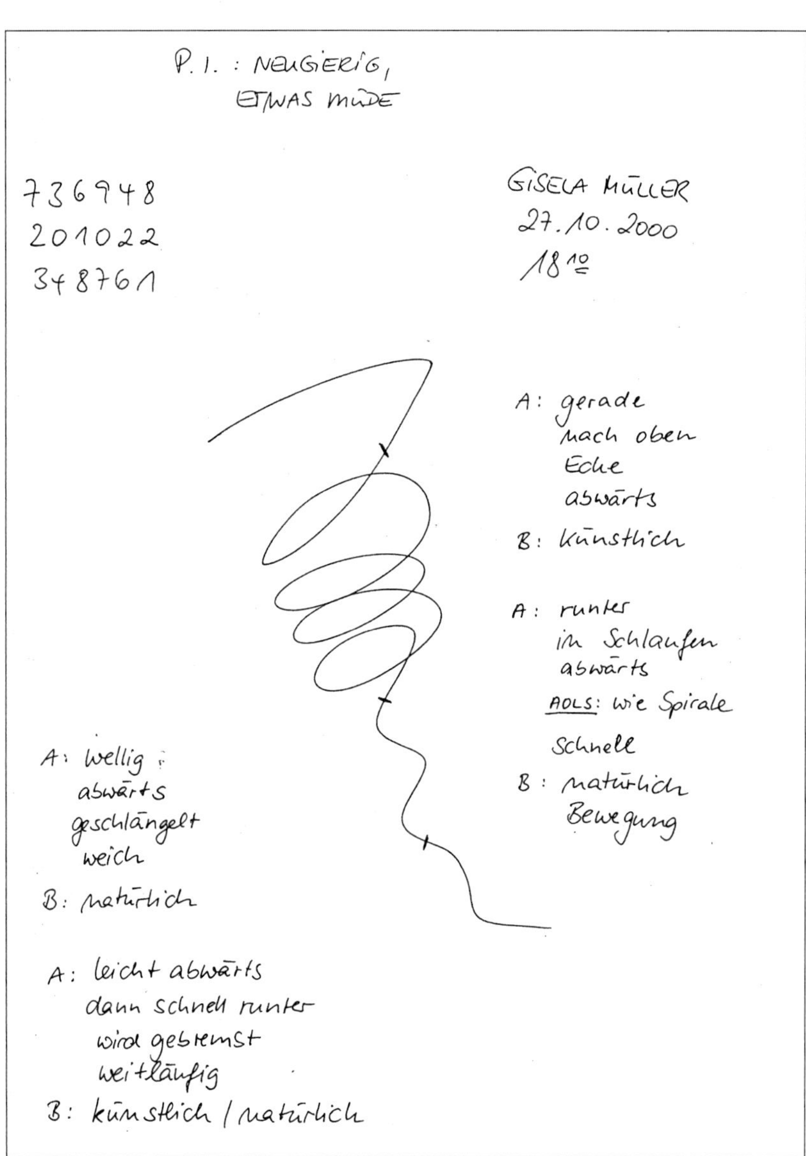

Protokollablauf Stufe 1

Analysieren wir den A-Aspekt.
Zuerst kommt die Beschreibung der Bewegung der Kurve. Auch wenn hier vom alten amerikanischen Manual die Gefühlskomponente in den Vordergrund geschoben wird, die Beschreibung der Kurve ist letztlich nichts anderes, als eine Beschreibung dessen, was man mit den Augen sieht. Das folgende „Hineinfühlen" in die Kurve ist die Aufforderung, die Kurve rechtshemisphärisch zu beschreiben.

Der A-Aspekt ist also ein Psychoschalter. Durch weiteres Umlegen dieses Schalters stellt sich mit der Zeit ein Zustand ein, der den beliebigen Zugriff auf beide Hemisphären erlaubt. Linkshemisphärisch wird die Fragestellung aufgenommen, rechtshemisphärisch wird sie beantwortet, dann wieder von dem (seriellen) Schreibprogramm festgehalten.
Damit wird nicht nur durch die ständige serielle Tätigkeit die Kapazität der linken Hemisphäre wie bei einem Windows-PC bis an die Grenze des Möglichen belastet, sondern auch die Kommunikation zwischen den Hemisphären kontrolliert durchgeführt. Mit einiger Übung, was eine Grundanforderung für Remote Viewer ist, lässt sich dieser Zustand immer leichter erreichen.
Ein weiterer interessanter Aspekt liegt in der Aktivität des Gehirns in verschiedenen Frequenzbereichen. Sehen Sie sich dazu noch einmal die Tabelle der einzelnen Bereiche mit ihren Bedeutungen an.

Wenn wir die EEG-Topographie einer RV-Session betrachten, fällt auf, dass besonders im oberen Alpha/unteren Beta-Bereich und im Delta/unteren Theta-Bereich eine starke Aktivität stattfindet, während im Alpha-Bereich die Aktivität stark zurückgeht. Bei 10 Hz ungefähr liegt die generelle Verbindungsfrequenz zwischen den Gehirnhälften, etwas unterhalb des aktiven Wachbereichs tauschen sich die Gehirnhälften aus.

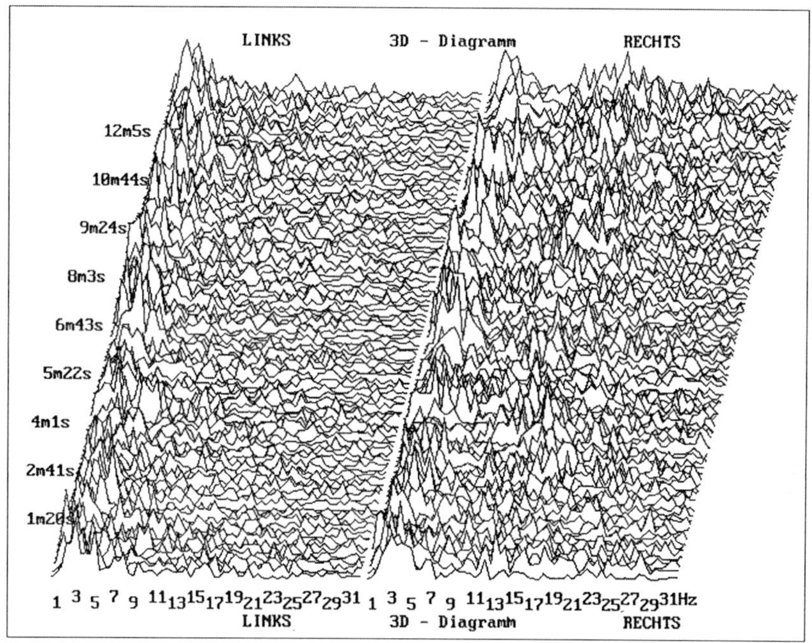

Wie man sieht, sind in diesem Bereich die höchsten Ausschläge in der rechten Hemisphäre. Hier liegt in der Session offensichtlich die Dominanz der informellen Tätigkeit. Die linke Hälfte ist hier passiv. Die rationale Schwelle existiert praktisch nicht mehr.

Der Bereich um 3 Hertz ist ebenfalls stark aktiv, hier allerdings sowohl links als auch rechts. Hier findet, weit unterhalb der Bewusstseinsschwelle, die Kommunikation während einer Remote Viewing-Session statt. Den Bereich von 3-4 Hz kann man sozusagen die Trägerfrequenz des PSI nennen.

Wie wir auf dem Bild mit den vielen verschiedenen Ausdrucken sehen können, sind alle diese Aufzeichnungen sehr ähnlich. Individuelle Unterschiede sind gering. In gewisser Hinsicht ein Beweis dafür, dass das Gehirn, das sich auf diese Prozedur eingelassen hat, nicht mehr zurück kann. Es muss den Vorgaben folgen und die Informationskanäle bereitstellen.

Ausdrucke einer Reihenuntersuchung von Remote Viewern. Leider war der Tisch zu klein.

Zum Glück findet es auch allein wieder in den „Normalzustand" zurück, wenn nämlich eine gewisse Ermüdung eintritt, denn Remote Viewing ist wie eine Mathematikaufgabe lösen: nach einer Stunde hat man erstmal genug.

Wie ich aber feststellen durfte, bewirkt der kontrollierte Ablaufplan noch viel mehr:

Durch das ständige Ansprechen des freien links-rechts-hemisphärischen Austauschs wird die gesamte Denktätigkeit angeregt und verbessert.

Die Akzeptanz für intuitive Wahrnehmung wird hergestellt und bringt Vorteile. Man ist schneller im Erkennen von Zusammenhängen. Man kann sich auf Informationen, die einem „zufliegen", verlassen. Alle meine Bücher schreibe ich so: Ich setze mich hin, formuliere ein Thema und los geht's, wie in einer Session. Das konnte ich früher nicht. Solche Beobachtungen werden uns auch

von anderen zugetragen. Das ist nicht erstaunlich, wenn man die Wirkungsweise der Methode von Ingo Swann begreift.
Die Wahrheit ist, Remote Viewing ist nicht nur „Hellsehen“. Mit dieser wissenschaftlichen Methode halten wir das Verständnis für grundlegende Prozesse im Gehirn in den Händen. Mit den zahlreichen anderen Erkenntnissen aus der Analyse dieser Methode (die den Rahmen dieses Artikels bei Weitem sprengen, kann man viele andere Anwendungen erklären und verbessern, wie z. B. Familienaufstellung, schamanische Praktiken und künstlerisches Schaffen. Auch auf die Lerntheorie haben diese Erkenntnisse einen großen Einfluss.

Manfred Jelinski und Günter Haffelder (rechts) in Stuttgart 1997

Was machen Remote Viewer mit der Methode?

Wenn Interessenten zu einer Ausbildung kommen, haben sie meist sehr konkrete Vorstellungen von Fragen, die sie beantwortet haben möchten und wofür sie Remote Viewing verwenden möchten. Die Palette ist da sehr breit. Von persönlicher, auch gesundheitlicher Optimierung bis zu Firmenanalysen, von Mysterien bis Kriminalfällen, von der Aufklärung von UFO-Phänomenen bis zur Zukunftsforschung war eigentlich schon alles dabei.

In der Ausbildung lernen die Interessenten, dass alles das möglich ist, aber Arbeit erfordert und für jedes Thema eine spezielle Vorgehensweise nötig ist.

Wem das nicht zuviel ist, der macht meist eine ähnliche Entwicklung durch: erst einmal alles „nachschauen".

Das ist auch die Phase, in der die Remote Viewer ihre Freunde und Bekannten messianisch „ins Boot holen" wollen und feststellen, dass die meisten vor Remote Viewing Angst haben, besonders, wenn man ihnen erzählt, wie genau man damit umgehen kann.

Die Entwicklung mündet meist darin, dass man die Methode entweder allein im jeweiligen Beruf (vom Heilpraktiker bis zum Firmenretter) als zusätzliches Instrument der Informationsbeschaffung anwendet, oder sich Gruppen anschließt, die bestimmte Zielrichtungen haben. Es gibt Spaßgruppen genauso wie Forschungszirkel. Geviewt wird nach Verabredung.

Einige haben sehr persönliche Projekte, für die sie immer auf der Suche nach Viewern sind, anderen genügt es, von Zeit zu Zeit nachzuschauen, wie sie ihr Geld anlegen. Auch das Finden von Auswegen aus problematischen Lebenssituationen steht oft auf der Tagesordnung. Und für einige ist auch „der Sinn des Lebens" wichtig. Das sind aber erstaunlicherweise wenige.

Das, was früher bei den Remote Viewern der Armee an der Tagesordnung war, nämlich Rüstungsspionage und vermisste Personen, ist völlig in den Hintergrund getreten. Spionage – wozu? Und vermisste Personen sind meist schon tot, wenn man sich ihnen widmet. Das möchte man sich ungern antun, zumal auch die Leute, die hier helfen könnten (Polizei, Suchorganisationen) selten bereit sind, „Hellsehergebnisse“ zu akzeptieren.

Berufliche Möglichkeiten

Vielfach wird über die Möglichkeit gesprochen, als Remote Viewer zu arbeiten, letztlich zum Viewen angestellt zu werden. Das sieht in der Theorie und in gewissen Angeboten sehr einfach aus: Zwei Stunden Arbeit am Tag und dann Freizeit. In der Praxis stellt sich das völlig anders dar.
In den vielen Jahren, seit ich an dem Thema arbeite, habe ich keinen einzigen Menschen kennengelernt, auf den das Berufsbild „Angestellter Remote Viewer“ zutrifft. Und das hat seine Gründe.
Ein gravierender Grund ist, dass die Arbeitsbedingungen „wie beim Militär“ in der freien Wirtschaft nicht funktionieren. Niemand möchte auf Dauer (und das heißt es ja, wenn man RV als Beruf anpeilt) jeden Tag mit erschütternden existenziellen Problemen oder Börsenkursen konfrontiert werden. Das ist es nämlich, was von der Außenwelt an Remote Viewer zumeist herangetragen wird. Menschliches Mitfühlen am Fließband ohne Zuwendung einer Referenzperson lässt den Viewer bald als Wrack zurück und wenn Sie auch nur einen Monat lang nur Börsenkurse bearbeitet haben, wissen Sie, wovon Sie in Zukunft am wenigsten belästigt werden wollen. Beruf bedeutet aber jahrelange Ausübung.
Ein anderes Problem kommt hinzu: Jeder einigermaßen intelligente Auftraggeber wird sich bald denken, dass ein guter Viewer auch über ihn alles wissen kann. Es nutzt nichts, Aufgaben nur verschlüsselt zu vergeben und später nicht aufzulösen. Schon weil ihnen viele Ergebnisse komisch vorkommen, werden Viewer „Backtrackings“ machen, also den Auftrag zurückverfol-

gen und sich den Initiator „anschauen". Welcher Firmenvorstand möchte das?
Und nicht zuletzt: Das menschliche System ist nicht dazu ausgerichtet, jeden Tag für einen längeren Zeitraum hellsichtig zu arbeiten. Die Kollegen der rein medialen Seite werden dem zustimmen. Man muss auch andere Dinge tun, sozusagen „Ausgleichsgymnastik" betreiben. Wenn man mit einer „Online-Fähigkeit" geboren wurde, hatte man ein Leben lang Zeit, sich damit einzurichten, oder man landete in der geschlossenen Anstalt. Nach Ansicht RV-kundiger Pfleger, mit denen ich sprach, könnten viele Insassen als geheilt entlassen werden, wenn sie die Sperre gegen die Eindrücke aus der rechten Gehirnhälfte wieder hochfahren könnten.
„Gelernte" Remote Viewer sind hier hochgradig gefährdet. Es ist wie mit allem im Leben: Ein Kilo Schokolade am Tag verträgt auch niemand.
Allerdings kann ich aus langjähriger Erfahrung auch ein Arbeitskonzept anbieten, in dem Remote Viewing als Lebensaufgabe funktioniert. Hier handelt es sich aber um ein gruppendynamisches System, in dem gegenseitiger Beistand und wechselnde Aufgaben eine große Rolle spielen. Dafür fehlt allerdings bei Auftraggebern (noch) die Akzeptanz. Die momentane Einstellung ist da doch so, dass man Einzelkämpfer haben möchte, die man besser kontrollieren kann. Dass genau das zu der heute zweithäufigsten Krankheitsursache BURN OUT führt, muss sich offensichtlich noch weiter schmerzhaft herumsprechen. Diesen Effekt können wir erst einmal bei vielen anderen Berufen beobachten, das ist ein prinzipielles menschliches Problem. Professionalität bedeutet in diesem Sinn nicht nur viel Erfahrung und Abgeklärtheit bei bestimmten Themen, sondern sich auch nicht mit Betriebsamkeit zuzuschütten oder in einem starren und vielleicht sogar engen Konzept einzuschnüren. Und am Besten jemanden dabei zu haben, der das begriffen hat. Zur Sicherheit.

Darf RV Spaß machen?

Diese Frage hat schon bald, nachdem Remote Viewing nach Deutschland kam, viele beschäftigt. In Amerika ist es offensichtlich kein Problem, dort ist alles Spaß und muss verkauft werden. Das haben wir eigentlich für Deutschland inzwischen auch importiert, weil doch die Psychologie in vielen Experimenten herausgefunden hat, dass mit Spaß auch unspaßige Dinge zu ertragen sind. Besonders die Satiriker leben davon, aber inzwischen hat es auch jeder Wirtschaftszweig erkannt. In der Schule sollen spaßige Schulbücher die Leistung verbessern. Allerdings schlägt das Pendel auch öfter mal in eine andere Richtung; man ist zusehends genervt, wenn immer alles nur noch Spaß ist oder dafür verkauft wird. Das ist nicht mehr lustig.

Aber ist das wiederum ein Grund, ein Thema tiefsinnig verknöchert mit herangezogenen –Ismen dogmatisch vor der Freude daran zu bewahren? Das ging schon mit den Religionen schief, was nur noch von eingefleischten Fundamentalisten bestritten wird.

Wenn ab und zu in Foren oder auf Facebook die Diskussion aufflackert, ob RV nur der eigenen Transzendierung, der reinen Wissenschaft oder den persönlichen Belangen dienen darf, darf man schon mal mit dem Kopf schütteln. Ist Remote Viewing ein Werkzeug oder eine Religion? Da freut man sich doch immer wieder über Feedback-Mails zu einem Ausbildungsblock, die so lauten, wie diese hier von Dirk E. aus Neumünster: „Hallo Manfred, wir sind fleißig am üben und RV macht uns einen riesigen Spaß - mir persönlich tut das richtig gut.“

Selbstverständlich ist Remote Viewing für den Alltag bestimmt, natürlich auch dazu, Spaß zu haben. Das kann ja auch bei wichtigen Themen sein, die man damit bearbeitet. Fragen der Lebensführung zum Beispiel, der Verbesserung der persönlichen Situation. Remote Viewing war nie gedacht als meditativer Flugsimulator oder als neue Glaubenskeule, es sollte immer ein

Werkzeug sein, um reale Probleme einer Lösung zuzuführen. Eine Methode, Erkenntnisse dem bisherigen Wissen hinzuaddieren, besonders dann, wenn man mit herkömmlichen Methoden nicht weiterkommt. Eigentlich ist das doch sehr positiv, oder?
Ursprünglich wurde es als Informationswerkzeug entwickelt, um Dinge herauszufinden, an die man „normal" nicht herankam. Die Informationen sollten also unbedingt für den Alltag sein, auch wenn es damals vielleicht ein politischer und militärischer war. Kann man diesen bodenständigen Anspruch nicht einfach beibehalten?
Das Hauptproblem ist doch, dass man Stimmungen, Einstellungen und Vorstellungen nicht für alle Menschen generalisieren kann. Jeder hat seine Sozialisation und persönliche Vorlieben. Was in dem Geflecht der menschlichen Psyche passiert, ist schwer überprüfbar, das haben viele Generationen von Psychologen und Psychiatern leidvoll feststellen müssen. Und es berührt oft Bereiche, die man einfach nicht überall ausbreiten möchte. Wenn man es doch tun möchte, unbenommen, aber muss man dies ALLEN Anwendern empfehlen? Vielleicht sogar den alleinigen Sinn von Remote Viewing in der eigenen Bauchbespiegelung sehen?
Das ist schon fast Glaubensterrorismus.
Es steht außer Frage, dass die Ergebnisse eines jeden Remote Viewers durch persönliche Erfahrungen gefärbt sind. Man kommt nicht umhin, für die Übersetzung der Eindrücke aus der Matrix die persönlich gespeicherten Informationen zu benutzen. Das tut jeder Dolmetscher und auch bei dieser Berufsgruppe können sich Fehlinterpretationen einschleichen, obwohl es doch festgelegte Wörterbücher gibt.
Remote Viewing ist eine so junge Wissenschaft, dass wir meines Erachtens nicht erwarten können, dass alle Probleme gelöst sind. Ich selbst bin schon glücklich, wenn sie formuliert werden und man erste Lösungsansätze sieht. Bei vielen Targets kann man die geviewten Ergebnisse mit der Realität überprüfen. For-

schungsgegenstand ist dann, für bestimmte Menschen charakteristische Abweichungen zu erkennen und zuzuordnen.
In meiner Erinnerung gehörten dazu neben sehr ernsten und dadurch beeindruckenden Targets auch immer die komischen Ergebnisse von Sessions. Man konnte sie in gemütlicher Runde erzählen und die anschließenden fröhlichen Erörterungen haben mir persönlich viel gebracht. Andere Gesprächsteilnehmer wurden animiert, ihre Erkenntnisse ebenfalls zum Besten zu geben und weil das alles in guter Stimmung passierte, kann ich mich auch besonders gut erinnern. Das ist völlig im Einklang mit den Erkenntnissen der Lernforschung. Nie wieder lernt der Organismus so viel wie im Kindesalter und wenn man sieht, wie die Natur diesen Lernprozess ausrichtet, nämlich spielerisch froh, hat man eine der wichtigsten Essenzen des Lebens erkannt. Unangenehme Erinnerungen werden dagegen gern unterdrückt. Mit dem Rohrstock auswendig gelernte Inhalte führen erheblich seltener zur kreativen Anwendung. Es genügt, wenn man die heiße Herdplatte erinnern kann, man muss die Hand nicht so lange drauf halten, bis sie verschmort ist.
Schon deshalb möchte ich an dieser Stelle eine Lanze für den Spaß im Remote Viewing brechen.
Wir sind hier auch nicht mehr beim Militär, wo Viewen zwangsverordnet wurde. Und selbst zu dieser Zeit haben die beteiligten Menschen versucht, ihre Arbeit mit Humor auszugestalten.
Man wird diese Erkenntnisse passionierten Eigenbrötlern kaum nahebringen können. Was man aber kann, ist dagegen zu halten und zu berichten, welche positiven Erfahrungen man in einer Arbeit mit Remote Viewing haben kann. Besonders wenn sie in Gruppen durchgeführt werden.
Denn aufgrund der beschriebenen Eigenarten ist es bei den meisten Projekten angeraten, sie mit einer Gruppe von Viewern und Monitoren zu bearbeiten. Natürlich muss man dazu teamfähig sein, aber auch das sollte nicht schwerfallen. Es ist ein erkennbarer Umstand, dass die gemeinsame Arbeit förderlich ist. Sonst hätte die Natur darauf verzichten können, den Menschen

die Lust auf Familie und Zugehörigkeit zu einer Sippe einzugeben.
Die Schwierigkeit bei der Ausübung von Remote Viewing kann man aber formulieren, auch wenn es manche Leute nicht hören wollen. Es ist ein bisschen wie im modernen Mannschaftsspiel. Nicht umsonst bekommen die Spieler heute eine psychologische Schulung, die ihnen vermittelt, worin der Erfolg hier besteht: daran, dass man sich in die Mannschaftsleistung auch ohne eigenen Nutzen integrieren kann, wenn es dem Gesamterfolg dient. Es ist ja auch ein Verdienst, die Vorlage zum Tor gegeben zu haben. An vielen Beispielen (an Personen festgemacht!) kann man immer wieder zeigen, wie ein frisch eingekaufter Torjäger plötzlich völlig erfolglos war, weil niemand der Mitspieler ihn bedient hat. Und wenn man verliert, hört der Spaß auch auf. Der Sieg hat viele Väter (und Mütter, klar). Also, warum nicht?
Leider zieht Remote Viewing Egomanen wie Licht die Insekten an. In unserer heutigen Ellenbogengesellschaft MUSS man als Person einen eigenen Erfolg haben, wird suggeriert. Dazu ist es nötig, andere (und andere Meinungen) mit aller Gewalt außer Gefecht zu setzen. Damit der eigene Name immer wieder genannt wird. Ich habe nicht feststellen können, dass hier mehr Erkenntnisse generiert wurden. Selbst Nobelpreisträger, das weiß man und wird von diesen auch zugegeben, haben Zuträger. Eine einzige, gewichtige Andersartigkeit habe ich allerdings bei Remote Viewing feststellen können: Aufgrund der gesellschaftlichen Situation vieler Personen möchten diese ihren Namen nicht im Zusammenhang mit diesem „Hellsehen" erwähnt wissen. Dafür müssen die richtigen Namen unterdrückt werden, eventuell sogar Pseudonyme herhalten. (Ich habe mich auch oft gefragt, ob es für mich nicht besser gewesen wäre, mir einen Kunstnamen zuzulegen. Aber unsere Englischlehrerin sagte immer, persönlich für etwas zu stehen, sei „Zivilcourage" und das wäre das höchste Gut im gesellschaftlichen Umgang miteinander. Nun ist es zu spät, aber die rege Zustimmung von Beteiligten und Lesern tröstet ungemein.)

Mit dieser Versicherung und natürlich auch in die Praxis umgesetzter Versprechungen kann man wunderbar in einer Gruppe viewen. Wer möchte, wird genannt, wer im Hintergrund bleiben möchte, kein Problem. Ich kann nur sagen, wir hatten eine Menge Spaß, sonst wäre ich gar nicht zu so vielen Artikeln oder Büchern gekommen.

Das finde ich auch völlig richtig. Deshalb ergreife ich hier auch gern die Gelegenheit, wieder einmal zu sagen: Remote Viewing ist ein gesellschaftlich relevantes Phänomen. Und man kann auch Spaß haben. Sogar gemeinsam!

Realos, Fundis und Muggels – die Weltsicht der Remote Viewer

Bei allen Gemeinsamkeiten sind die weiteren Lebenswege derer, die Remote Viewing praktizieren, natürlich so unterschiedlich wie die Menschen selbst. Doch trotz aller Eigenarten in Wahrnehmung und Schlussfolgerungen kann man verschiedene Fraktionen unter den Beteiligten ausmachen, Gruppen, die unter Umständen bestimmte Ansichten anderer gelten lassen. Das heißt oft aber nicht, dass sich wirklich Gruppen bilden. Remote Viewing scheint geradezu dazu aufzurufen, eine extreme Meinung zu entwickeln. Die Folge davon ist, dass sich Gurus und Missionare ausbilden, die selbstverständlich keinen anderen Vater der Weisheit neben sich dulden.
Allerhöchstens wird hingenommen, dass andere auch Remote Viewing betreiben, im Gegensatz zu den MUGGELS.
Dieser schöne Begriff wurde von Joanne K. Rowling in ihren Büchern über den Zauberlehrling Harry Potter geprägt, und weil er so treffend dem Umstand des Außenstehenden, Nicht-Eingeweihtseins oder sogar des Nichtverstehen-Wollens einen netten Namen gibt, hat man ihn gern adoptiert. Früher sagte der Wissende „Laie" dazu, manchmal sogar mit einem Ausrufungszeichen.
„Laie" ist aber zu wenig. Ein Laie kann sehr interessiert und wissbegierig sein, ihn charakterisiert aber der Mangel an tiefergehenden Informationen und Erfahrung. Ein MUGGEL dagegen ist jemand, der mit einer Sache absolut nichts zu tun hat, manchmal sogar nichts zu tun haben will und den man tunlichst in diesem Stadium belässt, sonst gibt es womöglich Nervereien, die man sich nach einiger Erfahrung damit gern erspart. Die Fragen von Muggels sind Fragen, die man genau in diesem Moment nicht braucht.
Und weil der Begriff so schön ist, haben ihn inzwischen auch andere Interessengruppen übernommen.

Für Leute, die Geocashing[5] betreiben gibt es zu einigen Verstecken, die in belebten Gebieten liegen, in der Ortsbeschreibung auch regelmäßig eine „Muggel-Warnung". Das bedeutet, dass man sich beim „Heben eines Schatzes" nicht beobachten lassen sollte, weil ein Uneingeweihter womöglich aus Unkenntnis oder Bösartigkeit den „Cash" zerstören könnte.

Die Muggels aus Remote Viewer-Sicht sind etwas anders geartet. Während sich der Remote Viewer tiefsinnig mit den alles durchdringenden Erkenntnissen der Quantenphysik beschäftigt, sozusagen offenbarend den Geheimnissen des Universums auf der Spur ist, beschäftigen sich Muggels mit dem gestrigen Fernsehprogramm und den unwiderstehlichen Angeboten der Modeindustrie. Man tut gut daran, sie dort zu belassen. Auch für jemand, der messianisch unterwegs ist, kann das Tippen an die Stirn sehr frustrierend sein.

Treibt man einen Muggel jedoch durch unaufhörliches Bequatschen in die Enge, kann es auch zu weniger schönen Szenen kommen, wenn ein geliebtes, einfaches Weltbild in Gefahr ist. Ehen und andere persönliche Beziehungen lösen sich im Handumdrehen auf. Ganz besonders sind hier religiös ausgerichtete Menschen oder Science-Fiction-Leser (allen voran Perry-Rhodan-Fans) zu nennen. Bei letzteren ist die unerwartete Abwehrreaktion zunächst überaus unverständlich. Eigentlich ist PSI doch auch (Haupt-)Gegenstand dieser viel geliebten Literaturgattung. Bei näherem Betrachten aber wird klar, dass sich auch hier die Jünger liebenswerter Fantasiewelten nicht plötzlich ihrer Fluchtwelten und Kuschelecken berauben lassen.

Mit RV konfrontierte Wissenschaftler mutieren oft zur Kategorie der SKEPTIKER, die nicht mit Muggels vergleichbar sind. Diese Sorte Mensch macht sich nach Kenntnisnahme dieser „Hellsehmethode" aktiv und oft sehr verbissen auf, zu beweisen,

---

[5] Geocashing: Mit einem GPS-fähigen Gerät (heute meist Smartphones) nach „Schätzen" suchen, die andere vorher versteckt haben und als Hinweis die Erd-Koordinaten auf einer Internetseite eingetragen haben. Modernes Schnitzeljagdspiel für Erwachsene. Es gibt eine riesige Community.

dass es PSI nicht gibt. Dabei wird Wissenschaftlichkeit und Wahrheitsfindung gern so korrumpiert, dass alles die eigene Aversion gegen ein derart verstörendes neues Weltbild stützt. In der Entstehungsgeschichte des Remote Viewing in den USA finden wir solche Personen, allen voran Ray Hyman[6], dem wir es vielleicht sogar zu verdanken haben, dass diese Technik als ineffizient beurteilt und aus der Geheimhaltung entlassen wurde.
Nach kurzer, aber heftiger Erfahrung hat ein Remote Viewer diese beiden Spezies schnell kennengelernt. Etwas mehr Zeit benötigt es, in der mittlerweile großen und unübersichtlichen Gruppe derjenigen zu unterscheiden, die sehr wohl mit Remote Viewing bekannt sind oder damit umgehen.
Die vermutlich größte Kategorie dieser Leute sind die REALOS. Das sind, wie der Name schon sagt, alles Leute, die mehr oder weniger ihre neuen Kenntnisse im Alltag anwenden wollen. „Was können wir mit Remote Viewing in der Realität anfangen?", ist ihre Kernfrage. Hier finden sich sowohl Sportwettenfans als auch Firmenberater, Heilpraktiker oder Schatzsucher.
In der extremen Ausprägung ist ihre wichtigste Frage: „Wie viel Geld kann man mit Remote Viewing verdienen und wie ist es mit einer Festanstellung?"
Aber es gibt auch diejenigen, die sagen: „Hm, ein Problem. Mal sehen, wie Remote Viewing generell bei der Lösung helfen kann!"
Zwischen diesen Polen, in einem zielgerichteten Feld der praktischen Anwendung siedeln sich die REALOS an. Manchmal machen sie, nur so aus Spaß, eine Session auf das Oval Office, manchmal sind sie verbissen dabei, mit Remote Viewing Sportwetten und Lotterien zu gewinnen.
Dem gegenüber stehen die FUNDIS.
Sie finden es mindestens schäbig, Remote Viewing für gewöhnliche, womöglich noch einfache Ziele zu benutzen. In extremer

[6] AIR-Report, der die Erfolglosigkeit von RV feststellte, als nach Ende des Kalten Krieges in der US-Army und den Geheimdiensten die Wirtschaftlichkeit verschiedener Abteilungen geprüft wurde.

Ausprägung ist für sie diese Methode etwas Heiliges, mindestens aber dazu bestimmt, alles über sich und ihre transzendentale Wirkungsweise im hyperdimensionalen Geflecht des Universums zu erfahren.
Die eigene Vervollkommnung kann an der Spitze der Wunschliste stehen, oder aber die Kommunikation mit dem Allerhöchsten. Manche der FUNDIS sind hochsensibel und nehmen demütig alles an, was die kosmischen Mächte für sie bereit halten. Andere wiederum arbeiten hart daran, ihre Kompetenz im Umgang mit dem für Menschen Unerfassbaren öffentlich zu demonstrieren.
Allen gemeinsam aber ist die Ansicht, dass Remote Viewing nicht für schnöde, alltägliche Ziele der materiellen Bereicherung eingesetzt werden sollte.
GURUS finden sich in beiden Kategorien. Kennzeichnend ist dabei der persönliche Anspruch auf die allein selig machenden Erkenntnisse und die daraus resultierende Geisteshaltung. GURUS sind eigentlich keine Gruppe, sondern Individualisten, die es in einem Team nur dann aushalten würden, wenn sie die gesamte Arbeit darin nach ihren Ansichten bestimmen dürften. Dafür erwarten sie dann auch die angemessene Aufmerksamkeit und Zuwendung.
Hier unterscheidet sich der Gebrauch von Remote Viewing nicht von den Praktiken von Sekten und Glaubensgemeinschaften bis hin zu Religionen. Gern werden auch Glaubenskämpfe angezettelt und allen GURUS gemein ist eine hohe Internetpräsenz. Aufgrund der engagiert vorgetragenen Meinungen verbleiben sie nach einer mehr oder weniger kurzen Anlaufzeit als alleinige Herrscher von Foren und anderen Plattformen für Meinungsaustausch.
Für Neueinsteiger in das weite Gebiet des Remote Viewing ist es oft sehr schwierig, hier zu unterscheiden und die jeweils geäußerten Meinungen einzuordnen.

Vom Umgang mit der Macht

Mein kleiner Sohn schenkt seinem Freund „Das geheime Wissen der Jedi“ zum Geburtstag. Wie originell, nicht wahr? Neue Ansichten haben schon immer gern die Trivialkultur benutzt, um auch in der Wissenschaft Einzug zu halten. Meist allerdings erst in der nächsten oder übernächsten Generation.

Wenn es in den Filmen auch recht diffus dargestellt wird, Remote Viewer haben eine sehr genaue Vorstellung davon, was „die Macht“ eigentlich ist. Sie wundern sich darüber, dass eine *Technik zur Beherrschung von nicht-gesichts-sinnlicher Wahrnehmung*, um das corpus delicti mal korrekt zu beschreiben, schon Anfang der siebziger Jahre an einem wissenschaftlichen Institut entwickelt werden konnte, ohne dass „die Wissenschaft“ später davon Kenntnis nehmen würde. Ein Umstand, der von Auszubildenden immer mit Befremden thematisiert wird, was aber nicht zu dem Gedankengang gehört, den ich hier ausführen möchte. Denn viel schlimmer packt die werdenden Remote Viewer die Erkenntnis, dass der Zugang zu ihren PSI-Funktionen so einfach ist und die Ausübung so wirkungsvoll.

Und dann passiert es. „Minority Report“, „Psychic Spies“ und „Inception“, alles plötzlich im Wohnzimmer. Vorraussagen, Parkplätze und Psycho-Stripping anderer Menschen, kein Problem. Ein Gefühl der Allmacht durchdringt den Eleven, er fühlt sich gottgleich, schaut auf die armen „Muggels“ herunter wie Harry Potter, der ja auch in zwei Welten gleichzeitig leben musste.

Und was nun? Wie geht man mit „der Macht“ um?

Wenn der (Lebens-) Partner die Ausbildung nicht mitgemacht hat, gibt es den ersten Nasenstüber. Denn meist blieb der Partner zu Hause, weil er (sie) Übersinnliches für Humbug hält. Dass diese Ablehnung eigentlich aus Angst vor zu komplexen Situationen entstanden ist, merkt der heimkehrende Viewer sehr bald. In den seltensten Fällen kann der Partner überzeugt oder vielleicht sogar zum Mitmachen bewegt werden. Das Ende der Diskussion erlebt man durch die Trennung der Beziehung. Nun ergeben sich mehrere Möglichkeiten. Vielleicht hört der Remote Viewer auf, vielleicht aber versucht er „nun erst recht" andere zu überzeugen, ja geradezu zu missionieren. Mission und Messias stehen sich dabei deutlich nahe. Und man setzt seine Kenntnisse und Fähigkeiten ein. Die dunkle Seite der Macht klopft an das Hinterstübchen.

Manche scharen einen Kreis von „Jüngern" um sich, manche wenden die Technik rigoros an. Allen gemein ist aber die fortschreitende Distanz zu der Gesellschaft, in der sie leben. Man kann eben nicht mit „denen da draußen" reden. Muggels.

Nun ist es aber so, dass sich die Natur dafür rächt, wenn man grundlegende Gesetze missachtet. Es gibt wenige Tiere, die als Einzelkämpfer erfolgreich sind. Mit den Menschen ist es genauso. Man fühlt sich unverstanden, nimmt Abstand, fühlt sich als Fremdkörper in der Gesellschaft.

Aus der Selbsterhöhung folgt der Absturz, die Vereinsamung, der Misanthropismus.

Dass solche „Abstürze", inzwischen schon gut dokumentiert, nicht allgemein bekannt werden, liegt an der geringen Zahl der betroffenen Personen im Vergleich zur Gesamtgesellschaft. Jeder nicht ganz harmlose Virus hat schon mehr Opfer gefordert. Den Betroffenen war das schon immer egal, das eigene Schicksal ist einfach das Wichtigste.

Vielleicht würde ja alles besser laufen, wenn man es gelänge, durch Gespräche in „Betroffenengruppen" kritische Entwicklungen aufzufangen.

Es hört sich vielleicht klinisch und mitleidlos an, zu sagen, dass es interessant ist, wie das profane Leben sich rigoros zu behaupten weiß. Aber wir tun gut daran, diesen Vorgang zu analysieren.

Normalerweise sind Menschen fast ausschließlich linkshemispherisch gesteuert, und das ist auch gut so, weil wir dann eine rote Ampel als solche erkennen. Das ist besonders praktisch,

wenn wir mit unserem physikalischen Körper in einem physikalischen Auto davor stehen. Normal ist auch, wie schon festgestellt, dass diese Kontroll-Hälftc in unserem Kopf, auch Ego genannt, „übersinnliche" Wahrnehmung nicht akzeptieren will. Kein Wunder, es hat ja nicht dran mitgearbeitet. All die schönen und, wie sich herausstellt, auch wahren Informationen sind sozusagen in seiner Abwesenheit durchgeschleust worden.
Wenn man aber trotzdem mit Remote Viewing weiter macht, kommt das Ego irgendwann auf die Idee, diese Gabe zu akzeptieren. Aber nicht in feierlicher Anbetung, wie großartig doch das Universum sein, sondern knallhart rechnerisch, wie man das gewinnbringend umsetzen könnte. Erstmal wirft sich das Ego in die Brust. Die da draußen wissen ja nicht, dass es die andere Gehirnhälfte war, die diese genialen Daten erarbeitet hat. Und, gottgleich, wie schon bemerkt, werden riskante Spiele gemacht. Nicht nur zwingende Voraussagen, auch die Inneneinrichtung von UFOs wird der staunenden Umwelt preisgegeben.
Vielleicht stimmt ja manches, aber an den oft einsetzenden Nicht-Treffern besonders bei der Voraussage von Ereignissen merkt man, dass die rechte Hemisphäre gar nicht mehr durchkommt. Schon ist das Ego da, und blitzschnell werden Phantasien oder, wie der Viewer sagt, nur noch AULs abgearbeitet. Weg ist die Macht.
Aber das wusste schon der alte Yoda, der Jedi-Meister. Je mehr man diese Fähigkeiten auf diese Art einsetzt, desto mehr verliert man sie. Erstaunlich, was Hollywood manchmal an Weisheit zulässt! Das hält natürlich nicht davon ab, sich im Alltag als großartiger Remote Viewer bewundern zu lassen. Und das wiederum streichelt die Seele. Ach, ihr Muggels, was wisst ihr schon davon?

Störstreifen auf dem Fernseher – Remote Viewer und der Rest der Gesellschaft

Manchmal denke ich, es sei alles Einbildung. Ich wünsche es sogar. Aber mit Remote Viewing ist alles anders. Einmal damit infiziert, gibt es keinen Weg zurück in die Normalität. Es sei denn, man begräbt bewusst und mit großer Mühe alles Wissen darum herum. Es geht, wie ich gehört habe, aber es macht nicht glücklich. Man weiß ja, dass es ging. Und was ist, bitteschön, überhaupt „Normalität"?

Irgendwann holt es einen wieder ein. Vielleicht ist es die allgemeine Oberflächlichkeit der Gespräche, die an den Nerven zehrt. Während da draußen das Abenteuer wartet, redet man in der Kantine oder auf der gemütlichen Couch über den alltäglichen Klatsch und Tratsch.

Kein Wunder, wenn manche dann doch nicht an sich halten können und versuchen, anderen die Geheimnisse des Universums zu vermitteln. Oder wie immer sie es formulieren.

Oft werden sie dies aber nicht versuchen. In 90% der Fälle geht es nämlich nach hinten los. Im schlimmsten Fall werden sie angefeindet.

Ja, es stimmt. Es gibt eine tiefe Kluft zwischen Remote Viewern und dem Rest der Gesellschaft.

Die einen möchten nichts über solchen unheimlichen Kram hören und die anderen können es nicht fassen, wie man diese bedeutungsvollen Erkenntnisse so negieren kann. Nein, es gibt keine Akzeptanz für die anderen, bei beiden Gruppen nicht.

Oft genug, wieder und wieder wurde versucht, breitere Bevölkerungsschichten für die Möglichkeiten des Remote Viewing zu begeistern. Anzeigen wurden geschaltet, Vorträge gehalten.

Völlig umsonst. Remote Viewing entzog sich allen Gesetzen der Werbung. Es war, als ob die allermeisten Leute einer inneren Stimme folgten, die sie mit aller Macht von diesem Thema ab-

hielt. Eigentlich kamen zu Ausbildungen nur die, die sowieso wussten, dass es funktioniert.
War es das, was Ingo Swann meinte, als er sagte, Remote Viewing sei hundert Jahre zu früh entdeckt worden? Aber, anders herum gefragt: Benötigt man überhaupt eine soziale oder psychische Entwicklung, um Remote Viewing zu etablieren?
Nehmen wir an, das amerikanische Forschungsprogramm hätte nie existiert, würde es dann in hundert Jahren aufgelegt werden? Als logische Folge einer psychosozialen Entwicklung?
Möglich. Aber um einen solchen Status zu erreichen, muss es Hinweise geben, dass diese Forschung ausreichend interessant ist. Sonst würde niemand auf die Idee kommen, hier Geld zu investieren. Das Problem ist dabei doch, dass Remote Viewing in seiner Praxis einen Ausnahmezustand des Nervensystems darstellt. Käme man so einfach darauf, ihn herzustellen?
So, wie ich die Meldungen in den wissenschaftlichen Newstickern beobachte, würde man eher an einer apparativen Lösung suchen, in Form einer Voraussage-App vielleicht. Konkret ist das schon mit Erfolg im Gange, und nicht nur beim Wetterbericht.
Man darf gespannt sein, wie es sich entwickelt, zumal ja die bereits vorhandenen und sich auch weiter vermehrenden Remote Viewer allein durch ihre Tätigkeit den Fortschritt in der Erkundung des Gehirns und seiner Fähigkeiten fördern.
Wobei hier eine weitere Distanzierung von Remote Viewern gegenüber der „normalen Forschung“ sichtbar wird. Allem Anschein nach haben sich die meisten Wissenschaftler dazu entschieden, nicht mehr so intensiv herauszufinden, was das Gehirn selbst alles leisten kann, sondern wie man es mit technischen Mitteln beeinflussen kann, sodass es entweder größere Leistungen vollbringt oder aber man bestimmte Fähigkeiten unterbindet.
Abgesehen von frühen, mittelalterlichen Methoden war es der italienische Arzt Dr. Calligaris, der „außersinnliche Zustände“ durch anlegen einer geringen Spannung an definierte Hautbe-

reiche erzeugen konnte. Seine Bücher darüber, erschienen zumeist in der frühen vierziger Jahren, wurden Recherchen zufolge von den nach Kriegsende einrückenden Amerikanern aus dem Verkehr gezogen. Merkwürdig, dass Puthoff und Swann anscheinend nichts davon gehört haben. Entweder, es gab eine Einlagerung in geheime Asservatenkammern, oder aber einen Scheiterhaufen, initiiert von den gesellschaftlichen Kräften, die solche Forsche gern als die „des Teufels" brandmarken. Nach allen dokumentierten Behinderungsversuchen der Forschungen am SRI und in Fort Meade befürchten Remote Viewer, dass die Verhältnisse eigentlich ganz anders herum richtiger beschrieben sind.

Denn was soll man eigentlich dazu sagen, wenn staatlich geförderte Forscher strahlend darüber berichten, dass sie mittels am Kopf angelegter Elektromagneten in der Lage waren, beinahe gezielt Gedächtnisinhalte zu löschen?

Das ist es doch, was Geheimdienste viel mehr interessieren könnte als die Entwicklung geistiger Fähigkeiten, die auch schnell einmal außer Kontrolle geraten.

Wie man durch den weltweit bekanntesten Whistleblower Edward Snowden erfahren hat, bieten die modernen Kommunikationseinrichtungen den Geheimdiensten derart einfache Zugriffe auf persönliche Informationen über jeden einigermaßen wichtigen Menschen auf der Erde (auch indirekt, selbst wenn die Opfer der Spionage das Internet nicht benutzen), dass man Remote Viewing eigentlich nicht mehr benötigt, jedenfalls nicht dafür.

Im Umkehrschluss muss man befürchten, dass nun eine neue Kampagne gestartet wird, Remote Viewing zu unterdrücken. Denn hier ergibt sich für jeden Menschen die persönliche Möglichkeit der Rück-Spionage! Kann man das zulassen? Vor allem nun, da die Machenschaften der verschiedenen Geheimdienste so offenbart wurden?

Vielleicht wird Remote Viewing verboten, so wie man schon vieles verboten hat, was eigentlich ganz nützlich ist, wie z.B. die Hanfpflanze (selbst wenn sie gar keinen drogenrelevanten

Wirkstoff enthält). Wird es vielleicht bald Bücherverbrennungen geben? Vielleicht induziert man in der Gesellschaft, dass es gefährlich ist, wenn man alles wissen kann, ganz ohne Elektronik. Eine gewisse Logik kann man da nicht wegdiskutieren.
War das Bücherschreiben über RV eventuell auch eine Art Whistleblowing?
Nun, anders als bei Leuten wie Snowden kann man hier durchaus die gesellschaftliche Meinung auf breiter Front gegen diese „Informationsbeschaffungstechnik" mobilisieren.
Die Erfahrung zeigt ja, dass der überwiegende Teil der Mitmenschen sowieso Aversionen und Ängste gegenüber „Hellsehern" hat. Die Anzapfung von Telefonkabeln kann man sich einfach erklären und die beruhigende Feststellung treffen, dass man sich dagegen schützen könnte. Diese Remote Viewer aber sagen, dass es gegen ihre Tätigkeit absolut keinen Schutz gibt.
Unter diesen Aspekten ist es nicht weiter verwunderlich, wenn immer weniger RVer bereit sind, sich öffentlich zu diesem Thema zu äußern, geschweige denn ihren Namen mit solch einer Aussage zu verbinden.
Währenddessen aber arbeiten Forscher immer weiter an technisch invasiven Methoden, an die allerpersönlichsten Informationen heranzukommen. Ein BBC-Film aus dem Jahr 2012 [*5] zeigt die anstehenden Entwicklungen von Computern und deren Vernetzungsmöglichkeiten mit organischen Gehirnen. Ausgehend von Steuerungsapparaturen für Behinderte wird diese Vernetzung auch für alle anderen Bereiche vorangetrieben. Die Aussage der interviewten Forscher ist eindeutig: Es wird in sehr wenigen Jahren, genannt wird ein Zeitraum von zehn bis zwanzig Jahren, eine Art „Facebook-Zugang direkt im Gehirn" geben. Dann ist die Überprüfung eines Menschen durch Geheimdienste so absolut, dass wohl kein Wunsch offen bleiben wird. Und die Soziologen sind sich sicher: Diese Möglichkeit, nur weil sie

[*5] „Human 2.0", Filmbericht über neueste Erkenntnisse und Zukunftsentwicklungen in der kybernetischen Forschung

eventuell „angesagt" und „spannend" ist, wird von vielen „Nutzern" angenommen werden. Wer dann den wirklichen Nutzen hat, ist offenbar kaum jemandem bewusst, oder man will es nicht wissen.
Dann haben wir, zwar Jahrzehnte später, aber viel eleganter und sozusagen von innen heraus die Zustände, die man als perfekte Kombination von „1984" und „Schöne neue Welt"[6] bezeichnen kann. Alle, die die natürlichen Ressourcen des Gehirns nutzen wollen, werden mit einer aggressiven Informationskampagne bekämpft, damit jeder nicht nur wissen soll, dass Natur „böse" ist und nur menschliche Technik „gut" ist, sondern sich auch in die neue Demokratur einordnet.
Ein Hirngespinst? Unredliche Panikmache? Aufwiegelung? Keineswegs. Die jüngsten Entwicklungen auf dem Saatgutsektor und in angrenzenden Bereichen zeigen, wie so etwas in die Realität umgesetzt werden kann. Glücklicherweise wurde inzwischen begonnen, der amerikanischen Firma Monsanto Grenzen zu setzen, die selbstentwickeltes Saatgut als Standard definieren ließ und es fast soweit gebracht hat, dass die Verbreitung von natürlichen Sämereien unter Strafe gestellt wird. Immer unter dem Mäntelchen „im Dienste der Menschheit" natürlich.
Die sowieso schon beim „Normalmenschen" vorhandenen Vorbehalte gegen solche Techniken wie Remote Viewing wird man leicht ausnutzen können, um neue Hexenjagden zu entfesseln. Der Hinweis, dass es jeder kann, also natürliche Fähigkeiten des Gehirn genutzt werden, hat schon in früheren Zeiten nicht gefruchtet, und davon sind wir, wenn wir die alltäglichen Praktiken der Sensationsblätter betrachten, keinen Zentimeter entfernt. Flupp! Und schon ist die Hexe/der Zauberer auf dem Scheiterhaufen und wird öffentlich verbrannt! Geht ganz einfach, kann man tausendfach mit Beispielen belegen.
Wie sollen sich da Remote Viewer verhalten?

[6] Romane von George Orwell (Eric Blair) und Aldous Huxley aus den 1940er Jahren

Als in den 90er Jahren die Geheimhaltung langsam aufgelöst wurde und die Technik sich verbreitete, kamen einige der Protagonisten auf die Idee, eine geheime PSI-Force zu gründen, Remote Viewing also nur im Geheimen zu betreiben. Vielleicht eine gute Idee, könnte man inzwischen sagen. War vielleicht die Verbreitungsoffensive derer, die diese Methode jedem zugänglich machen wollten, eine gefährliche Überschätzung des allgemeinen Denkvermögens? Was ist schon eine „moderne, aufgeklärte Gesellschaft"? Wodurch wird sie aufgeklärt?
Durch Massenmedien.
Wer kontrolliert diese?
In diesem Zusammenhang fand ich es sehr interessant, wie selbst in öffentlich-rechtlichen, also nach eigener Aussage der neutralen Wahrheitsfindung verschriebenen Funkmedien in den vergangenen Jahrzehnten das UFO-Phänomen behandelt wurde. Erst wurden Sichtungsberichte gezeigt, beteiligte Leute interviewt und UFO-Forscher befragt. Dann, als Gegenpol arrivierte Wissenschaftler, die dafür keine Erklärung hatten und schon aus Gründen der eigenen Habilitierung erklärte, dass das, was man nicht erklären kann, keine weiteren Nachforschungen verdient. Ende des Beitrags, Neutralität gewahrt.
Für Überlegungen, welche Hintergründe die massenhaften Sichtungen tatsächlich haben könnten, war dann keine Sendezeit mehr vorhanden. Dabei wäre das doch der wirkliche Hammer, herauszufinden, woher dieser Effekt kommen könnte. Immerhin haben solche „Halluzinationen" Tausende von Leuten, sogar gleichzeitig in Fußballstadien anwesend, erlebt. Es muss ja gar kein reales Flugobjekt von fremden Planeten gewesen sein. Möglich wäre auch ein fortgeschrittenes Experiment zu Beeinflussung von großen Menschengruppen. Das muss nicht einmal durch irgendwelche „Sender" oder „Einstrahlung" geschehen sein.
Aus der Hypnose kennen wir bereits die Funktion von Ankern, die gesetzt werden, um zu späteren Zeiten durch ein Fingerschnippen bestimmte Handlungen bei einer Person auszulösen,

deren Anlage diese sich nicht bewusst war. Vielleicht haben die oft bei UFO-Sichtungen auftretenden schwarzen (US-Armee-) Hubschrauber einen ganz anderen Sinn, als selbst UFO-Forscher mutmaßen?
Man erinnere sich an das inzwischen belegte Experiment der US-Regierung, als man in den fünfziger Jahren LSD in ein Trinkwassersystem schüttete, um allgemeine Reaktionen auf dieses Mittel in einem breiteren Personenkreis zu erforschen.
Danach sind eine ganze Menge weiterer Experimente gemacht worden, die nur hier und da ans Tageslicht kommen. Wäre dies eine Ursache für die allgemeinen Versuche, das UFO-Thema nicht nur zu unterdrücken, sondern auch der Lächerlichkeit preiszugeben?
Das kennen Remote Viewer schon lange. Man nennt es den „Kicher-Effekt": „Du kannst hellsehen? Hahaha!"
Wahrscheinlich hat Ingo Swann auch diese Facette im Sinn gehabt, als er die Falschzeitlichkeit der RV-Entwicklung anmerkte.
Natürlich, im Alltag beschäftigt man sich zunächst mit der Frage, warum RV nun eine Beziehung gesprengt hat oder die Anhänger von „Star Wars", „Raumschiff Enterprise" oder eben „Perry Rhodan" von echter „Seins-Fiction" nichts wissen wollen.
Weiter nachgefragt kommt man in ganz andere Regionen. Es erscheint mir durchaus nützlich, wenn Remote Viewer darüber nachdenken. Und andere natürlich auch. Vielleicht ist es gar nicht so verkehrt, wenn sich Remote Viewer bemühen, wie Muggels daherzukommen. Das kittet zwar nicht den Riss in der Gesellschaft, ist aber sicherer.

Ein Dutzend wichtiger Fragen an Remote Viewer

1) Was machen Remote Viewer mit der Methode/den Kenntnissen?

Das ist sehr unterschiedlich. Jeder, der RV lernen will, kommt schon mit Vorstellungen, was er/sie gern herausfinden möchte. Natürlich gibt es einige Leute, die damit Glücksspiele machen wollen, einige möchten den Sinn des Universums oder die eigenen Möglichkeiten ergründen. Heilpraktiker interessieren sich für unübliche Anamnesen und Schatzsucher eben für Schätze. Das können auch historische sein.
Viele wollen auch Mythen und Verschwörungstheorien aufklären. Das beste Ziel ist meiner Meinung nach, den heutigen Standard von Technik UND Gesellschaft weiterzuentwickeln. Und das meint nicht, wie eine neue BMW-Karosserie aussehen soll, sondern welche Technik uns weiterhilft, wie wir Energie bereitstellen können, ohne unseren Planeten zu ruinieren und wie wir gesellschaftliche und persönliche Probleme am besten lösen, sodass wir Kriege vermeiden und so vielen Menschen wie möglich eine förderliche Perspektive bieten können.

2) Kann man mit RV Geld verdienen?

Sicher. Aber allein ist es sehr öde. Man muss sich eine ziemliche Fertigkeit erarbeiten, wenn man solo viewt. Und sich immer selbst motivieren. Das hält kaum jemand durch.
Am besten fährt man mit einem Partner oder mehreren Freunden, mit denen man sich auch abstimmen kann. Dabei ist allerdings der gemeinsame Konsens entscheidend. Beim Geldverdienen ist das wiederum nicht jedermanns Sache.
Auf jeden Fall wird man vor Krisen gewarnt und bekommt Hinweise, wie man dann am besten durchkommt. Wobei ich Krisen meine, die man überhaupt überstehen kann. Weltunter-

gänge und kontinentweite Extremsituationen sind damit nicht gemeint, denn wenn ein bestimmtes Mindestmaß an Infrastruktur nicht mehr vorhanden ist, muss man sich fragen, ob es überhaupt sinnvoll ist, überleben zu wollen.

3) Kann man RV Wirtschaftsunternehmen anbieten?

Auf jeden Fall. Aber diese Unternehmen sind ja auch immer durch Personen repräsentiert. Wenn man dann rausbekommt, dass der Chef das Problem ist, wird es kritisch für den Viewer. Aber man kann auf jeden Fall herausfinden, was für die Zukunft der Firma gut wäre und wie man sich verhalten sollte, um eine positive Entwicklung zu erreichen.

Das muss man aber kontinuierlich machen, weil jeder Eingriff die Zukunft und die Chancen ändern kann. In solchen kleinen Ereignissen (bezogen auf die ganze Erde) gibt es eine große Variabilität der Entwicklung. Man muss immer wieder nachschauen, was sich verändert hat und wie die Perspektive nun aussieht.

4) Ist eine Zusammenarbeit mit der Polizei möglich? Kann man Verbrechen aufklären und zum Beispiel vermisste Kinder wieder finden?

Im Prinzip ja. Aber dazu gehören eben auch zwei ... eine Polizei, die das mitmacht und Viewer, die weder Tod noch Teufel fürchten.

Die Polizei, auch wenn die diesbezüglichen Mitarbeiter daran glauben, dass RV funktioniert, benötigt Beweise oder mindestens eine Beschreibung, wie sie an diese Beweise kommt. Dann genügt es nicht, zu sagen, die seien in jenem Haus in dem bestimmten Schreibtisch versteckt, sondern man muss dann auch einen Grund für eine offizielle Hausdurchsuchung liefern.

Auf der Seite der Viewer kann es nur von sehr geübten Personen durchgeführt werden. Da man im RV bilokal arbeitet, ist man also mit einem großen Teil seines Selbst auch am Tatort und empfindet z.B. körperliche Gewalt und die Schmerzen des Opfers sehr intensiv. Damit muss man umgehen können und sich von diesen Eindrücken auch wieder trennen können.

5) Es gibt eine Anzahl von Skeptikern, die immer wieder behaupten, RV sei erwiesenermaßen Unsinn und könne gar nicht funktionieren.
Was ist dazu zu sagen?

Es gibt zwei Arten von Skeptikern, die sich allerdings beide dadurch auszeichnen, dass sie nicht selbst ausprobieren wollen, ob diese Methode funktioniert.
Die erste Gruppe sagt und schreibt meist wörtlich: „Das kann gar nicht funktionieren, weil ..."
Damit wird natürlich schon ausgesagt, dass eine konkrete Überprüfung der Methode nicht stattgefunden hat bzw. kein Interesse daran besteht. Darauf kann man keine ernstzunehmende Meinung gründen, auch wenn andere Skeptiker, auch Wissenschaftler darunter, zitiert werden, die es ebenfalls nicht überprüft haben.
Die zweite Gruppe geht ähnlich vor, bezieht sich jedoch auf Untersuchungsergebnisse anderer, die eine Überprüfung vorgenommen haben oder dasselbe vorgeben. Meist beziehen sich diese Skeptiker auf offizielle Untersuchungen der amerikanischen Regierung, die nach Ende des Kalten Krieges durchgeführt wurden, um herauszufinden, was man an den diversen militärischen Projekten einsparen könne. Damit wurde eine Firma betraut, die im Falle des RV-Projektes der US-Army allerdings nur die freigegebenen Dokumente, nicht aber die geheimen, zu Gesicht bekam.
Da kam natürlich auch eine Menge Schrott, Versuche und sogar Späße zusammen, die logischerweise zu dem Schluss führten, RV sei nutzlos. Außerdem berichtete Dr. Jessica Utts, dass aus Zeitmangel nur 10% der Sessions der letzten zwei Jahre ausge-

wertet werden konnten. Das war genau der Zeitraum, wo, wie Ed Dames es nennt, nur noch „die Hexen“ mit ihrem Channeling und Tarot am Werke waren. Hinzu kam auch noch, dass die Untersucher keine Session lesen und interpretieren konnten. Es wird von Beteiligten berichtet, dass der Leiter der Aktion, Dr. Ray Hyman, sich die Unterlagen gar nicht ansah, sondern sich sofort an die Beurteilung setzte.

Seine Mitarbeiterin Dr. Utts ärgerte sich sehr über dieses Verfahren, während sie versuchte, die noch zugänglichen Meter von Aktenordnern in Fort Meade zu durchstöbern. Hyman war bereits seit 1972 als engagierter Kritiker bekannt geworden, als er mit dem Projekt am SRI in Kontakt kam. Die von Jessica Utts scharf kritisierte Endfassung der Untersuchung ist als AIR-Report (American Institute of Research) bekannt geworden und war der Auslöser, das RV-Projekt zu beenden.

In den vielen Jahren Training in Deutschland konnte es bisher noch kein einziger NICHT. Auch wissenschaftlich gebildete Interessenten, die das Training mit starken Zweifeln gebucht hatten, waren später überzeugt, dass RV geht, weil es, nachhinein wissenschaftlich betrachtet, GEHEN MUSS.

6) Sollte man nicht in alle Welt hinausrufen, dass es so eine phantastische Technik gibt?

Um Himmels Willen, nein! Es gibt ab und zu einmal Journalisten, die hier von einem gewissen Sendungsbedürfnis getragen werden. Ich sage dann, gut, das machen wir, aber SIE sind derjenige, der sich als Remote Viewer präsentiert! (Ausbildung kostenlos) Dann wird den Leuten schnell klar, was es bedeuten würde, diese Geschichte vielen Millionen Fernsehzuschauern zu präsentieren. Genauso gut könnten sie sich auf der ersten Seite der BILD-Zeitung als Lottomillionär outen. Sie können dann schon mal NATO-Draht und Bodyguards bestellen, um sich einzuigeln.

Es gibt inzwischen genug Seiten im Internet, die RV präsentieren. Wer sucht, der findet. Das schlimmste, was passieren kann, wäre, wenn RV ins Blickfeld aller gerückt würde.

7) Kann oder sollte man RV schnell lernen?

Man kann Remote Viewing innerhalb von einer Woche komplett erlernen. So sehen es noch immer viele Ausbildungsanbieter besonders in den USA vor. Aus unserer Erfahrung in Deutschland in den letzten fast zwanzig Jahren ist dieses Vorgehen nur anzuraten, wenn aus irgendeinem Grund Zeitmangel besteht. Wenn man zum Beispiel sehr weit fahren oder fliegen muss, kann es sich rechnen. Man sollte jedoch bedenken, dass die Anwendung der Methode ein Vorgang ist, den das Gehirn so bisher noch nie durchführte.

Es müssen neue Nervenverbindungen angelegt werden und hier sollte man sich nicht überstrapazieren. Die meisten Trainees haben nach zwei Tagen, sicher aber nach drei Tagen das Gefühl, wirklich genug getan zu haben. Alles Weitere kann zu einer Erschöpfung führen. Man hat keine Freude mehr daran, muss sich sehr dazu zwingen und kann sogar einen Burn-out-Effekt produzieren.

Dass es immer wieder Leute gibt, denen es nicht so geht, ist unbestritten, sollte aber nicht als Richtlinie für die Mehrheit herhalten

Ein weiterer Effekt darf nicht unter den Tisch gekehrt werden. Die Erkenntnis, dass PSI tatsächlich funktioniert, ist ein tiefer Einschnitt in das bisher erarbeitete Weltbild. Auch wenn man glauben WOLLTE, dass alles wahr ist, kommt einem die Bestätigung am eigenen Leibe immer sehr wundersam vor. Der typische Spruch der Trainees ist dann: „Ich hab ja immer gehofft, dass es geht, aber dass es so gut geht, das habe ich nicht erwartet."

Diese Erkenntnis muss auch erstmal verarbeitet werden. Damit verändert sich auch das Weltbild und das Verhältnis zu allen

anderen Mitmenschen. Erfahrene Remote Viewer sagen dazu: „Lasst das erstmal in euch setzen und übt, damit ihr alles sicher könnt. Und dann macht weiter ... wenn ihr wollt."
Aus diesem Grund wurde in Deutschland das blockweise Training eingeführt, in dem die zwischenzeitliche Pause vorgegeben ist.

8) Was kostet ein Seminar ungefähr? Was sollte es kosten?

Die Seminarkosten bei den meisten Anbietern sind in den letzten Jahren relativ stabil geblieben. Pro Person muss man mit Kosten um etwas 250-300 € pro Tag rechnen. Einige Anbieter weichen teilweise erheblich von diesem Angebot ab, und zwar nach oben. Es gibt Seminare, die doppelt bis dreifach so hoch ausgepreist sind. Zusätzlich dazu kommen dann noch Unterkunfts- und Bewirtungskosten.
Ein Seminar sollte mindesten soviel kosten, dass die Einkünfte für den Trainer interessant sind, sonst könnte er auch etwas Lukrativeres machen. Zum Beispiel einen Ein-Euro-Laden eröffnen oder eine Internet-Partnervermittlung, alles Unternehmen, die vor allem viel mehr Ansehen erwerben können.
Was also sollte ein Seminar kosten? Sicherlich nicht mehr, als ein Interessent bereit ist und in der Lage, auszugeben. Die Ausbilder der Remote Viewing-Akademie in Deutschland haben lange darüber diskutiert und die aktuellen Angebote stellen einen Kompromiss dar, der darauf abhebt, möglichst viel Fertigkeit und Wissen zu vermitteln.
Natürlich wurde erwogen, billige Massenveranstaltungen abzuhalten, vielleicht sogar Volkshochschulkurse. Vielleicht würden dann die bissigen Diskussionen um dieses Thema aufhören. Das wäre eine Anpassung an die aktuelle gesellschaftliche Maxime, wonach jeder selbst sehen muss, was er von einer Veranstaltung mitbringt.
Wir sind noch im Unklaren, wie wir mit dem Thema umgehen sollen. Das Argument, dass viele Teilnehmer auch eine größere

Verbreitung von Remote Viewing versprechen, ist nicht ganz von der Hand zu weisen. Oft ist es auch viel interessanter für Interessenten, immer nur einen kleinen Teil des Wissens vermittelt zu bekommen, um es besser zu verstehen oder sie machen sogar eine Art Schnitzeljagd nach dem Optimum ihrer Erfahrungen. Aus Amerika kommt die Kunde von „RV-Studenten“, die versuchen, einen Teilkurs bei vielen verschiedenen Ausbildern zu buchen und so viel herumreisen. Sicherlich eine gute Möglichkeit, wenn man es sich zeitlich leisten kann.

9) Was ist besser an teuren Seminaren?

Zumeist die Werbung. Natürlich ist die Art der Präsentation wichtig. Wobei nicht gemeint ist, dass ein aufwendiger Powerpointvortrag in einem schicken Hotel mehr bringt als eine technisch einfach gehaltene Informationsübermittlung. Die früheren Seminare besonders in den USA boten für den ganzen ersten Tag nur Vorträge. Meine Erfahrung ist, dass man umso mehr lernt, je früher man in die Praxis geht.

Eine ein- bis zweistündige Einführung genügt vollkommen. Alle auftretenden Fragen kann man viel eindringlicher anhand der getätigten Sessions beantworten.

Bei einem teuren Seminar sollte auf jeden Fall gutes Lehrmaterial gestellt werden und eine angenehme, störungsfreie Atmosphäre. Ein Sitzungsraum einer Firma etc. ist zwar sehr neutral, führt aber bei Trainees oft zu einem „Prüfungsgefühl“.

Im Übrigen kann man nur einen begrenzten Umfang an Wissen an einem Tag bewältigen. Auch forcierende Lernmethoden benötigen den Umstand, dass der Körper „nachzieht“, die Eiweißverbindungen herstellt und das Gelernte zum Anwendungsgut wird. Hierbei wird das Tempo durch die Akzeptanz und die Lebenseinstellung des Trainees mitbestimmt. Persönliche Entwicklung kann man da sehr schwer forcieren. Inzwischen ist auch eine Art „Burn-out“-Effekt bei Remote Viewern bekannt.

10) Sollte man eine Ausbildung komplett buchen?

Viele Interessenten wollen eigentlich nur wissen, was an den vielen Aussagen dran ist, die sie von Autoren und Viewern gleichermaßen hören oder lesen. Für diese Personen genügt es, nur den Trainingsblock 1 durchzuführen. Sie haben ihre Antwort und müssen ohnehin sehen, wie sie ein neues Verhältnis zur Welt finden, in der PSI weiter als „Quatsch" bezeichnet wird. Die Freiheit, weitermachen zu KÖNNEN aber nicht zu müssen, sollte man eigentlich jedem einräumen. Wenn man von vornherein das gesamte Programm bucht, kann es zu missliebigen Stornovorgängen kommen. Deshalb besser von Block zu Block buchen! Wer sich sicher ist, er müsse die komplette Ausbildung auf jeden Fall machen, hat mit einer Komplettbuchung natürlich Terminvorteile.

11) Da es immer mehr Interessenten gibt und einige Insider auch davon sprechen, es sollte nicht jeder lernen, sollten RV-Seminare deshalb generell teuer werden?

Gute Frage. Wir leben in einer Marktwirtschaft, wie frei oder sozial muss man selbst entscheiden. Mittlerweile bietet ja eine ganze Reihe von Leuten eine Art RV-Training an. Als Interessent muss man natürlich abwägen, wie wichtig einem das Seminar ist und was man für sein Geld bekommt.

12) Worauf sollte man achten, was kann man empfehlen?

Empfehlen kann man auf jeden Fall, dass sich die Interessenten informieren. Im Internet gibt es eine ganze Menge Anbieter, die auch ziemlich genau sagen, was bei ihnen zu erwarten ist.

Achten sollte man auf jeden Fall auf das eigene Gefühl. Wenn man sich nicht mit einer gewissen Zuwendung für ein Angebot entscheidet, ist das schon mal nicht gut.

Unter den vielen Anbietern heute gibt es sehr unterschiedliche Facetten der Seminardurchführung, aber auch der eigenen Praxis.
Da gibt es sehr erstaunliche Präsentationen. Es gibt RVer, die eine RV-Ausbildung bereits anbieten, nachdem sie selbst kaum den Grundkurs gemacht haben oder aber mit Ende Zwanzig behaupten, bei der Entwicklung der Methode persönlich mitgearbeitet zu haben. Remote Viewing war so, wie wir es heute kennen, zu 90% in der Mitte der 80er Jahre fertig.
Verspechen, dass man sofort im Lotto gewinnen würde oder auch sonst sich das Einkommen und die Aktienrendite exponential steigern würde, sollte man auch misstrauen. Man muss mit RV auch erst einmal umgehen lernen. Mit RV ist es wie mit jeder anderen Profession.
Ein Wort noch zu Massenveranstaltungen. Wenn man mit mehreren Leuten einen Kurs besucht, muss dieser natürlich billiger sein. Man kann da durchaus alles über die Methode lernen, muss aber große Abstriche bei der Betreuung machen. Das bedeutet zum Beispiel persönliche Optimierung der Ausführung (jeder Mensch ist anders) und Aufmerksamkeit, wenn einmal etwas schief geht, denn ob ein Mensch irgendein persönliches Trauma hat, zeigt sich erst, wenn es auftritt. Dann sollte jemand sofort zur Stelle sein können.
Ich selbst habe solche Konfigurationen seit 1997 selbst untersucht und bin seitdem der Ansicht, dass es für alle sicherer ist, wenn nur zwei bis drei Interessierte von einem Trainer betreut werden. Billig kann auch teuer werden. Aber auch hochpreisig hat seine Grenzen. „Eliteschulen" sind meist einfach nur anstrengender.

Träumen und Remote Viewing

Es ist ein ziemlich großer Zeitschriftenladen. Überall gibt es Drehständer mit Magazinen, Taschenbüchern und Comics. Ich gehe hinein. Es ist nicht so, als wolle ich wirklich etwas kaufen. Ich habe einfach noch etwas Zeit. Eher gelangweilt blättere ich durch die Hefte in den Ständern, nehme sie heraus, stecke sie wieder zurück. Irgendwie bin ich enttäuscht. Es sieht nicht so aus, als würde ich etwas Interessantes finden. Das liegt aber nicht an den Inhalten. Die Sprache stört mich. Es ist Tschechisch oder Polnisch. Es kommt mir so vor, als hätte ich das schon gewusst. Ich sehe ein Lucky Luke-Heft, aber ich kann es nicht lesen.

Außer mir ist noch eine ganze Anzahl von Leuten da, Frauen und Männer, alle in den mittleren Jahren. Sie verhalten sich ähnlich wie ich, manche sitzen auf einer gepolsterten Bank. Sie scheinen zu warten, genau wie ich.

Hinten in dem Laden ist ein Tresen; ein Mann, vielleicht vierzig, mit schütterem Haar, steht dahinter. Ich gehe hin, spreche den Mann an, während ich noch darüber nachdenke, was die Szenerie bedeutet. Der Mann deutet auf die Anwesenden. Sie warten alle, verstehe ich, aber es ist so, als ob ich nur lausche, wie jemand anders in mir es versteht.

Ich schätze die Zahl, es sind zwischen zehn und zwanzig. Sie warten alle auf den Beginn des Remote Viewing-Kurses.

„So viel?“, sagte eine Hälfte von mir; es ist die andere, nicht ich, der Zuschauer. Sie fährt fort: „Ich kann aber dieses Seminar nur in Deutsch geben! Zur Not vielleicht in Englisch, mit etwas Vokabelproblemen hier und da.“

„Das ist in Ordnung“, sagt der Mann hinter dem Tresen, „das wissen sie alle.“

Es scheint ein Konzept hinter allem zu stehen. Es ist alles wie verabredet, wie lange geplant. Ich bin extra deswegen hergekommen. Hinter dem Mann ist eine weiße Tür. Er schließt sie auf. Wir gehen in einen großen Raum mit einem langen Tisch und vielen Stühlen. Die Leute, die im Laden gewartet haben, kommen hinter mir herein. Der Raum füllt sich.

Der Traum bricht ab. Ich liege im Bett und bin wieder allein in meinem Kopf. Nach einer Weile setze ich mich an den Laptop, schreibe das Erlebnis auf, bevor es zerfließt und denke darüber nach.

Was weiß man über den Schlaf? Man weiß, dass das Gehirn trotz der Ruhephase einiges leistet. Die Rezeptions- und Erlebnisbereiche werden größtenteils abgeschaltet. Die Informationsverarbeitung im Hintergrund läuft auf vollen Touren. Die Eindrücke des Tages werden in eine Art Permanentspeicher umgeschichtet, möglicherweise dabei sogar umcodiert und neu bewertet. Wenn man „über etwas geschlafen" hat, sieht man es distanzierter und übergreifender, in andere Kontexte einbezogen.
Ich habe nie darüber nachgedacht, ob man vielleicht in Polen oder der Tschechei einen Remote Viewing-Kursus geben könnte. Es hat mich auch noch niemand danach gefragt. Ich bin von der Idee im Nachhinein auch nur sehr wenig eingenommen; einen lang gehegten Wunsch kann ich mir in keinem Fall unterstellen. Die Kurse in Deutschland reichen mir völlig aus.
Aber weil die Szene so real war, „luzid geträumt!", würden andere vielleicht sagen, mache ich mir Gedanken, wo diese genaue Ausmalung der Begebenheit herkommt. Dabei fallen mir andere luzide Träume ein, die völlig real herüberkamen und in sich schlüssig waren, also nicht nur zusammengewürfelte Teile aus meinem Gedächtnisarchiv enthielten oder als Bearbeitungen oder Interpretationen der letzten bedeutungsvollen Alltagssituationen gewertet werden konnten. Sie waren völlig anders. Es gab Erlebniswelten, in die ich mich bewusst nie hätte hineinversetzen können. Und – mit aller Deutlichkeit gesagt – auch nicht hätte wollen. Die Vermutung von Hirnforschern, das Gehirn wolle sich in Träumen schlichtweg nur unterhalten, weil es

Leerlauf für das Schlimmste überhaupt hält, finde ich sehr zweifelhaft.
Da war die Sache mit dem blauen VW-Bus. Jahrelang träumte ich, eine Firma für Veranstaltungsservice zu besitzen. Die Träume waren immer farbig und wie „echt" erlebt. Der Hauptbestandteil der Handlung war immer derselbe: Aufgrund unglücklicher Umstände geriet die Firma ins Schleudern und der Inhalt des Fahrzeuges wurde von Autoknackern geraubt.
Zwar hatte ich, allerdings 20 Jahre zuvor, in meiner Firma gelegentlich auch Veranstaltungsservice für Ton- und Bildprojektion gemacht, aber nie in dem Umfang, wie es im Traum dargestellt wurde. Einige der Serviceleistungen waren mir auch unbekannt und, was das Merkwürdigste war, ich habe nie einen hellblauen VW-Bus gefahren oder jemanden gekannt, der so ein Fahrzeug besaß. Seit Beginn der 80er Jahre fahre ich Ford Transit, erst einen roten, später weiße, heute einen gelben. Ich hatte auch längst den Wohnort gewechselt, von Berlin nach Nordfriesland, aber das Stadtszenario blieb hartnäckig. Der Traum kam in sehr geringer Variation immer wieder. Daraufhin schaute ich nach einem hellblauen VW-Bus aus, begegnete aber im Alltag keinem, sodass ich auch nicht sagen konnte, der Traum wäre, wie wir es von RV her kannten, nachträglich gefüttert worden. Denn Zeit spielt ja nicht die Rolle, die man im Alltag kennt.
Um 2009 träumte ich mehrmals wieder sehr luzid, wie ich mit meinem kleinen Sohn, der ungefähr drei bis vier Jahre alt war, in Tokio mit der U-Bahn unterwegs war. Bei einem Gedränge beim Einsteigen wurden wir von einander getrennt, ich blieb auf dem Bahnsteig, der Zug fuhr ab. Eine höllische Situation, wer Kinder hat, weiß, wie das ist. Ich träumte den gleichen Traum dreimal, mindestens. Immer gleich.
Tokio habe ich nie besucht. Fakt war aber, dass der Junge im Traum mein erster Sohn war und die Bahnsteige sahen sehr tokiomäßig aus, wie ich später im Internet sehen konnte. So weit hatte es einen Realitätsbezug. Allerdings war dieser Sohn inzwischen 16 bzw. 17 Jahre alt und mein zweiter ging auch schon

zur Schule. Aber er war es definitiv nicht, der im Traum mitspielte, wer also konnte sonst diese Rolle spielen?
Neben Geschichten wie diesen träumte ich auch Science-Fiction-Stories, die ich später aufschrieb und oft auch ausarbeitete. Ich wusste dabei auch immer, dass ich mich in einer realen, aber völlig anderen Welt befand, deren Eigenheiten in sich logisch waren, sich also von den anderen Träumen grundlegend unterschieden. Inhalte waren auch Themen, die erst viel später oder aber noch gar nicht in der Realität hochkochten. Zum Beispiel die Geschichte mit den „Schlüsseln im Baum". Natürlich waren es keine normalen Schlüssel, wie man sie so von Haustüren kennt, sondern sahen nur ein bisschen so aus und wurden auch wegen ihrer Funktion so genannt. Diese „Schlüssel" waren im Prinzip Sender, die in Bäume implantiert wurden, um durch Informationsübertragung in der weltweiten Vernetzung der Bodengewächse einen bestimmten Effekt zu erreichen, den ich leider nie genau herausbekam. Eine Umprogrammierung der Natur. Es war eine sehr komplexe Sache, die mit der Anpassung an eine sich ändernde Umwelt zu tun hatte und auch von Industriegruppen aus mir nicht nachvollziehbaren Gründen bekämpft wurde. Ich arbeitete in einem Serviceteam zur Bewachung dieser Einrichtungen und es gab sogar eine Verfolgungsjagd und eine Schießerei. Aber selbst die „Autos" waren fremd, so etwas hatte ich noch nie gesehen und hinterher gab es keinen Vergleich mit existierenden Typen. Sie waren schwarz und schwebten in ungefähr dreißig Zentimetern Höhe. Alle diese kleinen Details, an die ich mich erinnere, machten das Besondere aus. Weil sie nämlich nicht mit meiner Realsituation übereinstimmten.
Die Krone setzte ein Sex-Traum der ganzen Geschichte auf.
Sex? Aha – hihi, wird der interessierte Leser denken.
Bitte, bitte, lehnen Sie sich einen Moment zurück und denken Sie an eigene Erlebnisse. War schön, nicht wahr?
So, und nun meins. Ja, es war schön und die ganze Zeit war ich voller Erregung. Allerdings war meine Partnerin viel größer als

ich und hatte acht schwarze, haarige Beine. Ich selbst sah auch so aus, was mir aber völlig egal war. Mit anderen Worten: ich war eben ich und wer macht sich in einer spannenden Handlung Gedanken, wie man selbst gerade aussieht. Man benutzt das, was man hat, um zu agieren. Alles war völlig natürlich.
Meine Aufgabe war, ein kleines Samenpaket an einer bestimmten Stelle zu platzieren, ohne gefressen zu werden. Aber letzteres hatte nachrangige Bedeutung. Erst mal das Päckchen abliefern, die Sorge um mich kam später.
Es war ein grandioser Gefühlssturm, ich war hin und weg. Und ja, ich habe auch überlebt. Wenigstens bin ich nicht noch gefressen worden.
Den ganzen Tag nach diesem Traum konnte ich nicht sagen, ob diese Inhalte nun gruselig seien oder nicht. Erst viel später kam langsam die Krabbeltier-Aversion wieder hoch, die man als Mensch so archaisch programmiert mit sich herumträgt. Allerdings kann ich noch immer zurückfühlen, und das ist ziemlich fremdartig.
Remote Viewer kennen inzwischen dieses Gefühl aus Sessions, die sich mit unterschiedlichen Tieren beschäftigten, von der Termite bis hin zu Dinosauriern. Als Viewer macht es keine Probleme, in das Leben dieser Tiere „einzusteigen", was oft zu sehr merkwürdigen, manchmal sogar amüsanten Erlebnissen und Äußerungen führt.
Was also ist mir in diesen Träumen passiert?
Unzweifelhaft gab es Informationen, die aus meinem „realen" Leben kamen, aber ich möchte sagen, der weitaus größte Teil, nämlich die gesamten Szenarien, war mir vorher unbekannt.
Im Schlaf, das weiß man heute, werden Erlebnisse und Lerninhalte aus dem Kurzspeicher in den Langzeitspeicher übertragen. Diese Inhalte müssen zwangsläufig das Erleben im Schlaf beeinflussen, und zwar auf allen Sinnesebenen. Die Gesichtssinne werden sozusagen noch einmal „rückwärts" angesprochen und können dem Traumerlebnis eine sehr reale Wirkung beisteuern. Und die Kapazitäten, die nicht an der Umschichtung beteiligt

sind, können im „Leerlauf" zu sehr komplexen Erlebnissen kommen.
Diese Erklärung genügt für viele Träume, die erzählt werden. Es sind eben die gerade in der Umschichtung begriffenen Informationen, die Assoziationen hervorrufen und durch irgendein hervorstechendes Merkmal ausgelöst werden. Vielleicht hatte ich gerade am Tag vorher ein Bild von einer Spinne gesehen. Woher dann die genauen Insider-Kicks kamen, wird dadurch nicht beantwortet.
Neben den mehr oder weniger alltäglichen Traumerlebnissen gibt es aber auch solche, die prophetische Inhalte haben bis hin zu Voraussagen über die eigene Zukunft. Und dann sind da noch die, welche absolut fremdartig daherkommen.
Wie könnten sie zustande kommen?
Meine Theorie wäre folgende:
Mit dem Umlagern der Informationen verrichtet das Gehirn an sich eine serielle Tätigkeit. Das bedeutet, dass mehr oder weniger die Entscheidungssysteme außer Gefecht gesetzt werden. In die Erlebniswelt des Traumes kann nun praktisch alles eindringen, was irgendeine Relevanz oder Affinität zu gerade aktuellen Themen hat – sozusagen eine Art von ERV mit zufälliger Target-Formulierung. Dabei können sich auch Inhalte hineinmischen, die über die Empfangsorgane der rechten Hemisphäre, also aus der Matrix hereinkommen.
Das linkshemisphärische Wachbewusstsein ist ausgeschaltet, also kann man auch kein AUL herausschreiben. Alles, was bei luziden Träumen möglich ist und auch angewendet wurde, ist, sich des Traumes bewusst zu werden und das Ende zu steuern, wenn es einem nicht gefällt.
Das habe ich eine zeitlang betrieben, fand aber, dass nach den Änderungen die Traumeindrücke nicht mehr so intensiv und farbvoll waren.
Wenn ich allerdings des Träumens bewusst, aber nur mit Interesse die Traumabläufe sich entwickeln ließ, war es immer 3D-Fernsehen, vielleicht sogar 4D, wenn es so etwas geben könnte.

Möglicherweise lässt sich dazu eine Analogie zu Remote Viewing herstellen, das ja auch auf der Beschäftigung des Rechen- und Entscheidungszentrums beruht. Die Theorie zur Abarbeitung von Phantasieeffekten geht dahin, dass man sie deshalb leicht abarbeiten kann, weil sie nicht wirklich erlebt wurden oder werden können und der Umfang der damit in Zusammenhang stehenden Eindrücke sehr begrenzt ist. Weil sie nämlich aus dem Gedächtnis gezogen und dann eingebaut werden müssen. Das ist sozusagen nur „zweite Erlebnisqualität".
Möglich wäre demgemäß auch, dass man über die Matrix wie in einer Session sich in andere Welten begibt und dort in eine Person hineinschlüpft.
Naheliegend könnte man argumentieren, dass man sich so wiederum am besten selbst findet, weil man sich selbst am vertrautesten ist. Denn genau das geschieht auch in den allermeisten realen Träumen. Man erlebt sie als man selbst.
Das Spinnenbeispiel zeigt jedoch, dass es auch so sein könnte, dass man überall hin kann, genau wie in einer Remote Viewing-Session.
Dann hätte der Traumfilmgenerator, wenn man die geistigen Vorgänge mal so computermäßig betrachtet, einfach die Stellen mit eigenen Daten ausgefüllt, die nicht sofort ebenfalls klar „geviewt" wurden. In Tokio hatte ich demgemäß also eine fremde Person von innen geviewt, mich damit identifiziert und dem Kind das Gesicht meines Sohnes verpasst.
Das Gleiche könnte auch für die anderen Beispiele gelten. Die Frage wäre dann, wie die Verknüpfung zu den „Targets" hergestellt wurde. Aus Vorkommnissen in einer RV-Session wissen wir, dass manche dieser Verknüpfungen sehr zufällig aussehen können. Bereits aus wenigen Eindrücken kann ein Viewer in Millisekunden eine analytische Überlagerung, ein AUL, herstellen, das die Original-Eindrücke vollständig verdeckt. Solche Assoziationen können zwar aus der eigenen Erfahrung, aber unter Umständen aus sehr archaischen Speichern kommen. Auch die Verknüpfungslogik ist dabei nicht so leicht einsehbar, auch

wenn man feststellt, dass mehrere Komponenten richtig miteinander verwoben wurden.
So gesehen ist also das „Richtige" in dem Traum mit dem VW-Bus eben die Situation des Service und das Fahrzeug. Dass es sich bei dem Service um Bild- und Tonversorgung von Veranstaltungen handelte, kann schon eine persönliche Auffüllung aus eigener Erinnerung sein. Und dass die Geräte entwendet bzw. das ganze Fahrzeug gleich gestohlen wurde, kann die wahre Geschichte sein, verknüpft mit meiner früheren Vorsicht, die mich immer dazu brachte, wenn es irgend ging, keine wichtigen Dinge im Auto zu belassen, immer alles auszuräumen. Mir ist auch nie etwas weggekommen. Aber schon der Gedanke daran könnte eine Verknüpfung mit jemandem sein, dem dieses dann tatsächlich passiert ist.
So auch die Geschichte mit dem Remote Viewing-Vortrag. „Echt" daran könnten der Vortrag und der Ort sein, vielleicht hatte die geträumte Person auch eine Affinität zu Comics. Der Vortragsgegenstand hingegen kann auch ein anderer gewesen sein. Möglicherweise war es auch kein Vortrag, sondern ein Briefing über ein Thema, was aus gutem Grund in ein Hinterzimmer verlagert wurde.
Ich finde diese Zusammenhänge sehr bedenkenswert, wenngleich ich an dieser Stelle natürlich nicht die gesamte Traumforschung nach Siegmund Freud revolutionieren möchte. Die Erfahrungen mit Remote Viewing zeigen jedoch Komponenten und eine vergleichbare systemische Logik auf, die durchaus zu einer neuen, adäquateren Beurteilung von Träumen führen kann.
Prophetische Träume, das meiner Ansicht nach größte Rätsel dabei, würden sich dann vielleicht als Einstiege des Träumers aufgrund von eigenen Befürchtungen in parallele Wahrscheinlichkeiten darstellen, in denen diese Ängste realisiert zu finden sind. Die Besorgnis als Targetgenerator sozusagen. Das gilt besonders für sehr große Ereignisse, sozusagen für Weltuntergänge, mit denen auch Remote Viewer ihre Probleme haben. Sie

treffen zwar nicht ein, sind aber durch ihre Größe geeignet, alles zu überdecken.
Insgesamt stehe ich nach diesen Erfahrungen auf dem Standpunkt, dass sich man sich für das Aufsuchen einer Traumsituation oder einer Person durchaus der eigenen Ängste bedienen kann, es aber auch unbewusste Erlebnisse sein können, die man im Alltag nur kurz gestreift hat. Random Choice aus einem Targetpool, sozusagen. Die Relevanz für eine Interpretation, eine Traumdeutung, ist damit grundsätzlich eine andere, als die allgemein verwendete. Es geht dann nicht unbedingt um eine Hilfestellung des Unterbewusstseins im Leben, das einen auf Lösungsmöglichkeiten oder überhaupt auf Probleme im Leben aufmerksam machen könnte. Es kann sein, dass eben nur Beispiele aufgrund von aktuellen oder früheren Erfahrungen „herausgesucht" und dann mit eigenen Speicherdaten ausgekleidet werden.
Natürlich kann man aus allem lernen, aber ich denke, der Stellenwert von Träumen im Hinblick auf Lösungen in Lebenssituationen sollte vorsichtig betrachtet werden. Es kann auch nur ein Beispiel sein, das sich gerade aufgrund von Ähnlichkeiten in den Vordergrund geschoben hat.
Aber das kann ja auch helfen.

Viewen mit Skype in der Diskussion

Erfahrungen, Empfehlungen, Warnungen

„Ohne Skype wäre ich nie zu Remote Viewing gekommen!", sagte einer der Teilnehmer der Podiums-Diskussion anlässlich des Erfurter Treffens 2012 und brachte damit einen Umstand auf den Punkt, der unter Remote Viewern wohl bekannt und viel gelitten ist. Die oft großen Entfernungen zwischen den Viewern machen persönliches Beisammensein meist unmöglich. Dafür bot sich ein Internetdienst, der ein kostenloses Bildtelefon bereitstellte, geradezu an. Es gibt davon mehrere, Skype ist vielleicht nicht der Beste, wohl aber der Bekannteste und man kann das benötigte Programm einfach herunterladen und installieren. Daraufhin bildeten sich einige Vernetzungen und Communities, die nun erfolgreich Projekte durchführten und neue Interessenten an das Thema heranführten.

So weit, so gut. Wie unter erfahrenen Viewern aber längst bekannt, ist eine Remote Viewing-Session nicht unbedingt gefahrlos. Nicht nur übersensible Personen geraten in manchen Situationen in psychische und sogar physiologische Schwierigkeiten. Ob es ein Target im Weltall oder die Erfahrung von Schmerzen und Grausamkeiten sind, in bestimmten Situationen kann ein Viewer davon stark betroffen sein und Probleme haben, sich aus eigener Kraft zu helfen.

In Büchern, speziell den Lehrbüchern, wurde ausführlich und in ganzen Kapiteln dazu darauf hingewiesen und Anleitungen zur Abhilfe nicht nur für den Ernstfall angeboten. Leider führten zwei Umstände dazu, dass gerade die Interessenten, die Skype nutzten, dies nicht zur Kenntnis nahmen.

1. Die Informationen über den Ablauf einer Session wurden fast ausnahmslos aus dem Internet bezogen, meist aus Videoclips oder Dokumenten kommerzieller amerikanischer Anbieter. Ganz klar, dass hier keine Probleme genannt werden (dürfen).

2. Die Faszination, der neue Interessenten unterliegen, wenn sie auf Remote Viewing stoßen, führt beinahe zwangsläufig zur Negation irgendwelcher Misshelligkeiten. „Uns ist nichts passiert", wird auf Anfrage stolz verkündet.

Der Krug geht solange zum Brunnen, bis er bricht, sagt ein altes Sprichwort. Der bei Ausbildern gut bekannte Fall, dass Targetinformationen die Befindlichkeit des Viewers durcheinander bringen, passierte inzwischen auch reinen Skype Viewern. Als einer der Betroffenen trug Stefan Franke seine Erlebnisse vor, die auch in einem Artikel hier nachzulesen sind.[7] Es kam bei ihm zu Störungen des vegetativen Nervensystems, die Regulierung des Kreislaufs eingeschlossen. Es ist ungewiss, wie das Ereignis ausgegangen wäre, hätte der Betroffene nicht aus vorausgegangenen Kursen den Umgang mit solchen Zuständen gelernt.

Erfahrene Viewer treffen Vorsorge. „Ich lege als Monitor mein Handy bereit, um im Fall des Falles sofort einen Notruf tätigen zu können!", sagte Marco K. mir einmal. Dazu müssen die Adresse und die Umstände des Session-Partners allerdings bekannt sein. Viewings mit Internetbekanntschaften, die nur durch einen Avatar ausgewiesen sind, können so leicht schiefgehen.

„Wie oft treten denn diese Vorfälle in der professionellen Ausbildung auf?", wurde von einem Zuhörer gefragt. Eine Antwort hierauf ist schwer zu geben. Unfälle passieren ja auch nicht regelmäßig.

„In den vergangenen zwölf Jahren waren es ungefähr zehn, zwölf Mal, dass ich sehr besorgt war und froh, physikalisch anwesend zu sein", resümierte ich. „Ich war immer froh, dass meine Erfahrung ausreichte, um diese Situationen zu meistern."

Ganz klar: Professionelles Training muss sicherstellen, dass möglichst nie etwas passiert.

Die Vorfälle, die derzeit bekannt sind, lassen sich in zwei sehr unterschiedliche Kategorien einteilen. Zum einen sind es natürlich überwältigende Eindrücke, die durch die tiefe Bilokalität

---

[7] Siehe Seite 204

des Viewers in der Stufe 6 entstehen, wenn sehr viele Details zu einem übermäßig realistischen Eindruck führen. Da hier der Viewer bereits über eine größere Erfahrung verfügt und auch durch den Monitor leichter geführt werden kann, ist dieses Risiko geringer. Die unangenehmsten Vorfälle ereigneten sich durchweg in der Stufe 1. Die Erklärung dafür kann inzwischen ebenfalls gegeben werden.

Im Prozess des „Hineinkommens“ besteht noch eine starke Präsenz des Wachbewusstseins. Kommt ein starker Impuls aus der Matrix, beispielsweise über sehr lebensfeindliche Umstände am Zielort, so konkurriert dieser Eindruck mit den Informationen, die das Wachbewusstsein über die Körperrezeptoren bekommt. Ist der Eindruck aus dem Target sehr stark, kann es dazu kommen, dass diese auch für den eigenen Körper als bestimmende Faktoren wahrgenommen werden. Das vegetative Nervensystem wertet dann diese Botschaft (falsch) aus und reagiert dementsprechend. Es gibt eine große Anzahl von Menschen, die nicht durch ein Unglück selbst sondern aus Angst davor gestorben sind. Das ist in etwa vergleichbar.

Da also die größten Probleme gerade bei Anfängern auftreten können, ist eine gewisse Vorsicht gerade bei Einführungen in die Methode angemessen. Beim Trainer sollte hierzu auch ein ausreichender Erfahrungsschatz vorliegen.

Noch ein anderer Umstand führt beim Viewen über Skype zu deutlich schlechteren Ergebnissen: In der Stufe 6 ist es häufig nötig, dass der Monitor die früheren Seiten durchsehen kann. Oder er möchte gern etwas Spezielles machen, wozu gehören würde, dem Viewer schnell ein anderes Blatt vorzulegen oder auf eine bestimmte Stelle auf dem Blatt zu zeigen. Verbale Lösungen sind da meist so umständlich, dass der Viewer aus seinem Zustand herausfallen kann. Übrigens erzählte einer der Diskutanten, dass das Mitschreiben der Informationen durch den Monitor auch nicht die glücklichste Lösung sei, da dieser durch das serielle Schreiben mit in die Session gezogen werden.

Dennoch bleibt für viele Skype-Viewing die einzige praktikable Methode, mit Remote Viewing zu arbeiten. Durch die Kenntnis der entsprechenden Auffang- und Herausführungstechniken kann man die Gefahr vielleicht nicht ganz auffangen, aber auf ein vertretbares Maß herabsenken. Natürlich muss allen Beteiligten klar sein, worauf sie sich einlassen.
Tabea Z., bekannt aus ihrem Blog über ihr RV-Praktikum, brachte noch einen anderen Aspekt in die Diskussion: was wäre, wenn der Viewer so angeregt sei, dass seine reine Ausstrahlung den Computer stört oder gar abschaltet. Ihr wäre das schon passiert und diese Erfahrung deckt sich mit einigen anderen Berichten, in denen Viewer ganze stationäre Netzwerke lahmlegten und Anwendungen störten. Sich so von den durchaus gewinnbringenden Skype-Viewings auszuschließen, ist natürlich sehr bedauerlich.

Mythen des Remote Viewing

Löschen Feuersalamander, wenn man sie in ein brennendes Haus wirft? Macht Nashornpulver potent? Werden die Venusbewohner die Erde vor dem Weltuntergang retten? Sind internationale Konzerne auf das Wohl der Menschen bedacht?

Genauso wie es Mythen des Alltags gibt, deren Wahrheitsgehalt mindestens fragwürdig ist, gibt es auch im Remote Viewing Aussagen, die trotz ihrer Zweifelhaftigkeit oder sogar Unwahrheit fröhlich die Runde machen und bei Neugierigen wie auch bei selbsternannten Gurus für andächtige Begeisterung sorgen. Dass Leute, die sich ernsthaft mit dem Thema beschäftigt haben, hierzu genervt oder sogar missionarisch reagieren, fleißig die Richtigkeit wieder herstellen wollen und klare Definitionen fordern, tut dem keinerlei Abbruch.

Kann man mit Remote Viewing fliegen?

Braucht man einen Schlafsack zum Viewen?

Muss man sich an den Händen fassen?

Das sind zum Beispiel Fragen, die Remote Viewern ein bekümmertes Lächeln abringen. Aber wie immer gibt es eines Pudels Kern, einen oft kleinen wahren Hintergrund.

Natürlich kann man mit Remote Viewing nicht fliegen, aber es gibt eine Anwendung in der Stufe 6, die so etwas simuliert, damit man schnell den Betrachtungswinkel wechseln kann, um zu anderen Informationen zu kommen.

Durch sogenannte „ERV-Sitzungen“, die von manchen Anbietern eigentlich wie schamanische bzw. Astralreisen durchgeführt werden, kommt die lustige Frage nach Notwendigkeit einer weichen Unterlage. Nein – Viewer sitzen und sind völlig wach. Und an den Händen fassen, um irgendwelche Energieströme auszulösen, müssen sie sich auch nicht. Ich meine, es kann ja ganz nett sein, mit attraktiven Seminarpartnern Händchen zu halten, die Frage ist dann aber, was dabei für Informationen herauskommen. Vielleicht irgendwas mit der Venus.

Andere Fragen sind nicht mehr so leicht zu beantworten und setzen sich deshalb als Wunschvorstellungen in den Köpfen der Interessenten fest.
Kann man jeden Ort der Welt, auf den man neugierig ist, aufsuchen?
Im Prinzip ja, aber wenn man sich vornimmt, einen Ort zu „besuchen", dann denkt man daran, was man über diesen Ort weiß. Remote Viewer wissen: Nur wirklich sehr Erfahrene können damit Glück haben. Für den aus dem Schamanentum kommenden Stefan Klemenc war dieser Umstand ein ständiger Diskussionspunkt auf seinem Forumsportal.
„Wenn ihr bereits WISST, was euch am Zielpunkt erwartet, was wollt ihr Neues erfahren? Remote Viewer nennen das *frontloaded*!"
Mit Monitor und ohne Vorwissen allerdings: kein Problem.
Eine weitere Frage, die nur sehr vielschichtig zu beantwortet ist: Kann man verlässlich die Zukunft sehen?
Jein. Man kann immer nur Wahrscheinlichkeiten „sehen". Zwar haben wir festgestellt, dass die „globale Zukunft" ziemlich genau festliegt, aber die Voraussage wird ungenauer, je weiter man in Richtung Einzelereignisse „nach unten" geht. Deshalb ist eine Börsenentwicklung relativ sicher voraussagbar, das Fallen der Lottokugeln aber kaum.
Wäre das anders, müsste man von einem komplett voraussagbaren Universum, einem deterministischen, wie man es nennt, ausgehen. Das aber hätte die Entwicklung des gesamten Kosmos verhindert, denn die Istheit des Seins benötigt Ereignisspielraum. Man kann also nur Wahrscheinlichkeitsfelder bestimmen, nie die ganz genaue Zukunft.
Wenn trotzdem solche Fragen auftauchen, liegt es daran, dass der Spielraum für verschiedene Möglichkeiten nicht sehr groß ist, wenn man ihn auf ein Menschenschicksal bezieht. Ausgehend von den Geburtsumständen, der Sozialisation, Bildung und Arbeitsstelle ist ein großer Teil des möglichen Verhaltens beinahe „vorbestimmt". Es sei denn, der/diejenige ändert bewusst

den Ereignisfluss. Aber selbst dann, musste ich feststellen, ist es sehr aufwändig, ein „neues Karma" zu installieren. Man muss sehr entschlossen handeln und wissen, was man da tut.
Eine andere Frage, die viele Frager beschäftigt, lautet:
Macht Remote Viewing klüger?
Im Prinzip ja, könnte man sybillinisch antworten. Es kommt immer darauf an, wie und was man misst. Von Intelligenztests wissen wir, dass es ungeheuer schwierig ist, sie von kulturellen Eigenarten zu befreien. Zu Zeiten meines Studiums sagte man: Ein Intelligenztest misst, was ein Intelligenztest misst. Viel hat sich in der heutigen Praxis daran nicht geändert, und das liegt immer an der dahinter stehenden Absicht.
Somit wird solch ein Instrument nicht dazu benutzt, herauszufinden, ob jemand schnell und in jeder Situation angemessen denken kann, sondern eher, um herauszufinden, ob ein Bewerber in das vorgezeichnete Profil passt. Selbstverständlich könnte man alle Fragen, die sich auf die persönliche Sozialisation (Herkunft, Religion. Schulbildung) beziehen, ausfiltern und durch adäquate Posten ersetzen, man wird allerdings dies nie ganz anpassen können und, was noch schwieriger ist, den Übungsfaktor eliminieren. Aufgaben in einem Test sind immer irgendwie standardisiert. Man kann lernen, mit dieser Art von Fragen umzugehen, das bringt 10 bis 20 Punkte, je nach Test und Tagesform des Probanden. Ob man nach dieser Übung „klüger" ist, konnte bisher nicht geklärt werden und ist eher zu bezweifeln. So ähnlich ist es mit Remote Viewing.
Wer alle seine alten Gewohnheiten und Denkschemata mit einbringt, wird kaum „klüger". Es ist zwar wahr, man bekommt mehr Möglichkeiten, zu argumentieren, aber wenn das nicht inhaltlich verarbeitet wird, gibt es kaum eine Entwicklung zu größerer Intelligenz und Klugheit, was auch immer das ist. Selbst die Definitionen dafür verschwimmen.
Was man allerdings deutlich sehen kann: Durch das ständige Training des Austauschs der Gehirnhälften werden bestimmte Funktionen angeregt, die zu schnellerer Auffassung, unorthodo-

xer Entscheidungsfähigkeit und mehr Überblick im Leben führen können.

Wofür man diese benutzt, wird sicher auch vom Ausbilder abhängen. Wer beispielsweise an einen Trainer gerät, der sich vordringlich mit Katastrophen und dem Weltuntergang beschäftigt, wird seine Fähigkeiten womöglich hauptsächlich hierfür entwickeln und einsetzen.

Weltuntergänge gibt es jeden Tag reichlich, nämlich persönliche. Schon der Einsturz der Meinung, PSI wäre unmöglich, ist ein solcher, wenn man es in einem Training „bewiesen“ bekommen hat. Wie immer kommt es darauf an, was man daraus macht. Es gibt immer neue Horizonte und Möglichkeiten, sich zu profilieren. Und manchmal führt dieser Weg auch ein ganz klein wenig zu dem, was man allgemein „Weisheit“ nennt. Was immer das nun wieder ist. Auch darüber gibt es Mythen.

Keine Geheimnisse? – Das Auftraggeberproblem

Mittlerweile ist es ja üblich, Targets für Geld viewen zu lassen. Man könnte meinen, das einzige Problem wäre die Bezahlung, wenn es eine etwas aufwändigere Recherche werden könnte. Aus diesem Grund ist man auch geneigt, anzunehmen, dass es auch für Vermittler und Agenturen einfach sein müsste, mit dieser Thematik umzugehen und reichlich Aufträge einzufahren.
Für den Anfang kann das funktionieren. Die Aufträge sind da. Was aber passiert weiter?
Verfolgen wir einmal, wie es weitergehen könnte. Nehmen wir fürs erste an, der Viewer sei erfahren, beherrsche den gesamten Komplex und könne (solo oder mit Monitor) die gesamte Breite der Möglichkeiten nutzen.
Der Auftraggeber hat ein Problem, sucht einen Remote Viewer und findet eine Vermittlungsfirma, ein Institut, das so etwas anbietet, oder sonst einen RV-Makler oder Manager.
Nun möchte der Auftraggeber aus verständlichen Gründen, dass der Viewer nicht nur blind arbeiten solle, sondern auch später keine Auskünfte über das Target erhalten solle. Für einen Auftrag aus der freien Wirtschaft wäre das völlig normal. Wenn man schon eine dringende Frage an eine Fremdfirma abgeben muss, dann möchte man bitteschön aber nicht den gesamten Hintergrund der Fragestellung auch preisgeben.
Im Notfall, korrigiert man sich, kann man dem Vermittler vielleicht noch etwas Globales sagen, aber dem fremden Viewer? Nein, der soll seine Arbeit machen!
Viewer, die bis hierher mitgelesen haben, beginnen mit Sicherheit, zu lächeln. So geht`s nicht, das wissen sie.
Ein erfahrener Viewer hat mindestens einmal in seiner Laufbahn ein Target erlebt, in dem für ihn sehr unangenehme Eindrücke enthalten waren. Deshalb hat er dem Vermittler auch mitgeteilt, was für Targets er auf keinen Fall haben möchte. Und er möchte auch die Sicherheit haben, dass dieser Umstand ein-

gehalten wird. Wenn der Vermittler nicht weiß, worum es geht, hat der Viewer auch kein Vertrauen.
Und wenn bei der Arbeit daran herauskommt, dass der Viewer betrogen wurde, ist es aus mit der Vermittlung.
Aber es gibt ja wirklich ausgebuffte Viewer bzw. Teams, die weder Tod noch Teufel fürchten.
Im Allgemeinen vollzieht sich ein Auftrag nach einem immer sehr ähnlichen Muster: Man macht erstmal eine Session und guckt, was kommt. Das Ergebnis, wenn es unspektakulär ist, kann man weitergeben, ohne dass man davon besonders beeindruckt ist.
Die meisten Targets aber sind nicht so einfach, weil reale Zusammenhänge beschrieben werden müssen. Und die sind, das können Sie gern mit ihrem Alltag abgleichen, sehr komplex. Bei einer Session wird es nicht bleiben (können).
Außerdem reizt den Viewer (wenn er sonst keine Vorgaben hat) in einem Target immer das, was für ihn im Moment am interessantesten ist. Das kann dann statt des tatsächlichen Auftrags durchaus der Grund sein, warum dieses Target bearbeit werden sollte.
Wenn das Target nicht gegen die üblichen No-Go-Listen verstoßen sollte (Kapitalverbrechen, Entführungen, UFOs und Mythen), so enthält es auf jeden Fall noch den Geheimhaltungsaspekt des Auftraggebers.
Wenn ein Viewer sich schon so eng mit dem Target verknüpft, wie das in einer guten Session sein sollte, dann interessieren ihn auch die Gründe. Was also folgt? Er nimmt den Auftraggeber auseinander. Was führt er im Schilde, warum soll man sonst nichts über das Target wissen, was gibt es da für Geheimnisse. Das macht er sich zum Target.
Backtracking nennt man das in der RV-Szene.
Und so kommt es, dass der Viewer, egal auf welchem Kanal (vielleicht später als direkte Post an den Auftraggeber) dem Auftraggeber mehr sagt, als dieser wissen wollte. Und, weil man mehr Sessions machen musste, es nun teurer wurde.

Das ist eine schwierige Erkenntnis für einen linkshemisphärischen Menschen, der sich nicht gern in die Karten schauen lässt und sonst keine Erfahrung mit Remote Viewing hat.
Er hätte auch gleich alles offenlegen können.
Wird er noch einmal einen Remote Viewer beschäftigen? Vielleicht wird er ihn nun direkt mieten, weil der doch nun schon alles weiß. Der Vermittler, das Institut, der Makler, sie bleiben außen vor.
Aber man könnte ja Anfänger beschäftigen und schauen, was die bringen. Gerade die ersten Sessions sind oft supergut, man nennt das den „Anfängereffekt".
Mit Anfänger zu arbeiten ist noch schwieriger.
1. Sie brauchen viel Unterstützung, sind unsicher bei konkurrierenden Merkmalen
2. Wenn sie nur bis Stufe 3 resp. 4 fit sind, liefern sie oft nur eine Sammlung dessen ab, was sich im Targetbereich befindet – aber leider keine eindeutige Lösung. Das ist besonders bei ARV- Targets ärgerlich, weil man die Lösung nicht genau herausfiltern kann, wenn der ganze Pool an Möglichkeiten erst einmal geviewt wird.
3. Anfänger brauchen auf jeden Fall eine Auflösung der Aufgabenstellung, sonst drehen sie nach kurzer Zeit durch und machen gar keine Session mehr. Die linkshemisphärischen Programme, also das Wachbewusstsein, das Ego, lassen sich nicht auf Dauer ohne Erklärung „an der Nase herumführen".
Im Ganzen ergibt sich eine fast unlösbare Situation für RV-Vermittler. Aus meiner Sicht gibt es nur zwei Lösungsmöglichkeiten:
1. der Vermittler ist der Projektleiter und Teil das Teams und alle Viewer vertrauen ihm (ihr).
2. Der Auftraggeber arbeitet von vornherein mit offenen Karten und vertraut dem Projektleiter.
Die Erfahrung zeigt, dass schon kleine Unstimmigkeiten in diesem Verhältnis ein Projekt sprengen können. Warum? Nun, schließlich gehen hier Menschen miteinander um das auf einer

sehr intimen Ebene. Wenn es darauf ankommt, gibt es keine Geheimnisse. Das müssen alle aushalten können, die mit RV befasst sind.
Wer RV wie einen normalen Auftragsdienst, etwa wie eine Vermittlung für Zeitarbeit, betrachtet, wird das lernen müssen.

Lieblingstargets in der Praxis

Oh, es gibt sie schon, die Leute, die entweder keinerlei spezielle Interessen haben oder aber alles um sich herum mit gleicher, neutraler Aufmerksamkeit verfolgen. Aber ganz ehrlich: das sind wenige. Die wirklich allermeisten Leute und besonders die Interessenten für Remote Viewing haben Lieblingsthemen, denen sie sich vor allem anderen widmen oder widmen möchten.
Da gibt es die unterschiedlichsten Beispiele und die Spanne ist mindestens so groß wie die Zahl der Musikgruppen, denen man fanartig, also alles andere ausschließend, verfallen kann.
Was bedeutet das für Remote Viewing? Werden diese Themen von den entsprechenden Interessenten besonders gut geviewt? Ein Frage, die sich besonders dann stellt, wenn man dem Zustand des absoluten Anfängertums entwächst und langsam zielgerichtet und vielleicht sogar in Projektgruppen versucht, operationale, d.h. Targets mit praktischem Erkenntniswert, zu bearbeiten. (Wozu ich jetzt einmal die ARV-Themen nicht einrechnen möchte. Sonst wird es etwas kompliziert.)
Dann heißt es vielleicht am Ende einer Session: „Mensch, das ist doch dein Spezialgebiet, warum hast du denn nur so einen mittelmäßigen Targetkontakt gehabt?“
Und der Viewer zuckt die Schultern und antwortet: „Ich hab's doch nicht gewusst, dass es DAS ist. Ich denke, ich soll hier blind arbeiten!“
Tatsächlich, alles andere wäre frontloaded oder ein AUL, eine analytische Überlagerung, ein Durchschlagen der Phantasie oder der Erinnerung, und das wollen wir in Anbetracht eines ernstzunehmenden Ergebnisses nicht.
Das heißt also, ein guter Viewer, wenn er „on target“ ist, geht mit seinen Spezialgebieten genauso um, wie mit allem anderen?
Die Antwort ist ein ganz konkretes: „Jein!“
Ich sehe immer meine Seminarteilnehmer, wenn sie mir spezifische, wie sie meinen, einfache und klare Fragen stellen und eine

entsprechende Antwort erwarten. Und ich sage dann, fest und entschieden: „Jein!“.
Aber bitteschön, auch im „wirklichen Leben“ ist nichts einfach schwarz oder weiß und wer die Zwischentöne und die Begründungen kennt, fährt immer am Besten.
Es ist richtig, dass ein Viewer, wenn er „in der Zone“ ist, neutral sein sollte. Das ist unabdingbares Gesetz des RV und sollte durch ehrliche Anwendung des Protokolls erreicht werden.
Alles andere wäre unter der Bezeichnung „AUL“ oder „AI“ abzulegen. Ganz klar.
Andererseits: Menschen sind keine Maschinen. Wer jetzt über diese Banalität lacht, sollte sich einmal ein paar Dutzend Viewer in der Session ansehen, um festzustellen, welche Gemeinsamkeiten alle haben und trotzdem, wie speziell sie arbeiten können. Und auch nach der Betrachtung von fünfzig oder hundert oder mehr Viewern findet man keine gleichen. Ähnliche schon, aber was ist schon „ähnlich“, wenn es knallhart auf die Ergebnisse ankommt. Das war auch bisher das größte Problem für Wissenschaftler, sich dem Phänomen „Remote Viewing“ im Laborversuch zu nähern. Remote Viewing hat als Arbeitsbereich das gesamte Universum. Lächerlich, Erkenntnisse aus einem kleinen, grau gestrichenen Raum mit standardisierten Situationen gewinnen zu wollen. Über zusammenhanglose Signifikanzergebnisse kommt man nicht hinaus.
In der Session wird man feststellen, dass jeder Viewer irgendeine Art der Betrachtung „besonders gut kann“. Manchmal hängt das mit seinem (ihrem) Beruf zusammen, manchmal nicht. Den Grund dafür kann man herausfinden, aber er wird individuell sein. Dass also ein Viewer auf seinem beruflichen Spezialgebiet auch tatsächlich gute Ergebnisse in der Session bringt, hängt von Kriterien ab, die nicht sofort einsehbar sind.
Beginnen wir ganz einfach.
Es gibt eine Grundhaltung, die anscheinend angeboren ist, egal wie man sich später beruflich entscheidet.

Heutzutage entdecken manche Eltern beispielsweise, dass ihre kleine Tochter offenbar ein „Rosa-Gen“ hat. Im Zuge der Anspruchshaltung unserer Gesellschaft an die Gleichstellung aller Menschen ist diese Entdeckung das Grauen (für die Eltern, denn für sie wird Gleichberechtigung zu zwanghafter Gleichschaltung). Egal, was man anstellt, das Kind möchte nicht mit Autos spielen oder mit dem Schraubenzieher aktuelle Küchengeräte demontieren, wenn man gerade nicht hinschaut. Sie möchten mit Puppen Rollenspiele durchführen und bereiten sich so zielstrebig auf ihr späteres Leben vor, so wie sie es im Gefühl haben. Und es gibt Jungen, die bekommt man einfach nicht zum Puppenspielen. Sie denken in alles Technik hinein und wenn es Puppen gibt, dann bekämpfen diese sich mit Pistolen und Laserschwertern. Es ist eine Enttäuschung für genderbewusste Eltern.
Ich habe vier Kinder und bei jedem festgestellt, dass es sich von einer Voreinstellung nicht abbringen ließ, es sei denn, man wollte es komplett unglücklich machen.
Diese Grundhaltung schlägt später in der Session durch, und zwar in der Art der Wahrnehmung. Ob man einen Viewer an technische Exkursionen oder soziale Recherchen setzt, sollte man sich vorher überlegen. Ein Viewer, der technisch eingestellt ist, wird eine „Lebensaufgabe“ eher wie eine Funktion einer Maschine oder einen Ablauf in einer Produktion sehen. Man kann auch mit neutraler Herangehensweise wunderbar Zielrichtungen abstecken! Wenn man diese Einstellung des Viewers kennt, kann man sie hinterher sehr einfach wieder „herausrechnen“.
Andererseits sollte ein Viewer, der eine sehr soziale Interesseneinstellung hat, möglichst keine Technik/ Wissenschaftstargets viewen. Die Beschreibungsfindung wird für anwesendes Fachpublikum unerträglich! Chemische Reaktion können eventuell noch als „Beziehungen“ dargestellt werden, Mechanik vielleicht auch noch im Groben, aber dann, im Detail, wird es mühsam. Und auch die Viewer haben das Gefühl, sie seien irgendwie

„falsch“ in dem Gebiet und werden so frustriert, dass man schon mal eine Session vorzeitig beenden muss.
Spannend wird es, wenn man in einem Projekt Viewer nach ihrem tatsächlich ausgeübten Beruf einem adäquaten Thema zuteilt.
Es kommt schon vor, dass in einer Session die Erkenntnis aufsteigt, der Viewer hätte wirklich den falschen Beruf gewählt. Und das erweist sich – schlimm genug – oft auch als völlig richtig.
Damit zusammenhängend ist nicht nur das Gebiet der Beziehung sondern generell der Wahrnehmung von Lebewesen.
Wenn man mit Projektviewen beginnt, stellt man schnell Folgendes fest: Menschen und deren Bewusstseinsinhalte sind generell recht einfach zu viewen. Was für die meisten Leute richtig schwierig wird, sind ... Tiere.
Es gibt Leute, für die eine Elefantenherde in der Steppe immer eine „Ansammlung von grauen, einigermaßen weichen, riesigen Klötzchen“, die „selbstbeweglich sind und verschiedene Aktionen durchführen können“. Aber dass diese Targets sich „lebendig“ anfühlen können, bleibt ihnen völlig fern. Natürlich kann man die Eigenständigkeit und die Selbstorganisation von Handlungen beschreiben. Aber die Tiere bleiben „Klötzchen“. (Gut, mit viel Übung haben einige Viewer das überwunden, aber dahin muss man erst einmal kommen!)
Dann gibt es Viewer, für die selbst der Chipsatz einer Kamera, und ein Computer sowieso, „lebendig“ sind, nur weil sie überhaupt funktionieren und nicht nur herumliegen wie ein Stein. Diese Leute können sich sogar mit Insekten „unterhalten“. Natürlich sind Computer in ihrem „persönlichen“ Verhalten sehr einfach gestrickt und andere stromdurchflossene Teile nur zu wenigen Interaktionen fähig, aber die generelle Art der Wahrnehmung durch den Viewer kann einen Monitor und Auswerter schon verwirren.
Was auch in den Verlauf einer Session einwirkt, ist eine Berufsausbildung. Positiv ist das, wenn es der Beschreibung des

Targets dient, mühsam wird es, wenn hier Welten dazwischen liegen. Beispielsweise ist die Ausbildung in Maschinenzeichnen immer ein großes Plus für den Viewer, wenn es um technische Targets geht. Die Gewohnheit, etwas so darzustellen, hilft ungemeint, klare Angaben zu machen.
Psychologie ist bei sozialen Targets nicht unbedingt schlecht, aber wenn ein Manager beständig mit der Vorstellung einer „Firma“ etwas in der Session wahrnimmt, wird es anstrengend. Obwohl alles „sozial“ sein kann. Eine Familie ist vielleicht formal eine Art „Firma“, real sollte man aber noch andere Aspekte zur Beurteilung einer Situation mit einbeziehen.
Oft wird von Viewer-Reaktionen berichtet, die ein Target aus ihrem Interessengebiet „nicht besonders gut erkannt haben“. Nach dem Motto: „Das ist doch sein Lieblingsgebiet, das muss doch einfach klappen!“
Nein, muss es nicht!
Schon Frank Köstler hat in seinem Buch „Geheimnisse des Remote Viewing“ über „Leckerchen-Targets“ referiert.
Wobei es auch wieder „Jein!“ heißt.
Ich habe im Trainingspool das Segelschulschiff „Gorch Fock“. Von Schiffs- und Segelbegeisterten wird dann oft erwartet, dass sie das besonders gut beschreiben. Leider nicht. Im besten Fall blieb es ein „Gewirr von hoch aufragenden Stangen mit quer liegenden langen Objekten und vielen Drähten, die sich dazwischen spannen“. Nur einmal, ganz zu Anfang meiner Zeit als Trainer, fand sich eine (segelbegeisterte) Viewerin bei diesem Target plötzlich „wie in einem riesigen Segelboot, und ich wusste, das kann ich allein nicht steuern!“
Die Gorch Fock ist ca. 90 Meter lang, die Masthöhe liegt über 45 Meter, die Fläche der 23 Segel beträgt über 200 Quadratmeter und die Besatzungsstärke liegt bei ungefähr 260 Frauen und Männern. Die Viewerin hatte völlig recht. Ihr Eindruck ist allerdings ein AI, eine persönliche Wahrnehmung, und musste so auch deklariert und herausgeschrieben werden. Wenn ich aber daraus den Schluss gezogen hätte, Segler müssten dieses Target

besonders gut wahrnehmen, wäre ich einer sehr fatalen Täuschung aufgesessen.
Es ist eigentlich ganz andersherum.
Personen mit intensiven Hobbys denken gern auch bei den unpassendsten Targets, sie befänden sich in ihrem Interessengebiet. Das zeigt aber nur, dass sie eben noch nicht in der „Zone" sind. Der Eindruck muss solange als AUL behandelt werden, bis diese Verknüpfung gleichgültig geworden ist.
Es gibt allerdings einige Zielgebiete, die quasi „Schwarze Löcher" sind, also alles aus dem darüber hinausgehenden Ereignishorizont mit irrer Kraft „ansaugen".
Das ist beispielsweise bei UFO-Targets der Fall. UFOs haben eine derartige Kraft und Faszination, egal, wodurch diese in der Matrix entstanden ist, dass ich persönlich allen Neulingen rate, solche Targets erst einmal nicht zu bearbeiten. Man kommt so schwer wieder hinaus und die Inhalte sind meistens überwältigend. AULs sind nicht wegzuarbeiten und die Begegnung mit den Besatzungen der Flugobjekte oft eine große Strapaze für Viewer und Monitor gleichermaßen. Hinzu kommen die vielen Eindrücke, die durch Science-Fiction-Filme und ihre Betrachter in der Matrix abgelegt wurden. Ein wahrer Dschungel!
Ähnlich verhält es sich mit dem Begriff „Gott". Egal, was man damit verbindet, die Inhalte sind einfach „zu groß" und überwältigend.
Ein besonderes Gebiet sind Menschen als Targets. Menschen sind für fast jeden außergewöhnlich gut zu beschreiben, besonders ihr Inneres, ihre Gedanken, Gefühle und Vorhaben. Remote Viewing ist hier schlimmer als Facebook.
Backtrackings sind oft das Einfachste in einem Auftragsprojekt, wenn man wissen will, was der Auftraggeber nun genau im Sinn hatte. Manchmal ist das ja nichts Gutes. (Ein bisschen Misstrauen ist immer angebracht, wen man für fremde Leute viewt!)
Schon recht bald habe ich in meine Anleitungen und Lehrbüchern geschrieben, dass es sich bei Menschengedanken eben um das gleiche „Datenformat" handelt, das auch der Viewer benutzt.

www.empfindungen.mensch sozusagen.
Ich finde es immer noch die einfachste und verständlichste Erklärung.
Viele Leute, die sich für RV interessieren, werden dadurch erschreckt. Dazu kann man nur sagen: „Tut mir leid, ist aber so."
Manche Dinge können Remote Viewer besser wahrnehmen, generell und speziell. Warum, ist nicht immer einfach zu erklären. Aber grundsätzliche Affinitäten sollte man beachten, sonst wird es mühsam. Besonders in Projektgruppen.

Was ist ein „erfahrener“ Trainer?

Bei vielen Lesern von Remote Viewing-Büchern stellt sich die Frage ein, wie sie am besten diese Technik lernen, wenn sie weder Zeit noch Lust haben, sich allein nach geschriebenen Anweisungen und sehr individuellen Videos „durchzubeißen“. Dann muss es ein Ausbilder sein, ein „Trainer“. Nun hat man schon viel gehört von Gefahren beim Viewen und qualitativen Unterschieden beim Erklären und Coachen. Also sollte es ein „guter“ Ausbilder/in sein, ein „erfahrener“ Trainer/in.
Aber wie erkennt man solche Personen?
Sind es schön gestaltete Internetseiten, hohe Verdienstversprechen, internationales Engagement, Publikationen, Dankesbriefe? Internetseiten sind heutzutage schnell und automatisiert hingestellt. Ein hoher Verdienst muss sicher auch erarbeitet werden. Publikationen können allesamt abgeschrieben sein, copy/paste ist ja groß in Mode. Und Dankesbriefe? Wer wird sich mit seinem Namen schon vor allen Internetbesuchern als „Remote Viewing Auszubildender“ outen wollen? Und alle Briefe mit veränderten Namen kann sich jeder selbst schreiben. Was wirklich zählt, ist sicher für einen Neuinteressenten schwer zu unterscheiden.
Kürzlich hörte ich aus einem ganz anderen Bereich einen hilfreichen Ansatz. Ein Bekannter hatte eine sehr spezielle, heikle Operation hinter sich.
„Du wirst gar nicht glauben, wie wenig gute Leute es dafür gibt! Drei in ganz Deutschland!“, sagte er und zeigte vergnügt seine riesige Narbe.
„Ach, und was ist gut und wie hast du einen gefunden?“, fragte ich zurück.
„Ganz einfach. Die drei praktizieren seit vielen Jahren und haben mindestens 100 diesbezügliche erfolgreiche Operationen hinter sich. Und die Patienten diskutieren hinterher im Netz selbst die verschiedenen Probleme. Daran habe ich mich orientiert. Ich

hab gelesen, was die so schreiben. Und ob es vernünftig klingt und nicht wie eine Werbebroschüre."
Hm, dachte ich, das könnte ein Ansatz sein. Das würde aber bedeuten, dass jeder Interessent sich mit viel Aufmerksamkeit viele Äußerungen, Postings und Artikel durchlesen muss. Denn gerade heute, wo das Internet so bedeutungsvoll geworden ist, dass es für viele schon die Haupteinkaufsstätte darstellt, wird sich absolut jeder Anbieter nur von der besten Seite zeigen. Große Unternehmen stellen extra Leute ein, die gut über sie posten.
„Tja, Pech gehabt, wenn man sich hier vertut. Aber ich glaube, dass man es durchaus merkt, wenn Schein und Sein nicht zusammenpassen. Man muss nur lange genug lesen. Schauen, ob Links halten, was sie versprechen, oder ob sie sich im Kreis drehen oder blind enden. So etwas registriert man schon. Das Internet hat auch eine ganz neue Sensibilität hervorgebracht!"
Was für eine Antwort! Fast sind wir damit so schlau wie zuvor. Fast. Denn mir fiel ein, wie ich letztens ein spezielles Ersatzteil für einen PC gekauft habe. Es hat Zeit gekostet, aber es hat gut geklappt. Vielleicht trainiert man auf diese Art auch ein wenig sein Bauchgefühl.
Bei den meisten Interessenten, die sich bei uns meldeten, hatte ich den deutlichen Eindruck, sie hätten schon mal vorher „reingefühlt", wie das Training so ablaufen würde. Ich frage ja immer gern, wie Leute zu uns kommen. Heute ist die hauptsächlichste Aussage, sie hätten das Internet durchstöbert und seien dann bei uns hängengeblieben. Dann hätten sie gewusst, dass sie ihre Ausbildung bei uns machen würden.
Dabei gibt es inzwischen eine ganze Anzahl von Leuten und Institutionen, die „Remote Viewing" anbieten. Und darunter sind auch Anbieter mit wirklich großen, sogar finanziellen Angeboten. Darüber habe ich schon früher geschrieben. Im Grunde bin ich froh, nicht Leute ausbilden zu müssen, die bereits nach dem ersten Trainingstag fragen, wie man das nun machen müsste mit dem Geldverdienen. Ein bisschen ist das so, als wenn ein

Lehrling im ersten Lehrjahr eine Autowerkstatt aufmachen möchte. Nein, wirklich, wer so denkt, muss sich nicht unbedingt zu uns verirren, und so denken auch meine Mitstreiter von der RV-Akademie. Immerhin hat man bei uns inzwischen vier bis fünf Charaktere zu Auswahl, abgesehen von den regionalen Vorlieben. (Letztens schrieb jemand: „I geh zu Stefan, wir Augsburger müssen z`samm halten!") Wir verstehen das.
Ich hatte auch so einige Leute aus dem Norden, die zum Beispiel nicht ins Rheinland fahren wollten. Allerdings gab es auch Leute, die ihre drei Blöcke bei verschiedenen Ausbildern durchführten. So lernten sie drei unterschiedliche Charaktere kennen und konnten für ihre eigene Performance eine eigene Stellung beziehen, weil sie durch niemanden übermäßig beeinflusst wurden.
Es gibt auch sehr spirituelle Leute, die von Remote Viewing hören und beinahe, würde ich sagen, sich zu diesem Thema hin verirren. Denn so, wie Remote Viewing eigentlich gedacht war, nämlich zur handfesten, praktisch anwendbaren Informationsgewinnung, gefällt es ihnen nicht. Zunächst gibt es Verständigungsprobleme, weil solche Vokabeln wie „Energien" und „Schwingungen" abgeglichen werden müssen. Wenn dabei wissenschaftliche Betrachtungsweisen angeregt werden, greifbare Ergebnisse angesprochen und die Technik der Gehirnhälften erklärt werden, ist es oft vorbei mit dem Erträglichen. Es erfordert viel Geduld, hier zwischen Esoterik und Wissenschaftlichkeit zu vermitteln und manchmal klappt es nicht.
Letztens hatte ich wieder ein erfreuliches Beispiel, aber nächstes Mal kann es auch mal schief gehen. Es kommt schon vor, dass solche Interessenten zwar die Artikel zu diesem Thema lesen, aber schon deshalb, weil Remote Viewing in den letzten Jahren so erfolgreich verbreitet wurde, und meinen, sie müssten es unbedingt lernen.
Um zur Überschrift zurückzukommen, ich denke, dass ein „erfahrener Trainer" neben vielen „normalen" Interessenten auch eine gewisse Anzahl von solcherart speziellen Leuten gehabt

haben sollte. Das Problem ist, diese Information kriegt man nicht über Google. Man kriegt sie eigentlich überhaupt nicht. Selten stellen solche „besonderen" Trainees ihre Erfahrungen online und auffindbar.
Ein weiteres Kriterium wäre für mich die Erfahrung mit negativen Ereignissen. Wie überall kann auch in der Remote Viewing-Ausbildung mal etwas nicht so laufen, wie es geplant war. Nun ist es allerdings nicht so gefährlich wie auf einem Segelschiff. Bei uns kann man nicht 30 Meter tief aus der Takelage fallen, nicht nur, weil wir nicht die Marine sind, sondern weil wir Auszubildende gar nicht erst in solche gefährlichen Situationen schicken.
Denn auch ein Target kann zu einem Horrortrip werden, dafür gibt es genug Beispiele. Ziele im Weltraum oder auf luftarmen Monden und Planeten oder solchen mit einer giftigen Atmosphäre haben schon eine ganze Reihe von Viewern in Schwierigkeiten gebracht.
Ufos, Mythen und Fabeln sollten Anfänger auch nicht viewen. Trotzdem kann ein Viewer plötzlich in Ausnahmezustände geraten. Meist ist die Ursache eine persönliche, vielleicht verschüttete Erinnerung, ein frühkindliches Trauma oder eine bestehende Phobie. Manches davon ist dem Trainee selbst nicht bekannt. Dann ist es gut, wenn ein Trainer aus Erfahrung weiß, wie er/sie zu reagieren hat, um den Viewer schnell und sicher aus der Session zu holen und die negativen Effekte zu bearbeiten.
Dass es solche Erfahrungen überhaupt in einer RV-Ausbildung gibt, wird aus werbetechnischen Gründen gern verschwiegen. In Amerika sowieso, aber auch hier wird der Kommerzialität geopfert.
Die Beantwortung der Frage nach einem erfahrenen Trainer muss also teilweise unbeantwortet bleiben. Man kann zwar Kriterien definieren, ihre Überprüfung macht jedoch große Schwierigkeiten.
Allerdings haben wir schon erlebt, dass Interessenten einfach einen oder mehrere Ausbilder angerufen haben, um in einem

persönlichen Gespräch herauszufinden, ob sie mit dem Menschen am anderen Ende der Leitung klarkommen. Eine Garantie ist das aber nicht.

Bleibt als nur das Bauchgefühl. Nun, wer sozusagen schon vorher seinen Trainer richtig viewt, wird dann wohl auch Erfolg haben.

Nachgefragt: „Warum funktioniert Remote Viewing“, was gibt es für wissenschaftliche Hintergründe?

„Eine unermessliche Seeligkeit entfaltet sich, wenn der Hauptgedanke empfangen ist!“ Peter Tschaikowsky über das Komponieren.

„Ist denn das möglich?“, fragen sich Interessenten, die auf Remote Viewing stoßen. „Wenn so etwas funktioniert, muss es doch auch wissenschaftliche Hintergründe geben. Offiziell findet man aber nichts!“

Tatsächlich, das ist ein Problem bei diesem Thema. Denn die Wissenschaftsticker und die populärwissenschaftlichen Artikelschreiber meiden Remote Viewing wie die Pest. War es früher der „Kicher-Effekt“, ist es heute die Angst, man könnte bemerken, dass man sich als Journalist mit diesem „Blödsinn“ beschäftigt hat. Wie peinlich. Denn die konservative Wissenschaft behauptet steif und fest, alles sei Zufall.

Der Suche nach Erkenntnis muss also tiefer graben, dort wo Forschungsergebnisse publik gemacht werden: in den wissenschaftlichen Jahrbüchern und Universitätspublikationen. Und das ist hart. Denn zum Beispiel ist fast alles in Englisch verfasst. So ist eben die wissenschaftliche Welt.

Aber bitte, wer nach Wissenschaft ruft, muss auch mit den dort üblichen Verhältnissen umgehen können.

Das können selbst manche ausgewiesene Fachleute nicht, wie zum Beispiel Dr. Ray Hyman, der für den AIR-Report[8] verantwortlich war. Ein von ihm mit einem anderen Gutachten beauftragter Wissenschaftler fragte sich hinterher, warum nun ausgerechnet bei seinen Untersuchungen zu parapsychischen Phänomenen die wissenschaftlichen Methoden unzulänglich gewesen sein sollen, wenn er (Hyman) alle Ergebnisse aus sonstigen Wissensgebieten anerkannte, die mit den gleichen Methoden

[8] AIR = American Institutes for Research, 1995 mit der Beurteilung der Funktionalität von Remote Viewing betraute Firma, die feststellte, RV sei ohne Nutzen gewesen.

erarbeitet worden waren. Das verwunderte auch Dr. Jessica Utts, die ebenfalls für den AIR-Report bestellt war.

Die Frage nach wissenschaftlichen Hintergründen muss logischerweise zu den Forschern direkt führen und nicht unbedingt zu Journalisten oder Berichteschreibern und schon garnicht zu mit Scheuklappen bewaffneten Skeptikern. Gut ist es, wenn man für seine Recherche wenigstens Suchbegriffe kennt.

Und das ist der Knackpunkt: Vieles ist für Suchmaschinen viel zu sperrig formuliert! Am Besten ist es, wenn man die Namen von Forschern kennt.

Ich möchte hier eine kleine Auswahl von Forschern und Experimenten vorstellen, die direkt nahelegen, dass es so etwas wie „übersinnliche Phänomene" tatsächlich gibt. (Weitere Anregungen werden gern entgegengenommen!)

Ein Wissenschaftler, der im Remote Viewing-Bereich recht häufig genannt wird, ist Cleve Backster[9]. Ihm verdankte die CIA und andere den „Polygraph", ein Hautspannungsmessgerät, später allgemein als Lügendetektor bekannt. Interessanter für PSI-Forscher waren allerdings die Messungen mit diesem Gerät an Pflanzen. Am 2. Februar 1966, so sagte Backster selbst, änderte sich sein Weltbild. Einige Versuche, die er mit einer Drachenpflanze (Dracaena cane) anstellte, ließen auf übersinnliche Informationsübertragung schließen.

Backster kam im Laufe seiner Messungen auf die spontane Idee, das angeschlossene Blatt der Pflanze zu verbrennen und holte sich zu diesem Zweck aus dem Nebenraum Streichhölzer. Er kam nur bis auf einige Schritte an die Pflanze heran, als der Kurvenschreiber plötzlich vehement ausschlug.

Die einzige Schlussfolgerung, die hier übrig blieb, war die einer emotionalen Übertragung seiner Absicht auf die Pflanze, die keinen herkömmlichen oder messbaren Weg genommen hatte. Spätere Experimente zeigten deutliche Affinitäten zu den Stim-

[9] 27.2.1924 – 24.6.2013, Interrogation specialist bei der CIA

mungen von Menschen, bösartig als auch gutwillig, die einen Raum betraten, in dem eine Versuchspflanze stand. Viele eigene Erfahrungen von „Menschen mit grünem Daumen“ würden eine solche Kommunikation belegen, aber die Welt der Wissenschaft hat bis zu Backsters Tod 2013 diese Ergebnisse zurückgewiesen. Es gibt eine Menge Artikel und ein paar Bücher von Backster zum Thema „Primary Perception Research“.[10] Hier werden Versuche geschildert, in denen eine prinzipielle Empfindlichkeit jeder lebenden Zelle aufgezeigt wird.

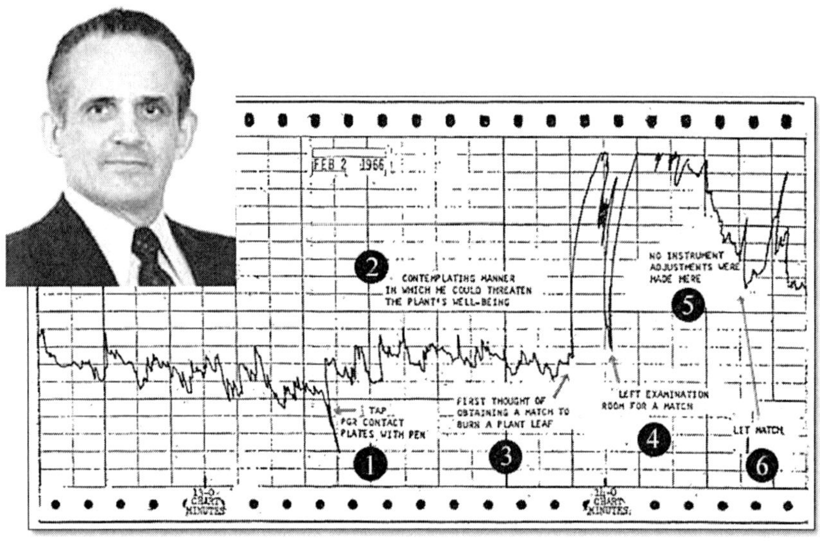

Cleve Backster und sein berühmtes Messblatt des Dracaena-Versuchs vom 2. Februar 1966

Nun war Backster leider in keinem „ordentlichen“ Wissenschaftsbetrieb organisiert. Ob er allerdings mit einem Titel und einer Professur mehr Akzeptanz erhalten hätte, bleibt zweifelhaft, denn dazu gibt es inzwischen Beispiele.

---

[10] Cleve Baxter: Primary perception: Biocommunication with plants, living food and human cells. Bilder von der ihm gewidmeten Internetseite.

Rupert Sheldrake, ein englischer Psychologe, verärgerte seine Wissenschaftskollegen mit zahlreichen Versuchen zu einem imaginären Informationsfeld, das er mangels Erklärungen einfach „morphische“ oder „morphogenetische Felder“ nannte.
Bekannt wurden seine Versuche mit Schülern, die verschiedene Aufgaben lösen sollten. Wie man von wissenschaftlichen Versuchen erwarten kann, handelte es sich hierbei nicht um Wissensfragen und Gedächtnisleistungen, sondern um Mathematikaufgaben und Zuordnungen. Damit hatten alle Beteiligten statistisch die gleichen Chancen auf eine Lösung. Signifikant auffällig war aber, dass die Beteiligten an späteren Versuchen diese Aufgaben erheblich besser lösen konnten als ihre Vorgänger. Absprachen untereinander konnten ausgeschlossen werden, denn die Versuche fanden nicht nur zeitlich, sondern auch räumlich getrennt statt. Zwischen den Probandengruppen lag eine Distanz von meist mehr als 100 Kilometern.
Sheldrake schloss daraus, dass sich spätere Beteiligte irgendwie in den Besitz dieser Kenntnisse gebracht hatten, und weil die einzelnen Gruppen einander nicht kannten, mutmaßte er ein irgendwie geartetes Informationsfeld, zu dem die Probanden Zugang gehabt haben mussten. Diese Erkenntnisse finden wir in den Praktiken des Remote Viewing wieder und vielleicht haben sie Sheldrake zu diesen Versuchen animiert. Darin enthalten ist nämlich sehr genau das, was man unter dem Tasking von Targets versteht.
Irgendwo auf der Welt denkt ein Mensch an den Zusammenhang von einem Zielgebiet und einer Zahlenkombination und irgendwo anders erkennt ein Viewer, worum es sich dabei handelt und gibt Informationen darüber von sich.
Dieses Geschehen legt nahe, dass jeder Mensch offenbar Informationen in einen „Pool des Wissens“ ablegt, der zwar für die Wissenschaft nicht erfassbar ist, trotzdem aber für alle Men-

schen zugänglich. David Wilcock prägte dafür den Begriff „Urfeld" in seinem gleichnamigen Buch.[11]
Die meisten Zurückweisungen im wissenschaftlichen Anerkennungszirkus basieren auf dem Fehlen von Messgeräten und dem Unwillen, Zusammenhänge herzustellen. Das ist eine spannende Erkenntnis, denn genau deshalb treten doch Forscher an. Aber seit den Zeiten von Kopernikus und Galilei hat sich im Prinzip nichts geändert: glaubhaft ist, was man gegen den Widerstand des Establishments glaubhaft machen kann.
Galilei hatte immerhin das von ihm erfundene Fernrohr auf seiner Seite, womit er Himmelseffekte jedem zeigen konnte. Nur machte sich kaum jemand die Mühe, diese Beobachtungen im Rahmen einer neuen Theorie begreifen zu wollen, weil damit das bisherige Weltbild überdacht werden müsste.
Genau dort stehen wir auch in der heutigen Erforschung der Atomphysik, die noch immer für alles die Teilchenanschauung betreibt, obwohl praktisch wie mathematisch große Unstimmigkeiten auftreten. Man versinkt dann eher in Grabenkämpfen wie zwischen Harvard und Princeton. Unter diesem Aspekt ist es natürlich verständlich, dass solche Versuche zur Fernwirkung, wie sie auch von William Braud, Charles Tart und vielen anderen betrieben wurden, weggeschwiegen werden, wenn sie schon nicht wegdiskutiert werden können.
Dr. William Braud bekam für seine Forschungen im transpersonellen Bereich nicht einmal eine eigene Wikipedia-Seite, obwohl er einige Dutzend Publikationen vorweisen kann.
Seit Anfang der 70er Jahre, zeitgleich zum Start des Remote Viewing-Projektes von Puthoff und Targ begann er Untersuchungen über die Fernbeeinflussung von Hautwiderständen und veröffentlichte ab 1975 eine große Zahl von Berichten zu diesem und ähnlich gehaltenen Themen.

[11] David Wilcock: Die Urfeld-Forschungen, Kopp-Verlag 2012

Wahrscheinlich war er sogar früher mit den Experimenten über „Remote Attention“[12], dem versteckten Anstarren von Personen, beschäftigt als Rupert Sheldrake.
In allen seinen Experimenten fand er „valid psychic or parapsychological components“. Valide bedeutet: unter wissenschaftlich anerkannten Bedingungen erkennbare Ausprägungen. Braud untersuchte auch den Einfluss von meditativen Techniken bis hin zu Yoga(2011).
Vermutlich hat Sheldrake es lediglich seinem auf Medienpräsenz ausgerichteten Verhalten zu verdanken, dass seine Experimente überall genannt werden. So natürlich neben den Anstarr-Versuchen die auch als Fernsehbeiträge durchgeführten Versuche, in denen ein Hund unruhig zur Wohnungstür läuft, sobald sich seine menschliche Bezugsperson („Herrchen“ oder „Frauchen“) entschließt, nun nach Hause zu fahren. Die ganze Fahrtstrecke über wartet das Tier nun unruhig, bis sich die Tür endlich öffnet.
Nun haben Teilchenphysiker inzwischen ebenfalls beunruhigende Erkenntnisse gewonnen, mindestens so viele, wie mittlerweile hunderte von ernstzunehmenden PSI-Forscher weltweit, aber sie scheinen ihre Erkenntnisse verstecken zu können, jedenfalls wird über diese öffentlich anders diskutiert.
Die heutige Quantenphysik ist im Forschungsbereich eine der teuersten wissenschaftlichen Sparten. Die neuesten Wissensbausteine werden durch den Betrieb von teuersten technischen Anlagen erlangt, von denen der LHC (Large hadron collider) nur die Spitze eines Eisbergs ist. Spitzendozenten der Teilchenphysik betonen immer wieder, dass alle Versuche auf vorher genau berechneten Umständen basieren und sozusagen zur Bestätigung in der Praxis benötigt werden, denn sie sind doch angetreten, die Welt zu erklären. Doch je weiter sie in dieses Gebiet hineinsteigen, desto weniger gelingt es.

---

[12] Braud, Shafer, Andrews: Reactions to an Unseen Gaze (Remote attention): A review with new data on autonomic static detections, Journal of parapsychology, 1993 Dec, Vol 57, Nr.4, pp 373-390

In den letzten Jahrzehnten war das dringendste Problem, das sie lösen mussten, um weiterzukommen, die Unstimmigkeiten im aufgestellten Standardmodell der Teilchenphysik. Eigentlich müssten die Massen von Eichbosonen und Quarks zehn Millionenmal größer sein als sie sind. Diese Werte sind durch die Energiegleichungen von Planck, Einstein und letztlich auch durch die offensichtliche, von Newton formulierte und in der Praxis ganz brauchbar errechenbare Wirkung der Gravitation vorgegeben. Aber sie stimmen nicht, denn eigentlich müsste ein Teilchen der Größenordnung 10^{-33} cm eine Energie/Masse von 10^{21} GeV haben. Das ist schlichtweg nicht darstellbar, auch nicht von dem größten Hadronen-Beschleuniger, den man sich denken kann.
Damit das ganze Denkgebäude der Quantenphysik nicht zusammenfällt, bedient man sich geeigneter Tricks. Man untersucht nur den niedrig-energetischen Bereich und postuliert, dass es einen komplementären, hochenergetischen gäbe.
Diese Vorstellung nennt man die Supersymmetrie; es bedeutet, dass alle Teilchen ein masseriesiges Pendant haben. Dazu kommt die Vorstellung von virtuellen Teilchen, die aus dem Nichts aufpoppen und die Ladung weitertragen, etwa so:

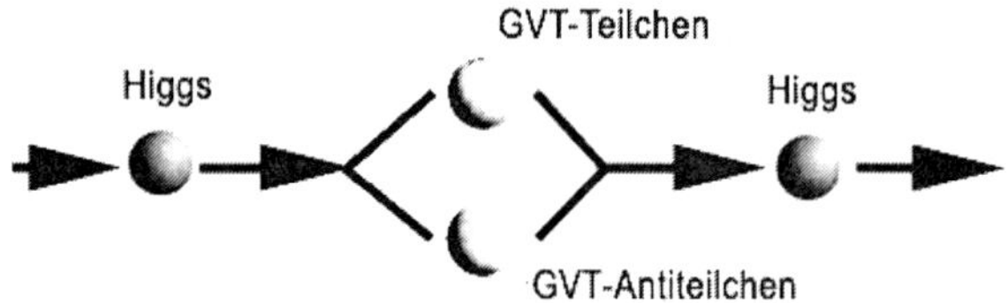

Den ersten Beweis dafür glaubte man mit dem „Higgs-Teilchen" zu bekommen, das man 2013 mit dem LHC im CERN endlich gefunden zu haben beschloss. Das Higgs-Teilchen ist aber nur das letzte Glied, das in der Standardtheorie im energieschwachen Bereich fehlte und war nur deshalb noch ausstehend, weil es noch keinen Collider gab, der diese Energiemenge darstellen konnte. Zum Vergleich: dieses Teilchen bemaß man mit 125 GeV ($1{,}25 \cdot 10^2$ GeV), woran man sieht, dass der Nachweis der für die Gleichungen wichtigen masseliefernden Teilchen noch in sehr weiter Ferne steht.[13] Dieser Artikel würde allzu sehr ausufern, wenn man alle Bedenken genau begründen wollte. Man könnte vielleicht zusammenfassen, dass für eine große, verallgemeinernde Theorie (GVT) in die man die Schwerkraft einbeziehen müsste, noch immer Gleichungsunstimmigkeiten übrig bleiben. Dem versuchte man zu begegnen, indem man immer neue Dimensionen zu Hilfe nahm, die den gesuchten Teilchen dann auch neue Eigenschaften zubilligten.

Der an den Bemühungen, weitere Forschungsgelder herauszuschlagen, unbeteiligte Betrachter fragt sich da natürlich, wie weit man das treiben kann. Es werden ja faktisch nur Unbekannte durch neue Unbekannte ersetzt. Gegenwärtig ist man bei elf Dimensionen und einem Raum „dazwischen", dem Bulk, in dem sich unterhalb der Plancklänge die Strings herumtreiben sollen und mit ihnen die Gravitonen, alles im (heute) unmessbaren Bereich.

Ich wage zu behaupten, dass man solche Maßnahmen den Forschern in anderen Wissensgebieten schlichtweg um die Ohren hauen würde.

Nimmt man diese Forschungspostulate aber für bare Münze, muss man feststellen, dass mit dem hochaktiven „Bulk" die konservative Wissenschaft eigentlich genau dort gelandet ist, wo sie früher andere Forscher immer abgewürgt hatte: beim „Äther", „G4-Raum", „Urfeld" oder meinetwegen „Matrix", letztlich dem, was viele Autoren hilflos „das große Unbekannte" nannten und wofür „Bulk" auch nur ein anderes Wort der Quantenphysiker ist.

---

[13] Man findet bekanntlich, was man sucht. Mich haben die nur ungefähr bezifferten Angaben über die Teilchen verunsichert. Mit der international allgemein abgelehnten Theorie von Burkhard Heim konnten entstehende Teilchen bei Versuchen am DESY in HH so erstaunlich genau vorausgesagt werden, dass den dort ansässigen Experten die Spucke wegblieb.

Es ist ein Paradoxon der wissenschaftlichen Engstirnigkeit, Forscher und Ergebnis totzuschweigen oder lächerlich zu machen, die mit anderen Methoden Effekte nachwiesen, die genau in diesen Bereich hineingehören und möglicherweise weitere Aufschlüsse liefern könnten, während man selbst sich auf zweifelhaften Boden begibt.

Denn alle diese Forschungszweige haben eines gemeinsam: die Effekte sind nicht direkt messbar. Am CERN interpretiert man nur Spuren einer Hadronenkollision. Letztlich ist das auch nichts anderes als alle anderen Versuche, die mit einer Art Blackbox-Beschreibung leben müssen: Man weiß, was man hineintut, misst am Ende etwas, aber in den Prozess selbst kann man nicht hineinschauen.

Da sind die physiologisch-psychologischen Versuche doch viel überzeugender, weil sie an jedem anderen aufsuchbaren Ort nachvollzogen werden können. Das ist eine wissenschaftliche Rahmenbedingung. Den LHC gibt es als Vertreter seiner Größenordnung nur einmal auf der Welt.

Aber die PSI-Forschungen gehen sogar einen Schritt weiter. Man kann die Auslöser der gemessenen Effekte auch durch sämtliche bekannten Materialien abschirmen, sie bleiben bestehen. Auch das kann man überall auf der Welt nachvollziehen.

Was haben sie im SRI nicht alles versucht, Viewer von der übrigen Welt zu trennen. Sinnlose Zahlen als einzige Übermittlung des Zielgebietes, abgeschottete, geschlossene Räume, deren Wände man sogar aus Eisen oder Blei bestehen ließ, waren Erschwernisse, die kein Zauberkünstler hätte überwinden können.

Aber es kam noch besser: Stephen Schwartz hatte 1977 die Gelegenheit, Versuche mit der „Taurus" anzustellen, einem U-Boot der US-Navy, das besonders tief tauchen konnte. Mehrere dieser Versuche, das Beschreiben von Orten an Land und das Empfangen von Befehlen zum Verhalten des Bootes wurden erfolgreich durchgeführt. Die einzig andere Möglichkeit, die man in dieser Hinsicht zur Informations-Übermittlung kannte, waren ELF-Wellen, aber mit diesen war es unmöglich, so viele Details zu

senden. Die Forschungen wurden abgebrochen, weil das U-Boot ein anderes Einsatzgebiet bekam.
Dieses Ungemach passierte zum Glück anderen Wissenschaftlern nicht, zum Beispiel Dr. Charles Tart, der in Berkeley schon seit 1963 Forschungen betrieb, die auf eine unsichtbare Kommunikation zwischen lebenden Systemen schließen ließ. Eine entfernte Person wurde an Messgeräten für Körperfunktionen angeschlossen, Hautwiderstand, Kreislaufphänomene etc. Dann versetzte er sich selbst schmerzhafte elektrische Schläge. Ohne dass die Person selbst es merkte, schlugen ihre Rezeptoren aus. Es gab aber keine physische Verbindung zwischen den beiden. Natürlich kannte Tart den Probanden und auch die Versuchsperson wusste, dass sie in einem Experiment steckte, aber diese rein informative Verknüpfung war für die Wissenschaft unwichtig, weil man nur auf die physikalische Verknüpfung abhob. (Remote Viewern sagt dieser Umstand aber eine ganze Menge, nämlich dass Tart hier prinzipiell schon die Targetverknüpfung durch „Drandenken“ entdeckt hatte.)
Seitdem hat Tart ungefähr 200 Artikel zu Untersuchungen der unterschiedlichsten Phänomene veröffentlicht, zum Beispiel: lucide Träume, Traumkontrolle, Hypnose, Telekinese, Transzendentale Meditation und generell Bewusstseinsbegriff und andere Zustände. Tart wurde am SRI ernsthaft diskutiert und schrieb ebenfalls Artikel und Reviews zu Remote Viewing-Veröffentlichungen.
Ein weiterer sehr bekannter Forscher ist Dr. Daryl Bem, der an den Universitäten von Stanford, Harvard und Cornell lehrte. Seine Untersuchungen zu parapsychologischen Phänomenen[14] wurden aber von Kollegen, darunter besonders Ray Hyman, stark angefeindet. Man fand in Wiederholungsexperimenten keine statistischen Beweise für abnorme Vorgänge. In Kenntnis von speziellen Phänomenen, die bei Remote Viewing auftauchen, bin ich selbst geneigt, den Gegenuntersuchern ungenaue

[14] Ganzfeld, Präkognition, Eigenwahrnehmung

Rezeption vorzuwerfen. Anlass dazu bot mir die Wiederholung eines Ganzfeld-Versuchs am Freiburger Parapsychologischen Institut. Dankenswerterweise gab es einen Fernsehbericht, der Einblick in die Versuchsanordnung bot.

In einem abgedunkelten, schwach rötlich beleuchteten Raum lag die Versuchsperson mit halbierten Tischtennisbällen über den Augen auf einer Liege und sollte die Inhalte eines 16mm-Films beschreiben, der in einem anderen Raum von anderen Personen angesehen wurde. Das Ergebnis war, dass die Versuchspersonen durchaus Szenen aus diesen Filmen richtig beschrieben, aber auch andere, die sich nicht auf der geschauten Rolle befanden. Man fand sie später in anderen Filmen, die mit diesen in einer Kiste verwahrt worden waren.

Weil die Eindrücke nicht signifikant nur von dem projizierten Material stammten, wurde der Versuch als nicht aussagekräftig hinsichtlich eines PSI-Effekts gewertet. In Remote Viewing-Sessions werden häufig am Anfang Eindrücke wiedergegeben, die sich im Umfeld des Target befinden. Erst später konzentriert sich der Viewer auf die gefragten Inhalte. Der Grund ist die Einarbeitungszeit, die das Gehirn zum „Umschalten auf PSI-Tätigkeit" benötigt. Es ist nach meinen Erfahrungen ein Unding, eine gerade noch im Alltag befindlichen Person ohne differenzierte Übungen sofort eine PSI-Leistung abzuverlangen. Kein Leichtathlet geht ohne Muskelaufwärmung in den Wettbewerb. Das Problem ist hierbei, dass dieser „altered State" immer so behandelt wurde, als könnte man „schnipp" dahin umschalten. Das ist ein großer Fehler im Versuchsaufbau und zeugt von der Ignoranz der ausführenden Wissenschaftler.

Ich muss allerdings zugeben, dass mir dieser Umstand erst nach den Versuchen am Haffelder-Institut in Stuttgart bewusst wurde, als nach den Messungen von über einem Dutzend Remote Viewer in der Session klar wurde: ja, es gibt den RV-Effekt und auch ja: das Gehirn benötigt eine bestimmte Zeit, um umzuschalten.

Für einen Skeptiker mögen es natürlich andere Gründe sein, die bewirkten, dass alle Gehirnstrommuster der Viewer sich so sehr ähnelten. Man könnte argumentieren, die Muster bei Personen, die für einen Marathonlauf übten, würden auch sehr ähnlich sein. Oder die, welchen sich einen Krimi anschauten. Das wäre lange nicht der Beweis für so etwas wie PSI. Auch dass dieses EEG-Schema genauso aussah wie eines von einem „natürlichen Medium", könnte man mit dem Hinweis abtun, das seien eben alles Schwindler. Ja, tatsächlich kommt es darauf an, wie man die Tätigkeit bestimmter Gehirnareale definiert. Und dabei wäre das Ergebnis anderer Forschungen, dass die bei Remote Viewing aktiven rechtshemisphärischen Bereiche der Kreativität und dem künstlerischen Gestalten zuzuordnen seien, lediglich ein Indiz, dass Remote Viewer „spinnen".

„Das Gehirn unterhält sich gern selbst, wenn es in Leerlauf gerät", las ich kürzlich in einem Forschungsbericht zu Kognition und Traumwahrnehmung. Was aber macht man, wenn in diesen gemessenen Remote Viewing-Sessions Informationen aufgeschrieben wurden, die die Viewer „nicht wissen konnten"? Wird dann ein Zusammenhang hergestellt? Nein, wie man bei Dr. Bem feststellen kann. Wenn man das eine nicht wahrnimmt, muss man sich mit dem anderen auch nicht beschäftigen.

Man bringt die öffentliche Sicht und auch die Wahrnehmung der etablierten Forschung nicht unbedingt voran, wenn man verlangt, die Fernwirkung der Gravitation, die für jeden erfahrbar ist, ohne ein dazwischen liegendes Medium zu erklären und besonders, bitte schön, warum die Gegebenheiten offenbar so zu sein scheinen, dass sich die postulierten „Gravitonen" offenbar mit Überlichtgeschwindigkeit bewegen müssten.

Das ist ein ganz schwieriges Thema, das den ganzen Forscher herausfordert, den Fragesteller auf völlig anderen Gebieten in ein Gefecht um Wissen oder Nicht-Wissen zu verwickeln, bis man die ursprüngliche Frage vergessen hat.

Man könnte zum Beispiel fragen, wozu genau die Epiphyse, ein etwas nussgroßes Organ ziemlich im cerebralen Zentrum da ist.

Und warum ausgerechnet dieses kleine Organ lichtempfindlich ist, obwohl es bei Mensch und auch Tier einige Zentimeter von jedem Licht entfernt ist.[15] Direkt unter der Haut befindlich, das könnte man noch verstehen, aber da sind noch der Schädelknochen und einiges an Nervengewebe dazwischen. An dieser Stelle kommt kein Licht an. Hat sich die Natur so geirrt? Nach dem hochheiligen Charles Darwin bleibt doch nur im Bauplan eines Lebewesen, was sich im Alltag bewährt?
Ja, natürlich, die Epiphyse schüttet auch etwas aus, sonst könnte man sie nicht Drüse nennen. Hier wird Serotonin in Melatonin umgewandelt, womit die Tag/Nacht-Einstellung des Körpers gesteuert wird. Gibt es mehr Licht, also am Tag, wird weniger Melatonin produziert. Also benötigt sie die Information, wie die Lichtverhältnisse „draußen" sind. Diese bekommt sie über die Netzhaut, die ebenso wie der Darm ebenfalls Melatonin produziert. Der Darm kann nicht sehen, aber durch seine Möglichkeiten ist er ein guter Sekretlieferant und wird deshalb angesteuert. Die Netzhaut ist direkt mit der Lichtwahrnehmung verbunden, es ist klar, dass hier eine Verbindung zur Schlafsteuerung existiert. Das geht sogar soweit, dass auch die vorherrschende Lichtfrequenz mit einbezogen wird.[16]
Wenn es Abend wird, ist das Licht durch den Brechungsindex der Atmosphäre langwelliger. Das ist ebenfalls ein Signal, den Körper zur Ruhe zu schicken. Welche Rolle spielt nun die Zirbeldrüse, die sehen kann, ohne jemals ans Licht zu gelangen? Ein Umstand, der nicht erforscht ist, genauso wenig, welche Dosierung von Melatoningaben wirkungsvoll bei Störungen ist.[17]

---

[15] Alle Säugetiere haben das zapfenförmige Organ, außer Ameisenbären, Gürteltieren und Faultieren (!)
[16] Nächtliche Computerarbeiter bringen so ihr Referenzsystem durcheinander. Weil der Bildschirm eher auf Tageslicht eingestellt ist, nimmt der Körper beim anhaltenden Anstarren die Information auf, dass es Tag sei. So kann man seinen Biorhythmus schnell selbst durcheinanderbringen.
[17] Immerhin weiß man seit Franz Waldhauser 1990, dass durch Melatoningabe der REM-Schlaf verlängert wird.

Ein Vorgang bei der Evolution ist, dass sinnlose Funktionen verkümmern. Melatonin könnte der Körper auch anders herstellen, dazu bräuchte er kein lichtempfindliches Organ, das doch nie in den Genuss einer Wellenrezeption kommt.
Denn es sind doch immer Wellen, die Informationen von außen übertragen, oder?
Die Crux der konservativen Wissenschaft ist doch, dass man sich auf die Allgemeingültigkeit des Wellenbegriffs eingelassen hat. Ja, es stimmt: Fast alles, was uns im Alltag an Einflüssen begegnet, hat etwas mit Wellen zu tun. Schall, Licht, Radio, Fernsehen, Atomzerfall, was auch immer, man kann eine Wellenlänge dafür festzurren. Nur PSI und die Gravitation fallen aus diesem Raster. Nun kann man PSI abstreiten, aber „die Schwerkraft holt uns alle ein", wie Marilyn Monroe so treffend formulierte, wobei sie womöglich nur anatomische Eigenarten im Sinn gehabt haben könnte. (Obwohl, immerhin war sie nicht dumm und mit Henry Miller verheiratet, einem der größten Literaten der amerikanischen Geschichte.)
Alles sind also Wellen, und so erhielt die Schwerkraft auch schnell die Beifügung „Gravitationswellen", obwohl man diese nicht messen konnte. Aber dieser Begriff ist eingefahren, Legionen von SF-Autoren haben damit herumhantiert. Beispielhaft mag dafür die Romanserie von Edward E. Smith um das geheimnisvolle Raumschiff namens „Skylark of Space"[18], dessen Erfinder gegen das Böse in der Galaxis dadurch siegreich besteht, indem er immer neue „Wellen" auch höherdimensionaler Art, was immer das sein mag, findet und einsetzt. Und so müssen es also immer Wellen sein, wenn etwas geschieht, sonst gibt es den Effekt nicht.
Ich kannte in den 80er Jahren ein Punk-Mädchen, von dem man sagte: "Wenn die nicht Aids kriegt, dann gibt es diese Krankheit

[18] „Himmelslerche des Weltalls", Roman von Edward E. Smith, geschrieben 1915-1921, als die Atomphysik gerade aufkam, während er an seiner Promotion arbeitete.

nicht". Kürzlich hörte ich, dass sie sich immer noch bester Gesundheit erfreute. Man macht es sich immer so einfach.
Deshalb herrschte auch völlige Verwirrung, als man alle bekannten elektromagnetischen Wellen als Übertragungsmedium für PSI ausschließen musste. Dieser Umstand führte dazu, dass die offizielle Wissenschaft keine Erklärung für diese Art Wahrnehmung hatte, damit nach ihrer Definition auch nicht beteiligt ist und deshalb auch PSI nicht existiert.
Das ist ein sehr interessanter Standpunkt. Hätten sich nur alle früheren Atomforscher so verhalten, vielleicht wäre die Welt heute friedlicher!

Unter diesem Aspekt der Ausgrenzung ist die weitere Entwicklung der Atomphysik gelinde gesagt sehr diskongruent zu wissenschaftlichen Grundbestimmungen. Eigentlich, so stellte man fest, sind die kleinsten Bausteine der Materie Teilchen und Welle zugleich und trotzdem keines von beiden. Für einen zu betrachtenden Zeitpunkt kann man leider nur entweder den Ort oder die Frequenz berechnen. Im Prinzip macht die Kopenhagener Deutung die modernen Atomphysiker überaus unglücklich, vor allem jene, die sich noch als „Teilchenphysiker bezeichnen. Nach dem Wissen, das in den letzten Jahrzehnten angehäuft wurde, kann man diesen Vergleich eigentlich nicht mehr verwenden. Denn ein „Teilchen" hat praktisch keine Ausdehnung, dafür aber multidimensionale Eigenschaften. Nur wenn man (heutzutage bis zu elf) Zusatzdimensionen einführt, kann man die rechnerischen und experimentell gefundenen Umstände einigermaßen konfliktfrei beschreiben. Aber den Teilchenbegriff genau wie den Wellenbegriff nun einfach aufzugeben, getraut man sich auch nicht, selbst wenn man Begriffe wie „Feld" und „Fernwirkung" diskutiert.
Den Begriff „Fern" hat man durch die rechnerische Einführung der Zusatzdimensionen inzwischen eliminieren können. Die Wirkung bleibt. Das verunsichert die Wissenschaftler noch weiter. Sie verheddern sich in immer mehr Annahmen, z.B. der Su-

persymmetrie oder überhaupt der Übertragung einer Wirkung durch virtuelle Teilchen, anstatt mit einem anderen Ansatz noch einmal ganz unten mit der Forschung zu beginnen.
Die Findung des „Higgs-Teilchens" ist auch nicht unbedingt als Beweis zu werten.[19] Es gehört trotzt der größeren Masse immer noch zu den niedrigenergetischen „Teilchen", die für die Supersymmetrie nötigen massereichen Äquivalente sind auf absehbare Zeit für unsere Technik nicht darstellbar und damit nur ein Postulat. Vergleichbar könnte man sagen: Ein Vertreter eines sehr zivilisationsfernen Stammes würde ein Flugzeug ohne Strömungslehre und Magnuseffekt vielleicht durch einen unsichtbaren Riesen erklären, der das Fliegeding durch die Lande trägt.
Interessanter noch ist die Erklärung der virtuellen „Teilchen" beim Ladungstransport. Diese These impliziert alle Ansätze zur Gewinnung von „Freier Energie". Dennoch behauptet man als Sprachrohr einer Industrie, die erstmal alle diesbezüglichen Ladenhüter wie Windmühlen, Gas- und Atomkraftwerke verkaufen möchte, die Nutzung solcher Energie sei nicht möglich.
An der Spitze der Ungereimtheiten aber steht die Annahme eines überdimensionalen Zwischenraumes, der allumfassend sei und in dem sich alles tummelt, was man mit der „Teilchenphysik" nicht erklären kann. (Wobei auch die Superstringtheorie nicht wirklich hilft.)
Denn was man hier formuliert, ist eigentlich genau das, was auch als Funktionsfeld für PSI fungieren könnte, wenn man diesen Gedanken denn zulassen würde.
Während die konservativ eingestellte Wissenschaft also den PSI-Begriff belächelt, schafft sie selbst genau die Erklärungsmöglichkeiten dafür und macht sich mit ihren Annahmen eigentlich genauso lächerlich. In Verfolgung ihrer selbst gewählten Diktion könnte man aufgrund der nicht beweisbaren An-

[19] Man könnte anführen, es sei gar kein Teilchen, sondern nur ein „Klebeeffekt", aber nicht wie die Gluonen sondern eher ähnlich einer Energiefortpflanzung. Immerhin kann man den Effekt in GeV definieren, und das macht ihn eben zu einem „Teilchen".

nahmen die gesamte moderne Atomforschung als lächerlich ansehen.
Mit Sicherheit aber ist anzunehmen, dass wohl kaum jemandem aus der Politik auffallen wird, wie die immer teureren Wissenschaftler ihrem Ansatz, die Welt erklären zu wollen, auf diese Art nicht wirklich weiterkommen.
Solange das Geld fließt, benötigt man auch nicht fundierte Ansätze eines deutschen Eigenbrötlers namens Burkhard Heim. Es hat schon eine gewisse dialektische Nähe zur Verhinderung der Placebo-Forschung, die den Pharmakonzernen sicherlich einen ungeheuren Aktienabsturz bescheren würde.
Und deshalb gibt es nur wirksame und unwirksame Medikamente und übersinnliche Fähigkeiten sind auch nur die Ausgeburt einer blühenden Eso-Industrie. Auch Menschen in den Führungsstrukturen tendieren gern zu Vereinfachung, wenn es ihnen hilft.

Ist ein Monitor sexy?

Projekttreffen.
„Wer würde denn gern viewen?“ Alle Hände heben sich. Das ist sehr schön.
„Wer würde monitoren, eine Projektleitung übernehmen? Zwei drei Meldungen, dann noch mal drei mit Zögern. Die restliche Hälfte der Anwesenden verhält sich unsicher bis ablehnend. Statements werden abgegeben. Sie reichen von: „Das traue ich mir noch nicht zu!“ bis „Ich möchte eigentlich nur viewen, das ist interessanter!“
Warum ist es so schwer, genügend Personen zu finden, die eine leitende Funktion übernehmen können und auch möchten? Wie sich inzwischen gezeigt hat, bedeutet gutes Monitoring fast immer eine Qualitätssteigerung der Aussagen um hundert Prozent. Aber nicht nur dieser Umstand ist oftmals entscheidend.
Ein Solo-Viewer kann oft eine hundertprozentige Session abliefern und trotzdem nicht das herausfinden, was der Auftraggeber wissen wollte. McMoneagle, der erste und am längsten im Kundenauftrag tätige amerikanische Remote Viewer beschreibt in seinem Buch „Memories of a psychic spy“ das Problem sehr genau: entweder es liegt an der falschen Aufgabenstellung oder man weiß über das Ganze noch viel zu wenig.
Ein ganz typisches Beispiel: Für einen Fernseh-„Beweis“ sollte er den Standort eines Outbound-Referenten viewen und welche Umgebung er um sich herum sieht. McMoneagle beschrieb einen Fluss in der Stadt, eine Brücke und ein Ufer.
„Leider daneben!“, konstatierte der Outbounder beim Eintreffen des Teams am Themseufer, nahe der Towerbridge. „Ich habe die ganze Zeit auf das Kraftwerk am anderen Ufer geschaut!“ Ein Monitor hätte auf jeden Fall die Intentionen des Outbounders abgefragt, weil falsches Targeting öfter vorkommt. Hier spielt das Wissen darum bei jeder beteiligten Person eine große Rolle.

„Was du nicht fragst, kriegst du nicht beantwortet!“, ist ein sehr bekanntes geflügeltes Wort unter Remote Viewern. Es hört sich fast biblisch an, enthält aber harte Wahrheiten. Ein Viewer kann noch so gut sein, was er nicht bringt, weil er nicht in die richtige Richtung schaut, wird auch nicht in die Lösung eines „Falles“ einbezogen.

Warum gibt es so wenig gute Monitore und Projektleiter, wenn es in der Praxis einen solchen Anteil am Ergebnis hat?

Weil es nicht „sexy“ ist.

Ein Remote Viewer, der viele richtige Details erkennen und beschreiben kann, erreicht große Bewunderung. Man kann es vergleichen mit der Rolle eines Starschauspielers oder eines Torschützenkönigs. Nach den Regisseuren und Trainern fragen erheblich weniger Leute. Erst in den letzten Jahren ist hier die Aufmerksamkeit umgeschwenkt. Im Berufsfußball, wo es um viel Geld geht, hat man festgestellt, dass eine Mannschaft aus den teuersten Stars ohne Konzept und Führung oft nur sehr mittelmäßig abschneidet. Sie werden nie richtig schlecht sein, aber ohne entsprechenden Trainer, der ja die Strategie für ein Spiel zu verantworten hat, auch nie richtig gut. In den Profiligen dieser Welt weiß man das, und sobald eine größere Anzahl von Spielen verloren geht, wird hektisch nach einem neuen Trainer gesucht. Für Filme gilt das gleiche.

Der neue Fokus der Berichterstattung auf den Durchführungsleiter schmälert nicht unbedingt die Aufmerksamkeit, die ein Star bekommt. Tore schießen, gut spielen, Richtiges viewen wird immer anerkannt werden. Wer die nötige erlernte oder angestammte Fähigkeit als Viewer mitbringt, wird immer gern gesehen sein.

Wie man aber inzwischen sehen kann, ist für Viewer noch viel mehr Ruhm und Ehre möglich – bei guter Führung. Letztlich zählt bei einem Projekt nur das Ergebnis.

„Warum kann denn dann ein guter Viewer nicht auch gut monitoren?“, wird oft gefragt. Gegenfrage: Warum muss bei allen wichtigen Mannschaftssportarten der Trainer einen „Trainer-

schein“ machen, mit sehr spezieller Ausbildung? Und warum sind die erfolgreichsten Trainer fast immer schon ziemlich alt, also nicht mehr selbst aktiv? Den Schein könnte man doch auch in jungen Jahren machen!
Vielleicht liegt da die Aufmerksamkeit auf dem schnellen Ruhm. Ein wichtiges Tor, schon findet man sich auf der Titelseite! Die Arbeit eines Trainers ist länger, kleinteiliger, mühsamer aber nachhaltiger. Und man braucht viel Erfahrung, um Ereignisse und Entwicklungen richtig einschätzen zu können.
Diese Herausforderung wird von den allermeisten Viewern vollständig begriffen, wenn sie eine gewisse Schwelle der Erfahrung überstiegen haben.
„Der wichtigste Job ist eigentlich der des Monitors!“, hört man dann oft. So weit würde ich nicht gehen. Remote Viewing ist ein Mannschaftssport, um mal in diesem Vergleich zu bleiben, den ich sehr passend finde. Das Ergebnis hängt von der Qualität der Einzelteile UND ihrem Zusammenspiel ab.
Seit ich diesen Umstand begriff – es war ungefähr im Sommer 1997, man kann die Schmerzhaftigkeit dieser Erkenntnis in Büchern nachlesen – habe ich viele Viewer gesehen, die von ihrer Anlage und ihrem Können großartig waren, aber in wichtigen Fällen kläglich scheiterten.
„Hättest du mal…“ Ein beliebter Spruch nach der Session. Wenn man bedenkt, dass der Viewer, um seinen „Job“ gut zu machen, gerade das zu Beginn einer Session sozusagen „an der Garderobe abgibt“, was wir Ratio und Entscheidungsfähigkeit nennen, wird klar, worum es geht. Teamwork.
Leider ist die Zeit, die man benötigt, um guter Monitor zu werden, erheblich länger, mühsamer und von weniger Beifall begleitet. Deshalb gibt es nicht so viele.
Im Sport und beim Film ist das nicht so schlimm. Die Anzahl der „Spieler“, die auf einen Trainer/Monitor kommen, darf recht hoch sein. Beim Remote Viewing brauchen wir mehr: Eigentlich sollte auf einen guten Viewer mindestens ein guter Monitor kommen, um wirklich in der ersten Liga spielen zu können.

(Und das ist es übrigens, was Journalisten immer dummdreist voraussetzen, wenn sie einen Beitrag über PSI machen – sie verstehen die Feinheiten der Entwicklung nicht. Man müsste es ihnen einmal am Beispiel des Sports klarmachen. Man würde einen jungen Kreisligaspieler, auch wenn er noch so genial ist, nie sofort in der Nationalmannschaft aufstellen.)
Dies ist also ein Aufruf zur Weiterbildung: Liebe Viewer, nehmt den mühsamen Weg auf euch, zum Wohle des Ganzen, auch wenn er nicht so „sexy" und ruhmbekleckert ist. Aber es macht auch durchaus Spaß, im Hintergrund zu managen.

Talent adieu – jeder kann Remote Viewing

Nach 18 Jahren Erfahrung mit Remote Viewing in Deutschland (1996 kamen die ersten Ausgebildeten aus den USA zurück) kann man getrost melden: Entweder es gibt kein Talent oder man braucht es nicht.

Natürlich würde ein strenger Wissenschaftler sagen, diese geringe Anzahl von Leuten, immerhin weniger als tausend, deren Schicksal hier bekannt ist, stellt nur eine sehr kleine Auswahl der Bevölkerung dar. Vielleicht gibt es viele Millionen Leute „irgendwo da draußen", die es nicht können. Da sich von ihnen aber noch niemand gemeldet hat, kann man über sie – auch rein wissenschaftlich gesehen – keine Aussage treffen. Vielleicht WISSEN sie ja, dass sie es nicht können und kommen erst gar nicht zu einer Ausbildung oder, schlimmer noch, versuchen alle Aktivitäten mit Remote Viewing zu hintertreiben. Letzteres war schon in den USA üblich, lange bevor die Methode nach Deutschland kam. Alle Viewer, die damals dabei waren, berichten davon. Hier spielte es natürlich eine Rolle, dass die Entwicklung von RV Geld kostete, weil sich relativ teure Universitäten (SRI und Princeton) damit beschäftigten. Auch die Gruppe, die der Armee unterstand, musste bezahlt werden. Das soll, von den Beteiligten glaubhaft versichert, ein ewiger Kampf gewesen sein. Immer wieder gab es Personen (in leitenden Stellen), die Remote Viewing für Blödsinn erklärten, und fast schon wie in einem religiösen Wahn bekämpften.

Man muss allerdings zugeben, dass man in den ersten Jahren noch fest an dieses Talent glaubte. Und deshalb Menschen untersuchten, die „es" scheinbar hatten. Die ersten Remote Viewer, wie zum Beispiel Joseph McMoneagle, glaubten das auch. Sie sahen sich als Wunderkinder und als Ingo Swann mit einem Ablaufplan (Protokoll) daherkam, der es jedem normalen Menschen erlauben sollte, PSI-Agent zu werden, wurde er auch von den bereits existierenden Remote Viewern angefeindet. Später,

als sich der Erfolg dieses protokollarischen Systems herausstellte, brachten die „natural psychics“ eigene Bücher heraus, in denen die Methode rein spirituell dargestellt wurde – allerdings unter Einbeziehung der von Swann erarbeiteten, völlig neuen Begriffe, die zum Beispiel zum ersten Mal die Gefahr benannten, dass der Viewer ohne Kontrollgerüst in die abwegigsten Phantasien abgleiten kann.
Inzwischen ist die Methode nach Ingo Swann reichlich ausgelotet und verfeinert worden, woran wir uns hier in Deutschland ebenfalls beteiligt haben. Ich habe inzwischen bei unzähligen Leuten gesehen, wie sie reagieren und weiß, wie man Remote Viewing so nahebringt, dass bereits nach den ersten Stunden Ausbildung ein gewisser Schockzustand erreicht wird: „Tatsächlich, ich kann es auch!“ Dass geht nicht nur Zweiflern so, sondern auch solchen Leuten, die schon vorher überzeugt waren, es müsste klappen. Das eigene Erlebnis ist durch nichts zu schlagen, an dieser Erkenntnis hat sich seit Anbeginn der Ausbildung hier nichts geändert. Man kann so viel glauben, wie man will – wenn man es tatsächlich selbst macht, das ist schon ein einschneidendes Erlebnis.
Die Unterschiede der einzelnen Leute, wie „gut“ sie sind, liegen deshalb auch auf ganz anderen Ebenen. Manche bremsen ihre Möglichkeiten durch eine übermäßige Erwartungshaltung aus.
„Ich war schon immer hellsichtig, dann muss ich jetzt besonders gut sein!“ Das ist oft ein kleiner Irrtum.
Der RV-Ablaufplan bewirkt im Gehirn eine Art von Tätigkeit, die es nie vorher so abgewickelt hat. Das wird den meisten Leuten sofort klar, wenn ihnen die einzelnen Punkte des Protokolls, die oft doppelt und dreifach mit Funktionen belegt sind, in der Ausbildung erklärt werden.
Natürlich kann man auch jeden Anwärter einfach so durchs Protokoll ziehen, (was ich immer „kurz und schmutzig“ genannt habe) und es klappt. Das machen heutzutage sehr viele Leute, auch solche, die sich nur geringe Teile der Kenntnisse angeeignet haben, manchmal sogar nur von Internetvideos.

Allerdings gibt es ein kleines Problem. Sobald der Proband, der so eben mal durch die Wirkung dieses Ablaufplans „überfahren“ wurde, wieder zur Besinnung kommt, zweifelt seine Ratio, sein gesunder Menschenverstand, diese Fähigkeit an und dann hat er es schwer, diesen Zustand wieder zu erreichen, weil er sich intensiv beobachtet: „Nun, was passiert jetzt? Was mache ich hier? Ist es Zufall? Gibt es irgendeinen Klick im Gehirn?“
Nach meiner Beobachtung gibt es dagegen nur ein Mittel. Man muss das Protokoll in seinen einzelnen Funktionen genau erklären, damit auch das rationale Wachbewusstsein befriedigt ist. Dann WEISS man, warum man es kann und ist in der Lage, dieses ungute Gefühl: „Was mache ich hier eigentlich?“ als normales Beiwerk des Gehirnapparats einzuordnen und damit zu leben.
Und dann sagt man sich mit Leichtigkeit: „Adieu Talent, wenn es dich jemals gab, dann haben wir es alle!“
Wie „gut“ dann jemand wird, hängt nur noch davon ab, wie gut er/sie GEÜBT hat, also wie oft die Methode praktiziert wurde. Und das macht es so normal, weil man das von jedem Handwerker oder Künstler aussagen kann.

Den Propheten gehen die Katastrophen aus

Seit 2012 gibt es eine neue Entwicklung: Man sieht alles nicht mehr so düster. Der Weltuntergang hat nun doch nicht stattgefunden. Das gibt den einen neue Hoffnung. Den anderen beschert es einen Umsatzrückgang.

Bücher über den Weltuntergang sind nun nicht mehr so gut verkäuflich, es sei denn sie sind eher satirisch. Ein nächster Weltuntergang ist auch nicht so recht in Sicht. War da nicht der Asteroidencrash? Nein, nicht der ominöse Nibiru, der durch die Verschwörungsliteratur geistert (aber offenbar nicht durch unser Sonnensystem), sondern ein größerer Gesteinsbrocken mit dem schönen Namen Apophelis, der ab 2029 mehrmals der Erde sehr nahe kommen soll. Nachdem Remote Viewer, unter ihnen auch schon sehr früh Joe McMoneagle in seinem Buch „The Ultimate Time Machine (1998)", abgewinkt haben, hat nun auch „die NASA noch einmal nachgerechnet". Er trifft uns wirklich nicht.

Was bleibt? Ach ja, jede Menge Krisenorte. Nun, die gab es immer, die sind relativ begrenzt. Kein seriöser Remote Viewer wird mehr aus solchen Gründen einen dritten Weltkrieg voraussagen. Das würden die Großmächte einschließlich China auch nicht mehr zulassen. Abgesehen von der wirtschaftlichen Verflechtung weiß man dort, dass die Erde in ballistischer Hinsicht sehr klein geworden ist. Jeder ist jederzeit erreichbar, nicht nur auf Facebook, sondern auch mit echter Munition.

Und der Nahe Osten? Iran, Pakistan, Israel? Dort ist schon seit so vielen Jahrzehnten ein Krisenherd, dass man sich daran gewöhnt hat. Aus Afghanistan ziehen sogar die westlichen Truppen ab. Halt, war da nicht noch Nordkorea, das Ed Dames immer als Auslöser eines Atomkriegs sah? Vielleicht behalten die anderen Remote Viewer doch recht, denn der neue Staatschef bahnt einen umgänglicheren Kurs an.

Das größte Problem ist, wie oft, der Kapitalismus.

Ich sehe Tag für Tag mit steigendem Unwohlsein, wie die Überbringung und Präsentation von Nachrichten mehr und mehr nur aus wirtschaftlichen Gründen ausgeführt wird. Unter dem Deckmantel, immer alle Leute informiert halten zu wollen, was gerade auf der Erde passiert, gibt es auch bei den öffentlichrechtlichen Anstalten die Tendenz zu Bild-Zeitungsmanieren. Denn je intensiver etwas dargestellt werden kann, desto mehr hören die Kunden zu. Je besser man Nachrichten verkaufen kann, desto mehr Werbeeinnahmen hat man. Da kann man auch schon mal etwas übertreiben. Und der Leser oder Hörer macht sich Sorgen.

Neuerdings ist Mali in die internationale Aufmerksamkeit gerückt. Deutschland beteiligt sich auch an dem dortigen Krieg ... mit genau zwei Transportflugzeugen.

Dann bleibt doch immer noch der Euro-Crash? Ach ja, seufz, ein wunderbares Thema, mit Angst Geld zu machen. Deutsche Remote Viewer winken schon seit Jahren ab: So nicht. Der Euro wird sich stabilisieren, auch wenn es (für die Einwohner) teuer wird. Und wenn man die täglich eintreffenden Nachrichten in ihrer Tendenz bewertet, so wird diese Voraussage immer wahrscheinlicher. Europa kann sich den Crash gar nicht leisten. Egal, was das kostet! Das hat jetzt sogar die bekannte Ratingagentur Finsh erkannt. Für sie ist die Eurokrise quasi beendet.

Was sagen Remote Viewer zu der Entwicklung? Ärgerlich, dass man für positive Voraussagen verlacht und angefeindet wird. Weil sie nicht verkaufen.

Erfreulich ist allerdings, dass man Recht behält. Und das ist doch noch viel mehr wert, oder?

Nein, bei einigen Themen ist das freudlos.

Nehmen wir zum Beispiel den Reaktor-„unfall“ in Fukushima. Lange vorher hatten Remote Viewer diesen Vorfall auf dem Schirm, wie man so schön sagt.

Bereits 2008 wurde die Katastrophe geortet – von uns aus gesehen Richtung Finnland. Dort steht auch eines, das gewisse Probleme hatte, aber wenn man auf der Erdkugel weitergeht, über die Arktis hinweg, dann kommt man nach Japan. Und Stefan Klemenc konnte uns auch genau sagen, wie das Unglückskraftwerk aussehen sollte:

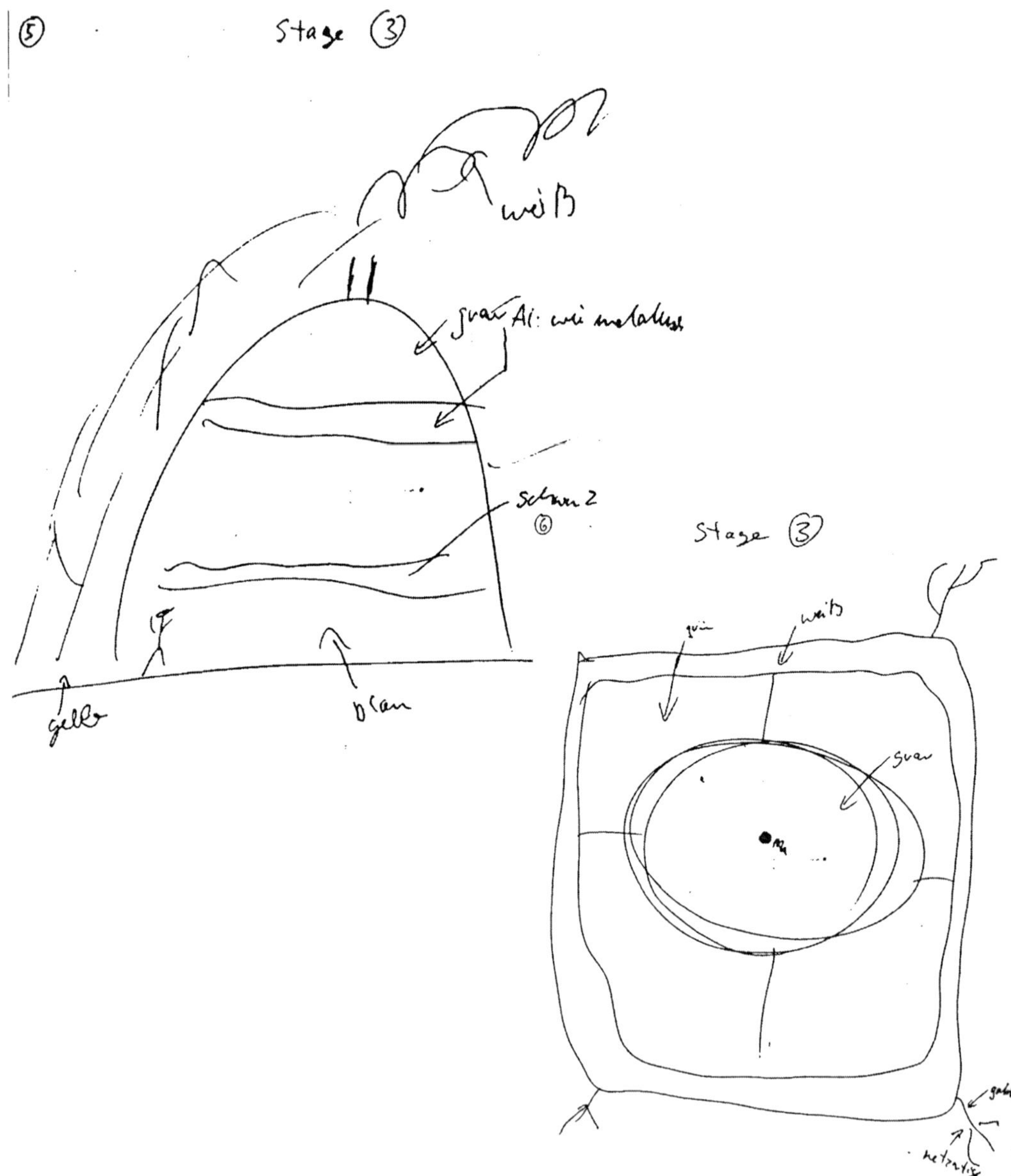

Auch die DAX-Entwicklung wurde immer wieder langfristig und richtig vorausgesehen.

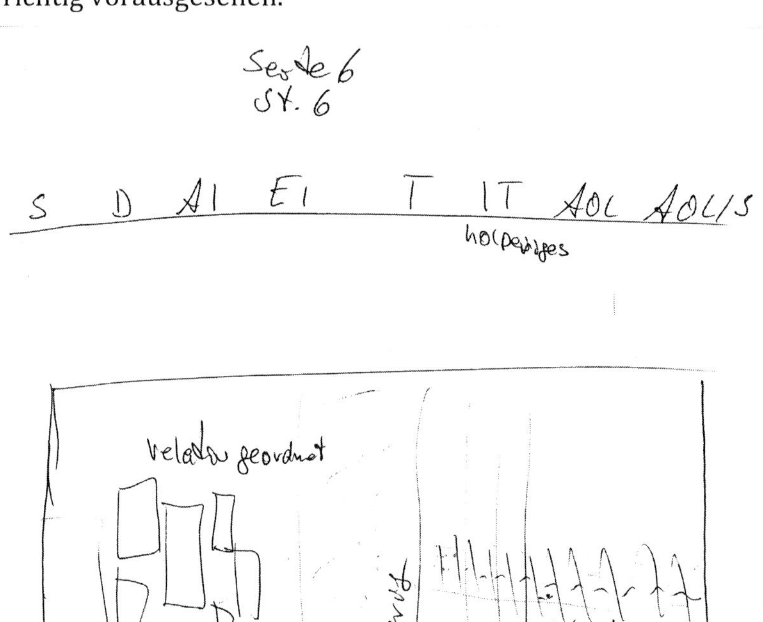

Günter W. Januar 2007 Voraussage für Mitte/Ende 2008

Nach dem Beinahe-Crash von 2008 gab es eine erst langsame und unruhige, dann immer steiler werdende Aufstiegslinie.

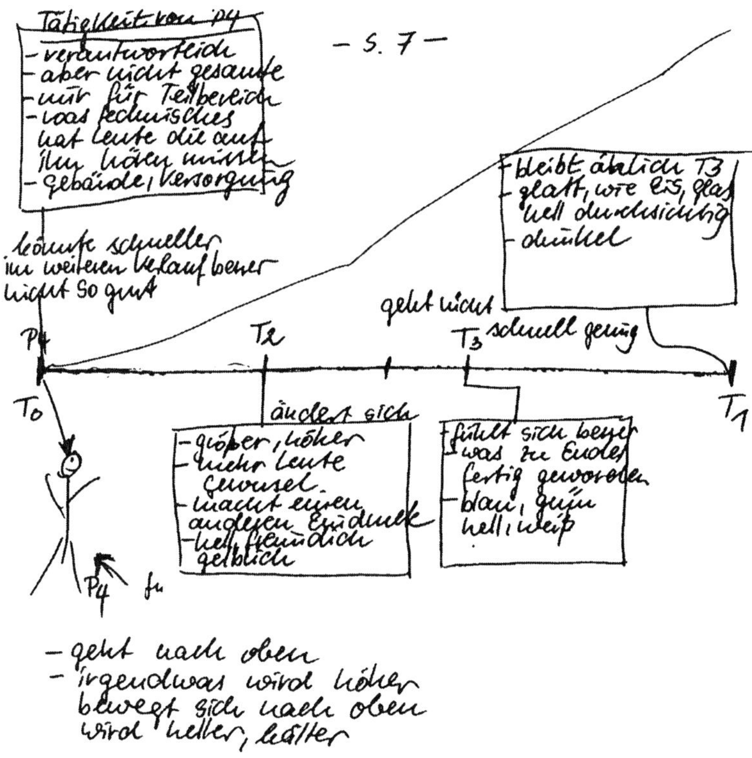

Bis zur Abfassung dieses Artikels haben wir nicht nachgeschaut, wie die Kurve nach 2014 weiter verläuft, aber die begleitenden Angaben zeigten keinerlei Tendenz zu einer Art echtem Crash, sondern nach unermüdlichen Bemühungen von herumreisenden Aktenkofferträgern eine geordnete Tendenz herzustellen. Wobei man wiederum darauf hinweisen muss, dass kein glorifiziertes Paradies angekündigt wird, kein „goldenes Zeitalter“, sondern eben nur eine Zone der Sicherheit, in der die Ausschläge nicht mehr besonders heftig verlaufen. Für Einzelne, beson-

ders in Ländern, in denen es den Menschen auch heute schon generell sehr schlecht geht, sagt das gar nichts aus. Auch in Europa wird es dem einen oder anderen gut oder schlecht ergehen. Und es heißt auch nicht, dass die Bevölkerung in der Gesamtheit reicher, weiser und glücklicher wird. Es bedeutet nur: kein Weltuntergang. Kein Meteoriteneinschlag, der erheblich die klimatischen Bedingungen verändern würde. Aber auch kein abruptes Ende der sogenannten Klimakatastrophe.
Einige Vorstöße in fernere Zukünfte haben gezeigt, dass die Erde noch immer existiert und Leben darauf ebenso. Allerdings werden sich Gesellschaftsformen ändern, Bevölkerungsgrößen und industrielle Ausrichtungen.
Seit mehreren Jahrzehnten bemühen sich Autoren und sogar einzelne Remote Viewer darum, mit der Angst der Menschen vor einer schrecklichen Zukunft ein eigenes höheres Einkommen zu erreichen. Ein interessanter Vorgang.
Warum schreibt man Bücher, in denen das Ende der Welt angekündigt wird? Wenn die Welt untergeht, ist die ganze schöne Zivilisation futsch. Sollte man nicht lieber vorher Spaß haben, als sich in ein Kämmerlein einzuschließen und Horror-Bücher zu schreiben? Und die dann so bewerben, dass sie garantiert einiges an Profit abwerfen?
Wenn es einen richtigen Sunflare gibt, so wie Ed Dames ihn seit nunmehr 30 Jahren voraussieht[20], dann dürfte das Überleben an einem „safe place", dessen Auffinden er verspricht, nur marginale Freude bereiten. Ohne die gewohnten Strukturen, ohne Ärzte, Krankenhäuser und letztlich Nahrungsmittelversorgung, wozu hat man dann überlebt? Von der mitgebrachten Trockennahrung kriegt man doch irgendwann Skorbut und überhaupt ist jede Reserve auch einmal zu Ende.
Dasselbe gilt für einen echten Währungscrash. Dann genügt es auch nicht, das Ersparte „in Sicherheit" zu bringen. Wohin? Ins

[20] Quelle: Paul Smith, der in seinem Buch „Reading the Enemy's Mind" über sein Training bei Ingo Swann berichtet, zu dem 1983 auch Ed Dames hinzustieß.

Ausland? Wenn der Euro crasht, dann ist das ein Finanzbeben, das auch alle anderen Währungen nicht verschont. Die heutige Vernetzung bedingt das. Aus diesem Grund bemühen sich alle, aber auch alle, dass dies nicht eintritt. Und in Gold oder Sachwerte investieren? Wenn ein Geldsystem zusammenbricht, kann man dann mit einer Goldanleihe sein Brot bezahlen? Womit kauft der Bäcker seine Zutaten?

Solche Umstände erinnern mich an die Aktivitäten eines bekannten Internetaktivisten. Er behauptet, vielfacher Millionär zu sein und bietet für ein stolzes Entgelt Nachhilfestunden, wie man Millionär wird. Erfolg garantiert. Hat er das nötig? Braucht er Konkurrenten? Oder das Geld?

Man benötigt allerdings etwas Erfahrung, um sich die Vorgänge auch einmal distanziert betrachten zu können. Und nach einigen nicht eingetroffenen Weltuntergängen, so schreibt auch Paul Smith zu diesem Thema, betrachtet man jede neue Voraussage mit Abstand. Und wenn man genau hinschaut, geht es den Krisen genau wie allen anderen Informationen im Internetzeitalter: Sie sind schnell wieder aus der Diskussion. Und sogar die Unheilskometen machen mit. ISON kam am 27. 11. 2013 einfach nicht mehr hinter der Sonne hervor. Komet weg, Erde noch da.

Und unter diesem Aspekt ist es ganz natürlich, wenn die Weltuntergangsbeschwörer mittlerweile ein Problem haben. Vielleicht ist die Anzahl der Krisen geblieben. Aber sie halten nicht mehr lange genug, dass man sie wie früher ausschlachten kann.

Die Krisen in den üblichen arabischen und afrikanischen Ländern gehören, zum Leidwesen der Bevölkerung, zum globalen Schachspiel. Die Großmächte sind froh, einen Scharmützelplatz gefunden zu haben.

Ob die fortlaufenden Ablösungsbestrebungen der übrig gebliebenen russischen Verbündeten aus dem ehemaligen Sowjetreich nun gleich für einen dritten Weltkrieg taugen, ist unwahrscheinlich. Man versucht zwar von allen Seiten, die ansässige Bevölkerung zu instrumentalisieren, um den Konflikt stellvertretend durchzuführen, aber die Ausweitung in globale Dimen-

sionen will niemand und auch Remote Viewer haben sie nicht als wahrscheinliche Variante auf dem Schirm.
Heimatliche Orte, die wir in mehreren Sessions bis 2030 aufsuchten, machten den sicheren Eindruck von „business as usual", wie wir es heute kennen.
Keine radioaktive Verstrahlung, keine ausgestorbenen Städte oder zerbombte Gemeinwesen. Fremde Truppen in Deutschland sind auch weiterhin kein Indikator, das haben wir in den letzten siebzig Jahren „Frieden" zur Genüge erlebt. Die Viewer haben aber explizit für die Zukunft nichts dergleichen gesehen.
Das bedeutet nicht, dass überall auf der Welt Frieden ist. Die existierenden Machtblöcke versuchen ständig, ihren Einflussbereich auszuweiten. Das kann ganze Staaten verwüsten, ob im Nahen Osten, in Afrika oder auf der Grenze zwischen NATO und Russland. Die Mächtigen dieser Welt haben aber kein Interesse daran, diejenigen Gegenden, die genug entwickelt sind, um befriedigenden Profit abzuwerfen, verwüsten zu lassen. Und das betrifft uns hier in Mitteleuropa auf jeden Fall.
Aber trösten wir uns. Die Art der Gefahren für unseren Lebensbereich ist einfach nur anders, Sie betreffen jeden Menschen persönlich und entstehen lediglich aus dem Grund, aus diesem entwickelten Bereich den größtmöglichen Profit herauszupressen, Darüber werden auch schon viele verkaufsträchtige Bücher geschrieben. Und das sogar zu Recht. Im Bereich Gesundheit und Ernährung lauern für jeden Einzelnen hochdramatische Weltuntergänge. Hier hilft allerdings auch kein „safe place".
Besser wäre die Aktivität jedes einigermaßen informierten Menschen. Und dazu benötigt man nicht einmal Waffen. Aber es ist eine tägliche Herausforderung, die man angehen muss.

Wie entstand eigentlich ARV?

Samstagnachmittag, ein paar Remote Viewer sitzen zusammen, trinken Kaffee oder Tee. Gute Laune wird neben dem Selbstgebackenen herumgereicht.
„Hey, hat jemand Lust auf eine Sportwette?"
Minuten später gibt es drei Teams. Die Monitore beraten sich.
„Was nehmen wir denn diesmal für Verknüpfungen?"
„Hier, ich hab eine schöne Aufnahme von dem neuen Airbus. Den können wir für Mannschaft A nehmen, wenn sie gewinnen!"
„Und hier, die beiden Elefanten in der Steppe, das sind die anderen, wenn sie gewinnen! Und dann nehmen wir für das Unentschieden dieses komische Bauwerk hier, das steht in Sidney!"[21]
Gesagt, getan. Jetzt kann das Viewen losgehen. Für Remote Viewer ein selbstverständlicher Vorgang. Sie nennen es ARV, von „Assoziatives Remote Viewing". Dabei werden bestimmten Ergebnissen oder auch Ereignissen, von denen man nur wissen möchte, ob sie eintreffen, Bilder zugeordnet, die dann diese Ergebnisse repräsentieren. Man viewt also nicht das Ergebnis, sondern die Verknüpfung, sozusagen das Symbol dafür. Der Vorteil liegt darin begründet, dass zum einen die Session recht einfach gehalten werden kann, zum anderen auch alle viewen können, die wissen, dass es um eine Sportwette oder eine andere Resultatfindung geht. Sie sollten nur die Verknüpfungen nicht kennen. ARV eben.
Niemand macht sich (jedenfalls niemand von den Remote Viewern) noch Gedanken darüber, was für ein erstaunlicher Umstand sich hierin verbirgt. Nicht nur, dass man ein Ereignis voraussehen kann, auch der Vorgang, dass sich jemand ein Bild als Symbol für dieses Ereignis gedacht hat. Nur gedacht, denn mehr sind diese „Verknüpfungen" nicht. Aber es funktioniert! Der Viewer beschreibt in der Session eines oder mehrere Bilder, die mit dem Target an sich nichts zu tun haben.

---

[21] Gemeint ist natürlich die bekannte und architektonisch interessante Oper

Wie aber kam „man“ auf eine derart verrückte Technik?
Die Antwort liegt in der Frühzeit der Entwicklung von Remote Viewing und geht auf einen Mann namens Stephen Schwartz zurück. Schwartz hatte Anfang der 1970er Jahre selbst einige Untersuchungen zu PSI-Techniken gestartet und wollte ebenfalls herausfinden, ob es Bedingungen gibt, unter denen PSI nicht funktioniert. Zu diesem Zeitpunkt hatte man sowohl in USA wie auch in der Sowjetunion alle elektromagnetischen Wellen als Trägerfrequenzen für „Remote Viewing“ durch viele Versuche ausschließen können, lediglich die Extralangen Frequenzen (ELF) von wenigen Amplituden pro Sekunde waren übriggeblieben. Tests in dieser Richtung gestalteten sich schwierig, weil ELF-Wellen schon rein physikalisch alles durchdringen. Nur die Entfernung und massive Materie schwächen sie ab. Nach einigen Entfernungstests, in denen die Viewer trotz der großen Distanz und der Tiefe eines Targets (unterirdische Anlagen) erfolgreich waren, blieb nur ein letzter Test: eine Übermittlung aus vielen hundert Metern unter der Meeresoberfläche.
Zufällig (!) bekam Schwartz wegen seiner früheren Tätigkeit für die Navy die Gelegenheit angeboten, zu diesen Tests ein besonderes Tieftauchboot, die „Taurus“, benutzen zu können. Wenig später kam er in Kontakt mit der Forschungsgruppe um Puthoff und Targ am SRI und lernte die damals dort mitarbeitenden „Medien“ Hella Hammid und Ingo Swann kennen. Er beschloss, nach Methodik und mit Personal des SRI den Test mit dem Tiefsee-Forschungs-U-Boot durchzuführen. Sechs Targets wurden in einzelnen Umschlägen versiegelt und die Viewer tauchten über 500 Meter tief. Sowohl Ingo Swann als auch Hella Hammid hatten überzeugende Ergebnisse in der Beschreibung der zufällig ausgewählten Targets. Als echter Soldat kam Schwartz auf die Idee, die Auswahl eines Targets mit einer Botschaft zu verknüpfen. So könnte man dem U-Boot ohne Funkverkehr den nächsten Auftrag mitteilen. Da in dem Test sechs verschiedene Targets bereitgestellt worden waren, konnte er also auf einen Katalog von sechs verschiedenen Anordnungen

zurückgreifen, wie zum Beispiel: „Auftauchen und Funkkontakt aufnehmen“ oder „Tauchfahrt fortsetzen und unter dem Nordpoleis verstecken“.
Der Test lief erfolgreich ab und ARV war geboren.

Mehr interessante Details zur Geschichte der RV-Forschung finden Sie in dem wahrscheinlich besten Buch darüber: „Reading the Enemy's Mind“ von Paul H. Smith

Aus Fehlern lernt man am besten…
… wenn man sie erkennt.

Zur Entstehung des RV-Protokolls

Wir nutzen heute das fertige, perfekte RV-Protokoll gedankenlos, weil es funktioniert und nehmen die Erklärungen dafür ebenso gedankenlos hin, als wären die Erkenntnisse ganz logisch und müssten so sein.

Wie aber kamen diese Erkenntnisse zustande? Es war ein harter Weg der Forschung mit vielen Irrtümern, das wird heute allgemein leicht übersehen. Das Wissen um die rechts-linkshemisphärische Ausspielung, die Psychoschalter, Vertauschung der Seiten und Dimensionen in der Stufe 3, das Zustandekommen von AULs und deren Bedeutung, all das ist inzwischen breit bekannt geworden und wird wie selbstverständlich von „Experten" an „Neulinge" weitergegeben. Wenn man allerdings betrachtet, wie mühsam diese Erkenntnisse gewonnen wurden, fragt man sich manchmal, wie die bekannten Zusammenhänge überhaupt entdeckt werden konnten. Nehmen wir nur einmal die Sache mit den AULs.

Wie konnte man darauf kommen, dass außersinnliche Wahrnehmungen ganz bestimmte Fehlerprobleme haben können? Ist nicht der „Höhere Sinn" allwissend und steht perfekt und makellos über den kleinlichen Wahrnehmungsübungen, die wir mit unseren fünf Gesichtssinnen leisten können? Die Gabe, mehr zu wissen, mit einer übersinnlichen Macht in Verbindung treten zu können, konnte doch nur böse Hexerei oder eine Gottesgabe sein. Und die war, gut oder böse, über die kleinlichen Wünsche des normalen Erdenmenschen erhaben. Dass diese Gabe eine Gehirnfunktion ist und damit auch den Gesetzmäßigkeiten eines biologischen Systems unterworfen, schien völlig indiskutabel häretisch zu sein, obwohl diese Schlussfolgerung doch so naheliegend logisch ist.

Und das streute auch in die Anfangsgründe der amerikanischen Forschung, die zu Remote Viewing führte, hinein. Das ist nicht verwunderlich in einem Land, in dem die christliche Religion eine erheblich wichtigere Rolle spielt als bei uns. Sicherheitshalber wird von christlich geleiteten Menschen eine allgemeine mediale Fähigkeit eher gern belächelt, weil sie sonst das Weltbild durcheinanderbringen würde.[22] Könnten es viele, wäre die besondere Gabe so ordinär, dass die Anerkennung dessen auch den Gottesbegriff beflecken würde.

Deshalb war es das kleinere Übel, an die Unfehlbarkeit des Mediums zu glauben. Selbst für die Wissenschaftler stand fest, wenn jemand ein Zielgebiet beschreiben konnte, und zwar richtig, wieso sollte er dann falsche Details dazuaddieren? Konnte er nun „sehen" oder nicht?

Diese Meinung besteht noch heute bei den meisten Leuten, die „medial" unterwegs sind, was die Beurteilung ihrer eigenen Leistung angeht. Ratlosigkeit macht sich breit, wenn die Aussage sich dann doch als falsch erweist. In diesem Zusammenhang müssen oft die kuriosesten Begründungen bemüht werden, um sich die Ergebnisse hin zu erklären.

Unter diesem Aspekt muss auch der zweite ständige Proband des SRI nach Ingo Swann, Pat Price, und seine Leistung gesehen werden. Der ehemalige Polizist wurde wegen vieler zutreffender Aussagen ein gutes Forschungsobjekt. Ganz am Anfang der Forschung, als noch keiner der Wissenschaftler etwas über Abläufe beim „Hellsehen" wusste, wies Pat Price bereits ein Ritual[23] auf, mithilfe dessen er seine Sensorik auf die zweite Ebene umschaltete. Dann setzte er sich gern eine Brille auf und beschrieb die Anderswelt, die er dann sah.

Oftmals lag er leider daneben.

---

[22] Heute gehen Christentum und Wissenschaft eine ganz neue, unheilbringende Liaison ein: Die Wissenschaft bestätigt, dass sie nicht in die letzten Geheimnisse eindringen kann („Gottesteilchen") und das Christentum benutzt sie gegen fremden Glauben, weil der ja nur „Glauben" sei.

[23] Rituale sind serielle Tätigkeiten

In solchen Fällen wird dann gern das ganze Projekt abgebrochen und eine Schuldzuweisung ausgesprochen: „Der kann ja gar nicht hellsehen!"
Nun ist, wie Remote Viewer wissen, nicht der Umstand DASS jemand daneben liegt, von Interesse, sondern WIE. Wirkliche Erkenntnisse für etwas Neues bringen nur Situationen, wenn etwas schiefgeht, und das besonders bei Remote Viewing. Wenn eine Session nicht gut läuft, muss man nicht das Ganze und den Operateur in Zweifel ziehen. Aber auf der anderen Seite ist es nicht das glücklichste Verhalten, Skepsis völlig auszublenden.

Es dauerte eine ganze Zeit, bis die Forscher in den 70er Jahren merkten, welches Grundproblem bestand. Der einzige Gegner einer erfolgreichen Session sitzt im eigenen Kopf. Darauf muss man erst einmal kommen! Denn bei allen anderen Techniken dieser Welt ist die Erfolgsgarantie, dass man sich auf den Erfolg konzentriert. Die Erkenntnis, dass es hier im Prinzip genau andersherum ist, war die Geburtsstunde eines Ablaufplanes, um das Gehirn in den RV-Modus zu versetzen.
Konkrete Hinweise für die diesbezügliche Forschung lieferte Pat Price in Serie. 1974 war das Jahr, in dem er zur Verifizierung des Vorhandenseins von PSI sehr viele Sessions machte, von denen später einige wie der Riesenkran von Semipalatinsk / Kasachstan in die Remote Viewing-Geschichte eingingen.

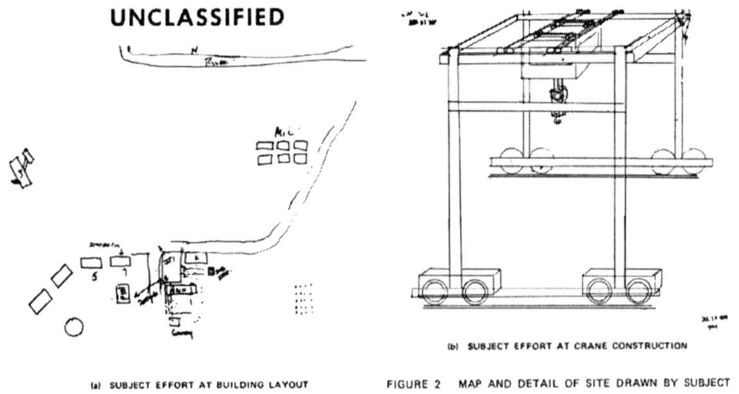

Die berühmte Zeichnung von Pat Price, freigegebenes Dokument aus den Akten des SRI

Unter diesen Arbeiten war auch das Target „Öffentliche Badeanstalt in Palo Alto, Kalifornien".
Price beschrieb ein großes, rundes Wasserbecken von ungefähr 40m Durchmesser und ein kleines, rechteckiges von ca. 20m mal 30m. Zusätzlich zeichnete er zwei große Wassertanks und ein halbrundes Servicegebäude.
Die Wasserbecken und ihre Dimensionen waren ziemlich gut getroffen. Es gab auch größere Strukturen, wie ein halbrundes Bauwerk, aber die Wassertanks fehlten. Erst 1995 fand Russell Targ, einer der Versuchsleiter heraus, dass auf diesem Gelände früher ein Wasserwerk gestanden hatte, genau wie die Schlussfolgerung in der Session von Pat Price lautete. Und zu dieser Zeit gab es die beiden Wassertanks. Der Viewer hatte mehrere Zeiten vermischt.
Heute würden wir sagen: da fehlte die genaue Anweisung, in der richtigen Zeit zu bleiben. Dass solche „Ausschweifungen" für den medialen Geist möglich sind, wenn kein Regelwerk für sein Tun besteht, ist mittlerweile völlig klar.
Interessant war weiterhin, dass Price links und rechts in seiner Zeichnung vertauscht hatte. Puthoff schob diesen Effekt auf die bekannte Eigenart des Gehirns, dass die Nervenbahnen der Sinnesorgane über Kreuz laufen und mutmaßte, dass beim Viewen die Verrechnungszentren direkt angesteuert werden.
Auch dies ist eine interessante Schlussfolgerung, die aufmerksam auf physiologische Gegebenheiten bei PSI-Aktivitäten macht. Mittlerweile wissen wir mehr. Ja, es findet sehr wohl eine Umschaltung der Rezeptionszentren im Gehirn statt, wenn wir eine Sessionen machen.
Aber diese Umschaltung wird mit laufender Beschäftigung vervollständigt, sodass auch links/rechts irgendwann kein Problem ist. Die beschriebenen Sessions von 1974 entsprechen in etwa der heutigen Stufe 3. Zu diesem Zeitpunkt ist, wie wir heute wissen, das Gehirn noch nicht fertig eingestellt. Sodass wir den Angaben auf diesem Niveau auch noch nicht vollständig vertrauen.

Immer wieder gab es Sessions, in denen neben richtigen Strukturen auch solche auftraten, die nicht am realen Zielort vorhanden waren. Es schien, als hätte sie der Viewer „hinzugedichtet", weil sie unter logischen Aspekten einfach dorthin gehörten. Dazu ist eine der Sessions, die aus der Zeit der Forschung am SRI überliefert sind, von besonderem Interesse. Sie wurde von Hella Hammid ausgeführt und das Target war ein Atomkraftwerk.[24] Was die Viewerin allerdings zeichnete, war ein Teekessel bzw. was sie dafür hielt.

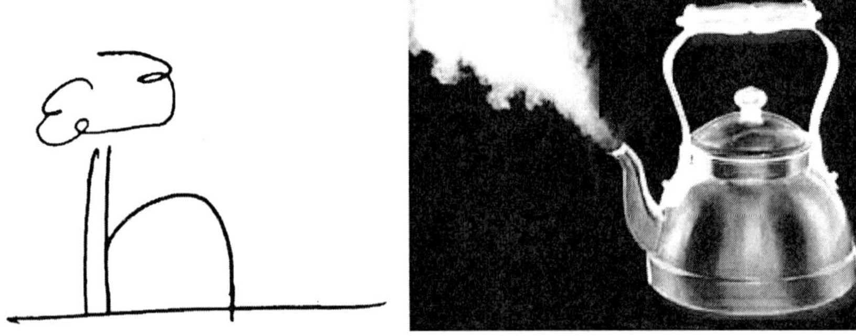

Wie man sieht, haben Atomkraftwerke und Teekessel sehr viele Gemeinsamkeiten. Die Form, der Dampfaustritt, die Hitze im Innern, der Energieaspekt – als unterschiedliche Targets im ARV wären sie völlig ungeeignet. Die Schlussfolgerung von Hella Hammid ist durchaus nachvollziehbar. Interessant für diese Diskussion ist aber etwas ganz anderes: Hella Hammid kannte kein Atomkraftwerk bzw. hatte noch nie vorher eines gesehen. Ingo Swann, der von diesem Fall berichtete, schrieb[25] dazu: „Nachdem sie eines gesehen hatte, erkannte sie ein Atomkraftwerk nachher immer, wenn es auftrat."

---

[24] Veröffentlicht in „Eight Martinis 3" , März 2010

[25] Artikel in "Eight Martinis", Ingo Swann: "Remote Viewing processes and Layers of Meanings", November 2012, beide als Free Download erhältlich.

Swann äußerte die Hypothese, dass das Gedächtnis ein Zielgebiet kennen muss, um es optimal zu viewen. Dem kann man heute sehr einfach widersprechen und in praktischen Beispielen genau zeigen, wie kontraproduktiv dieser Umstand sein kann.
Zu Swanns Rechtfertigung muss man allerdings einwenden, dass in den 1970er Jahren die Forschung unter einem praktischen Druck stand. Die finanzierenden Geheimdienste, hier die CIA, wollten Ergebnisse haben und hingen auch der Vorstellung nach, ein Viewer müsste nicht nur beschreiben, sondern vor allem auch benennen können. So war diese Forderung ein Teil des damaligen Sessionablaufes, ein viel zu hoch gestecktes Ziel, wie wir mittlerweile wissen.
Egal, ob bekannt oder nicht, wenn eine Benennung stattfindet, ist die Gefahr, dass sich das Gedächtnis komplett zur Beschreibung einschaltet, erheblich höher, als dass das Gehirn den viel beschwerlicheren Weg in die Matrix wählt. Schließlich sind wir ein Leben lang konditioniert worden, in Sekundenschnelle[26] etwas zu identifizieren. Swann hätte diesen Umstand selbst herausfinden können, wenn er ihr auch zwischendurch einmal als Gegencheck das Target „Teekessel" gegeben hätte. Ich vermute, sie hätte dann „Atomkraftwerk" postuliert, ganz einfach deshalb, weil die amerikanischen Viewer dieser Zeit unter dem beschriebenen Auftragsdruck sicher nicht auf die Idee kamen, es könne irgendetwas Unwichtiges sein, das sie viewen sollten. Solche Erfahrungen habe ich jedenfalls schon öfter gemacht.
Immerhin konstatierte Swann in seinem Artikel, dass durchaus eine Gedächtnisleistung vorliegt, weil Hammid das einmal gezeichnete Bild, das sie für einen Teekessel hielt, auch mit einigen von dessen Eigenschaften wie Deckel und Tülle „verbesserte". Der Fehler lag zu jener Zeit sicher im Zwang etwas zu benennen, aber die Ergebnisse führten doch nach neutraler, analytischer Betrachtung dazu, dass eine Diskussion um „mental noi-

[26] Siehe: 3-Sekunden-Regel, die Zeit, in der sich normalerweise eine Meinung über etwas Gesehenes bildet.

se" entstand, die in der Feststellung gipfelte, dass es natürliche, erforschbare Ursachen für Fehlermeldungen gäbe.
Aus dem mentalen Störgeräusch wurde schließlich die „analytische Überlagerung" (AOL/ deutsch: AUL), die man als Hinzufügung des persönlichen Analyseapparates festmachen konnte.
Dazu korrespondierend sind die Berichte von Remote Viewern der amerikanischen Einheit wie Smith und Buchanan, dass in den letzten Jahren die Fehlerquote der Viewings rapide anstieg. Nach 1988 wurden andere Personen in das Projekt einberufen, zum Teil solche, die sich lieber auf herkömmliche Hilfsmittel wie Tarotkarten verließen.[27] Solches Werkzeug lädt gerade zu Assoziationen und Interpretationen ein, die unter Umständen weit weg vom wirklichen Zielgebiet landen können.
Es sind immer beispielhafte Erlebnisse, also Sessions, deren Ergebnis in die Entwicklung einer Methode einfließt. Was für mich allerdings immer ein Rätsel bei der Entwicklung des Protokolls blieb, ist der Umstand, dass in keiner amerikanischen Publikation bisher eine Würdigung des Umschaltvorganges für das Gehirn, der in Ingo Swanns Protokoll implementiert ist, zu finden ist.
Der ganze Aufbau, vom Allgemeinen ins Besondere zu gehen, erfordert Zeit und das Ansprechen der Sinnesorgane auf virtueller Ebene sagt dem Gehirn, was es in dieser Zeit genau tun soll. Daraufhin gibt es sehr erstaunliche „Hellseh"-Resultate bei den Versuchspersonen.
Fordert man Menschen aber in „wissenschaftlich"-neutral gehaltenen Versuchsaufbauten dazu auf, von einem Moment zum anderen extrasensorische Eindrücke abzuliefern, gibt es die bekannten Ergebnisse, wie sie von allen PSI-Forschungsinstituten der Welt publiziert wurden. Die Trefferquote liegt meist nur

[27] Gemeint sind Angela Delafiore und Robin Delgren. Von den ehemaligen Mitgliedern der Fort Meade-Einheit, explizit von Ed Dames, wurden sie „Hexen" genannt. Demgegenüber standen Paul Smith, Mel Riley und Lyn Buchanan, die aber kurz danach die Einheit verließen.

knapp über einem Signifikanzniveau, es könnte also alles auch Zufall sein.
Nein, ist es nicht, und ich persönlich meine, Ingo Swann hat es aus seiner eigenen Erfahrung so in den Protokollaufbau hineingebracht. Vielleicht hat er sich nicht getraut, den Prozess des „Hineinarbeitens" zu erwähnen. Vielleicht fürchtete er Skeptiker, die sagen könnten: „Na und? Wenn ich die Augen aufmache, kann ich auch sofort sehen. Also sollten Medien das andere Sehen auch sofort können!"
Skeptiker in wirklich wissenschaftliche Hintergründe, beispielsweise wirklich tiefgreifender neuerer Erkenntnisse der Gehirnforschung, die hier greifen, einzuweihen, scheint aussichtslos. Wie Ray Hyman[28] lässt man bestimmte Methoden für die Erforschung aller möglichen Gebiete gelten, nur nicht für das der Extrasensorik. Es gibt einige wirklich renommierte Wissenschaftler, die anmahnen, man sollte endlich ernsthaft diese Gebiete studieren und nicht nur mit Zufallserfahrungen arbeiten, dann würde man im Gesamtverständnis der menschlichen Existenz einen Riesenschritt vorankommen.
Wie sagte Nicola Tesla?
„The day science begins to study non physical phenomena, it will make more progress in a decade than in all previous centuries of its existence."[29]
Viele mögen gegen dieses oft benutzte Zitat einwenden: "In vielen Labors, wie in Princeton zum Beispiel, werden Tausende von Versuchen durchgeführt. Da hätte doch längst etwas Ordentliches bei rauskommen müssen!"
Der Meinung bin ich auch, aber wenn mir ein Bericht zur Kenntnis kam, fehlte bisher immer die Würdigung des Umschaltprozesses. Und das zu einer Zeit, wo man keinen Sportler ohne Aufwärmen in den Wettbewerb lässt.

---

[28] Federführender Leiter des AIR-Reports, der bescheinigte, dass RV keinen messbaren Erfolg hatte.
[29] „My inventions: The autobiography of Nicola Tesla"

Remote Viewing im Internet

Manchmal meint man, Remote Viewer sägen an ihrem eigenen Ast. Der Besuch von verschiedenen Webseiten, Foren und Chats vermittelt ein oft deprimierendes Bild. Gerade bei einem Thema, das wie kaum ein anderes geeignet ist, ernsthafte Forschungen und positive Visionen herauszufordern, findet sich ein verbissenes, eng kanalisiertes Hickhack um persönliche Positionen und das wahre Elixier der göttlichen Eingebung.
Sicherlich liegt es schon am Thema selbst, das ganz besonders umtriebige Menschen anzieht, die bereit sind, mit Energie an etwas zu arbeiten. Leider viel zu oft an der Selbstdarstellung, weniger an dem Verlangen, allgemein anwendbare Erkenntnisse zu gewinnen.
Das beginnt bereits bei sehr abenteuerlichen Darstellungen davon, was Remote Viewing ist. Gut wäre, wenn die Weitergabe von Informationen darauf beruht, dass man sich mit deren Ursprüngen beschäftigt hätte. Man muss nicht gleich die gesamte verfügbare Remote Viewing-Literatur gelesen haben. Und wenn man ein Deutschland-Hasser ist, auch kein Problem, denn es gibt einige Bücher und Videos von den Hauptpersonen der amerikanischen RV-Forschung, von Leuten also, die bei der Entwicklung von Remote Viewing dabei waren. Hier findet sich ein Fülle von Informationen, die man nicht nur für sachkundige Diskussionen sondern auch für die eigene Wissensbildung und Horizontentwicklung benutzen kann.
Bei näherer Recherche findet sich jedoch bei den allermeisten Diskutanten, besonders solchen, die sehr eifrig Beiträge ins Netz stellen, erschreckende Kenntnislücken. Woran mag das liegen?
Eine mögliche Antwort kam mir vor ein paar Jahren bei einer direkten Anfrage zu Gesicht: „Bücher? Liest man doch nicht mehr, ist doch völlig veraltet!"
Ja, gut, woher bezieht man denn sonst sein Informationen?

„Aus dem Netz! Hast du schon mal bei Youtube geschaut? Da gibt's hunderte von Beiträgen. Und Sessions! Und alles umsonst! Muss man sich gar nicht anstrengen!"
Ich habe mir diese Quellen angeschaut. Neben Selbstdarstellerei und eifrigen Anfängerbeispielen gab es leider sehr wenig Substanz. Aber erklärlich. Ich überlegte mir, welchen Grund jemand hätte, die Ergebnisse langer, ernsthafter Forschungen und ihre zeitaufwändige Ausarbeitung umsonst ins Netz zu stellen. Die Leute, die sich meines Wissens sehr viel erarbeitet haben und über wirkliche Praxis und tiefe Einsichten verfügen, haben meist nicht die Zeit für diesen Aufwand.
Es gibt natürlich auch professionelle Videos, zum Beispiel Fernsehsendungen. Hier gibt es ein paar wenige Perlen, denn ein Realisator für Kurzbeiträge, der jede Woche einen anderen Film macht, kann sich gar nicht ausreichend in ein Thema einarbeiten. Eine Ausnahme war zum Beispiel Christian Bauer, der sich 1996 selbst in Amerika ausbilden ließ. Aber auch er konnte in 45 Minuten Sendezeit nur an der Oberfläche kratzen.
Wo sollen also profunde Hintergründe in der Internetdiskussion herkommen, wenn die wirklich informativen Quellen nicht beachtet werden und sich die Spirale von Halb- bis Unwissen selbst befruchtend durch die abenteuerlichsten Vermutungen und auch persönliche Anwürfe in den Himmel dreht?
Was soll jemand, der gerade von Remote Viewing erfahren hat und nun fasziniert mehr wissen will, daraus mitbekommen?
Hier eine Auswahl des Angebots:
1. Die Deutschen sind nur dumme Nachmacher. Nur ein amerikanischer Beitrag enthält die wahren Kenntnisse. Und es funktioniert sowieso nur in Englisch.
2. Strukturierung ist Nebensache. Vielen Ausführungen, besonders solchen, die sehr lang geraten sind, kann man nur schwer folgen. In einigen Fällen gibt es herrliche Widersprüche. Am Ende steht das Gegenteil von dem, was am Anfang die Krone der Erkenntnis darstellte. Wer soll so überzeugt werden?

3. Besonders ellenlange Postings zu winzigen Themenbereichen wortgewaltige Ansprachen fallen ins Auge. Wortwahl und Inhalt kommen oft sogar sehr religiös vor. Meine Assoziation (AUL, wenn man so will) waren manchmal: amerikanischer Sektenprediger. Kann man das ernst nehmen?
4. Es gibt sogar Leute, die verbissen allen Interessenten mitteilen, dass Remote Viewing nur Blut, Schweiß und Tränen bedeutet. Und dass der Nutzen für den Alltag annähernd null ist. Wozu ist es dann? Die Botschaft für mich wäre: Hände weg. Die gleichen Leute werben aber damit, dass sie es anderen beibringen möchten. Haben wir hier eine neue Variante der Sado-Maso-Szene entdeckt? PSI-Kasteien ...
5. Warum werden überhaupt Glaubenskriege angezettelt, Grabenkämpfe installiert, Gerüchte ausgestreut?
Sind denn alle anderen Ungläubige? Ist vielleicht ein Kreuzzug nötig? Muss man jeden niederstechen, der nicht die gleiche Meinung hat? Die Folgen sind meist, dass Feindschaften aufbrechen und ein Forum eingeht. War das beabsichtigt?
6. Manchmal meint man, das Ziel vehementer Äußerungen im Netz ist es, einen Guru-Status zu erreichen. Hier muss ich die Stirn runzeln. Ist es denn nicht eine Eigenschaft eines Gurus, zu wissen, dass er gut ist? Muss er es auf dem Marktplatz aus sich herausschreien?
7. Einige Foren sind unter den genannten Bedingungen zusammengebrochen. In anderen Themenbereichen sieht man aber, dass Foren auch funktionieren können. Selbst Kaninchenzüchter sind toleranter. Auch englische Foren für RV sind anders. Sollten Deutsche die Finger von RV und von Foren lassen? Sind die Dichter und Denker von früher heute Elfenbeinturminsassen und Demagogen? Wozu meinen sie, sei ein Forum da?
8. Manchmal werden absolut wahnsinnige Belohnungen versprochen, irre Spitzengehälter für einfaches Viewen. Und alles nach ganz kurzer Einarbeitungszeit. Dass dabei ein Haken sein muss, schwant inzwischen nach den vielen Erfahrungen mit der

Internetkriminalität auch den Dümmsten. Was also schließt der halbwegs Kluge aus solchen Angeboten?

Gelegentlich gewann ich also bei den scheinbar größten Verfechtern des Remote Viewing den Eindruck, sie wollten nach Kräften verhindern, dass sich Interessenten weiter mit dem Thema beschäftigen. Wenn dem so ist, dann kann man die Geheimdienste und die anderen Institutionen, die inzwischen sehr bedauern, dass diese Methode an die Öffentlichkeit gefunden hat, nur beglückwünschen. Eine bessere Diskreditierung des Themas können sie sich nicht wünschen. Dann brauchen sie selbst sich nicht die Mühe machen, Desinformationskampagnen aufzuziehen.
Eigentlich kann man inzwischen davon ausgehen, dass wichtige Themen von zu vielen Köchen schnell ruiniert werden. Man kann das Internet für einen schnellen Verbreiter von Informationen halten. Und für die große Freiheit für jeden.
Hier erlebt man die Nachteile. Genauso schnell verbreiten sich auch Desinformationen und die große Verdummung für alle. In Amerika, um dort noch einmal hinzuschwenken, bedauern inzwischen ernsthafte Remote Viewing-Institute diese Entwicklung.
Und dann gibt es noch Wikipedia. Ein Hort des Wissens? Nein. In den vergangenen zehn Jahren, solange ich diese Seite beobachte, gab es beständig einen Kampf zwischen bemühten Wissenssammlern, harten Skeptikern und Geschäftsleuten. Die Seiten über Remote Viewing sehen beinahe jeden Tag anders aus, manchmal gibt es sie auch nicht. Und das nicht nur in Deutsch. Selbst Paul Smith beklagte im März 2013 in einer Facebookäußerung, man müsste eine externe Seite für alle gründen, damit wenigstens die historischen Daten richtig dargestellt werden, wie etwa Geburtstage von bekannten Personen.
Es hilft nichts, gerade in einer Zeit des kollektiven Nachplapperns bleibt die persönliche Recherche zur Meinungsbildung „ohne Alternative“.

Die hemmende Erwartungshaltung

Sie haben alles schon gelesen, jede Methode ausprobiert. Wir sitzen abends an der „Bar am Ende des Universums" und sie fragen mich, ob wir denn morgen wirklich hellsehen werden, wenn das Remote Viewing-Training beginnt. Die Ergebnisse ihrer bisherigen Versuche waren sehr unpräzise. Man fragt mich, ob nun ausgerechnet diese Methode das hält, was alle versprechen.
Oje, denke ich, das gibt wieder etwas Extra-Arbeit. Ich kann ihnen natürlich sagen, warum es bisher nicht so befriedigend war. Es lag schon ein wenig an ihrer unpräzisen Methode. Aber hauptsächlich lag es an den Interessenten selbst. Nur leider hat es ihnen keiner gesagt.
Aus unseren Forschungen hier in Deutschland wissen wir inzwischen eine Menge, wie das Gehirn mit dem Phänomen umgeht. Wir wissen längst nicht alles, aber es genügt, die Hauptprobleme und ein wenig mehr zu erkennen und zu lösen.
Hier haben wir es mit einer hohen Erwartungshaltung zu tun, gepaart mit persönlichen Zweifeln und einer sehr kontrollierten Lebenseinstellung. All das muss jetzt überwunden werden, sonst funktioniert Remote Viewing wirklich nicht besonders.
Allerdings, wenn jemand erst einmal begriffen hat, worauf es ankommt, sozusagen den Kick gekriegt hat, läuft es meist wie von selbst. Aber die erste ist die schwerste, wie man sagt, und das gilt auch für eine Remote Viewing-Session.
Für den Ablauf einer Ausbildung kann es sehr entscheidend sein, wie gestimmt die Interessierten zum Training kommen.
Wir hatten Trainingsbeginner, die davon überzeugt waren, sie seien völlig unbegabt bis hin zu Leuten, die von vornherein erwarteten, sie wären die größten PSI-Agenten. Ganz besonders bei Personen, die vorher schon vergeblich mit einem Buch oder anderen Informationen versucht hatten, sich autodidaktisch heranzumachen, fand ich typische Einstellungen:
1) Die Angst, zu versagen.

Es ist sehr schwierig, diese jemandem zu nehmen, denn der ganze Alltag heutzutage basiert darauf, auf keinen Fall eine schlechte Figur abzugeben. Solche gesteigerte Selbstkontrolle wirkt sich wie ein Block aus.

2) Die Angst, kein Talent zu haben.

Weil die konservative Wissenschaft hier ablehnend dasteht, ist es oft recht aufwändig, Beweise dafür darzustellen, dass „Talent" der völlig falsche Ausdruck ist. Manchmal sage ich: „Auch ein Musikbesessener mit Wurstfingern kann Klavier spielen. Mit einer bestimmten Verschaltung oder Programmierung im Gehirn geht es besser, aber wenn man zu gut verschaltet ist, muss man wieder Sicherheitsmaßnahmen ergreifen, damit die Probanden nicht davonfliegen. Eigentlich sind die ganz normalen Leute die idealen Anfänger.

3) Die Angst, nicht zu wissen, was zu tun ist.

Hier hat man es noch am einfachsten als Ausbilder. Es ist ein sattsam erlebtes Problem, dass jemand, der allein mit einer Anweisung (egal ob Buch oder Video) versucht, den Ablauf zu verfolgen, erhebliche Unsicherheiten erlebt. Dann muss man nachsehen: Was kommt jetzt? Sie fangen an, zu überlegen. Sie kommen aus dem Takt. Kein Wunder, wenn es nicht klappt. Als Zauberkünstler kann man zwischendurch auch nicht nachsehen, „was jetzt kommt" und die volle Wirkung verlangen. Beim Remote Viewing funktioniert es dann von Anfang an, wenn ein geübter Coach die richtigen Anweisungen zur richtigen Zeit in der richtigen Art sagt. Der Interessent nimmt das Tempo auf und der Ablauf lernt sich beim Wiederholen von selbst.

4) Der Vergleich mit anderen und die Feststellung, man schneidet dabei schlechter ab.

Dagegen hilft nur konsequentes Vergleichen. Die Ursache dieser Störung liegt darin begründet, dass die beurteilende linke Hemisphäre beim Viewen unterdrückt wird. Das Bewusstsein hat als ein keinen Anteil an der eigenen Arbeit. Die Entwicklung der Leistung wird nicht zur Kenntnis genommen. Hinterher ist man erstaunt, „dass da doch einiges richtig ist". Der Partner aber

„war viel besser", man hat ja zugesehen, linkshemisphärisch völlig aktiv, wie der andere Eindruck für Eindruck „hervorgezaubert" hat. Manchmal hilft nur Auszählen, um festzustellen, dass ein Viewer genau oder ähnlich viele richtige Begriffe aufgeschrieben hat wie der andere. Hier hilft Übung. Wenn man immer wieder sieht, dass man „gar nicht so schlecht" war, nimmt man die eigene Leistung irgendwann hin.

5) Was tun, wenn es nächstes Mal nicht funktioniert?

Bei solchen Bedenken gibt es eigentlich nur eins: Einfach die nächste Session machen! Und als Trainer sage ich dann: „Denk doch mal einfach, der Monitor hat Schuld, wenn es schiefgeht. So, das übernehme ich jetzt mal. Ich bin der Monitor, also bin ich schuld. Kein Problem!"

Alle Personen, die mit der Einstellung herangehen, sich auf den Vorgang einzulassen, sich dem Monitor anzuvertrauen, haben Erfolg.

Viel schwieriger sind Leute, die von vornherein behaupten, sie wären der größte PSI-Agent und Remote Viewing sei vielleicht nur noch das Sahnehäubchen auf ihrem Können. Wenn man hier nicht die wahren Hintergründe der Methode plausibel machen kann, endet ein Training in der Katastrophe.

Natürlich können sie großartige Viewer werden. Aber sie dürfen sich nicht derart selbst unter Druck setzen. Wenn man unbedingt eine gute Leistung erzielen will, dauert es lange, sich in die „Egal-Stimmung" zu bringen, die erst dazu führt, die Verklemmungen zu beseitigen.

Es gibt auch Menschen, die aufgrund ihrer Alltagsarbeit eine derart festgefügte, ständig beurteilende Linkshemisphärigkeit zementiert haben, dass sie jeden anderen Eindruck von irgendwoanders her förmlich verhindern.

Oftmals kriegen sie keinen einzigen Eindruck, weil sie sich zu sehr konzentrieren, „ob da was kommt ... von irgendwoher, wie in dem Buch XY stand ..."

Wir müssen uns immer vor Augen halten, dass wir unsere „normale" Wahrnehmung im Laufe unserer Kindheit einjustiert

haben, und zwar über den Zeitraum von vielen Jahren. Für die „innere" Wahrnehmung gibt es auch eine Art Lernprozess. Und da sollten wir nicht vorschnell ungeduldig werden.
Gerade Personen, die zum Beispiel als Computerarbeiter, im Alltag immer weiter auf eine bestimmte Art von Kognition – ja, man möchte schon sagen – „hingetrimmt" werden, haben große Schwierigkeiten, nicht nur anders als einen Bildschirm mit den Augen wahrzunehmen, sondern auch Adjektive für ihre Beobachtung zu finden. Auch von anderen Trainern weiß ich, dass mit steigender Digitalisierung der Welt die Trainees vokabelärmer werden. Das kann man sogar auf die Gesamtgesellschaft beziehen. Wenn dann die Eindrücke der inneren Wahrnehmung beschrieben werden sollen, versagt der Computerwortschatz.
In diesem Fall wird ein Remote Viewing-Training eine Ehrenrunde in deutscher Sprache einlegen müssen und ich rate allen betroffenen Teilnehmern, vor dem Schlafengehen sich die Adjektivlisten in meinem ersten Lehrbuch durchzulesen und das Buch unters Kopfkissen zu legen.
Mehrfach bekam ich inzwischen Anrufe von anderen Trainern oder autonom übenden Personen, woran es in ihrem aktuellen Fall liegen könne, dass „es" einfach nicht funktioniert. Ferndiagnosen sind natürlich ein gefährliches Pflaster, aber die Beschreibungen ließen meist auf eine der gerade erwähnten Voreinstellungen der Betroffenen schließen.
Abschließend sei noch auf eine Frage eingegangen, die wahrscheinlich die meisten Seminarteilnehmer mit sich herumtragen:
Kann ich es auch, wenn ich nach dem Training zu Hause bin?
- Natürlich. Es ist nur so, dass man eine Weile üben muss, bis man selbst die in der Ausbildung unterstützte Geschwindigkeit wieder hinbekommt. Am besten ist, wenn man den Protokollablauf auswendig lernt, bis man sie im Schlaf kann. Bis dahin sollte man sich nicht entmutigen lassen und einfach auch mal ein paar Sessions verhauen, bis die formalen Dinge automatisiert sind. Es ist wie mit einer Fremdsprache, wenn man ständig im Gedächt-

nis nach Vokabeln graben muss, kommt keine ordentliche Kommunikation zustande. Nun kann man einwenden, dass in solchen Fällen auch oft nonverbale Unterhaltung funktioniert. Aber spätestens am nächsten Morgen möchte man doch gemeinsame Details diskutieren. Dann heißt es doch: Erweitere deinen Wortschatz!

Werbung zwecklos!

Über die Vermittlung und Verbreitung von RV

Vor vielen Jahren, als Remote Viewing noch jung war, gab es sehr wenige Leute, die sich in dieser Technik auskannten. Sie befanden sich ausnahmslos in den USA und überlegten, ob und wie sie diese Technik unters Volk bringen sollten. Oder sollten sie doch nicht?

Es war ihnen sehr bewusst, dass sie über etwas Besonderes verfügten, eine Fähigkeit, die sie über die anderen hinaushob. Aber sie wussten auch, dass es im Prinzip jeder kann. Und sie hatten erlebt, dass die richtig guten Ergebnisse erst in der Teamarbeit entstehen.

Also gründeten sie eine privatwirtschaftliche Gesellschaft und weihten andere Leute in diese Technik ein – obwohl das Ganze eigentlich strikt geheim sein sollte.

„Nein, nein", versicherte mir McMoneagle, als er 1998 auf einer Promo-Tour zu seinem ersten Buch auch Hamburg besuchte, „geheim waren nur die Ergebnisse, die wir damit in Fort Meade erarbeiteten. Die Methode selbst war nie *classified.*"

Alle Anwesenden machten große Augen.

Vielleicht war es nur eine Rechtfertigung, aber es war die Begründung, weshalb alle Viewer und Auswerter aus der Remote Viewing-Einheit in Fort Meade (geheim!) schon lange vor der Freigabe durch den „freedom of information-act" 1995 eine Firma gründen konnten, die RV als Dienstleistung anbot. Und so hatten sie den ausreichenden Vorlauf, den man benötigt, um dann, wenn man alles offiziell machen darf, sich gegenseitig zu verkrachen und auseinander zu laufen. Und nun hätten sie eigentlich Ruhe geben können und sich ihrer Pension erfreuen können, angeln gehen und auf der Bank vor der Ranch sitzen.

Das war natürlich für einige nicht zu ertragen. Sie mussten ihr Wissen weitergeben. So kam auch Remote Viewing nach Deutschland. Und die ersten Deutschen, die es hier lernten, wa-

ren auch der Ansicht, dass es etwas ganz Besonderes sei, was sie da konnten. Und sie begannen zu missionieren.
Ich will mich da gar nicht ausnehmen. Auch ich versuchte es jedem zu erzählen, den ich traf. Aber nicht einmal meine ganz alten Kumpels interessierten sich dafür. Mit Ausnahme von einigen ganz wenigen. Wir haben Filme gemacht, in der die Methode dargestellt wurde. Keiner wollte diese Filme kaufen, obwohl wir sie, ganz werbeträchtig wie die BBC, unter dem Stichwort „The real X-Files" verkauften. „X-Files" war damals eine gerade boomende Mystery-Serie im Fernsehen, in der auch einmal Remote Viewing vorkam, aber erst sehr viel später.
Im Allgemeinen betitelte man uns als „Spinner" und man lächelte wissend. Remote Viewing – so etwas konnte es gar nicht geben. Und je mehr die Leute lächelten, desto eifriger wurden wir im Versuch, alles zu erklären. Genau: ALLES. Vielleicht war auch das schon ein Grund.
Aber trotzdem kamen Leute, die es lernen wollten. Woher? Oft von ganz weit. Sie hatten vielfach nur mal ganz kurz von dieser Technik gehört.
Und so verebbte die ganze Werbung im Sande. Manchmal schien es, je weniger man sich anstrengte, desto mehr Interessenten kamen. Ich persönlich entschloss mich, nur noch Spuren zu legen und Präsenzen zu schaffen. Man konnte sich Bücher kaufen, Webseiten studieren, Eingeweihte befragen. Man konnte. Aber man musste nicht.
Zwischendurch kamen immer wieder Trainees, die auch darauf brannten, „es" unters Volk zu bringen. Aufwändige Webseiten entstanden, je nach Mentalität der Betreiber großsprecherisch und weltmännisch oder geheimnisvoll und verschwörerisch. Soviel ich mitbekommen habe, scheinen für Remote Viewing die üblichen Werbemaßnahmen nicht zu greifen.
Die Leute kommen, aber nicht auf Werbesprüche hin. Sie wissen es plötzlich. Und natürlich suchen sie sich den Trainer selbst aus, der zu ihnen passt. Wenn Sie selbst ein Remote Viewing-Training anbieten wollen, kann ich nur dazu raten, die Präsenz

im Internet persönlich zu gestalten. Dann bekommen Sie auch die Trainees, die zu Ihnen passen.

In Deutschland kommt Marktschreierei und großes Tamtam wenig an. Sie brauchen auch nicht alle möglichen Leute mit Kontaktspams zu überziehen. Und Sie müssen sich nicht auf eine Kiste in den Park zu stellen und alle Vorbeikommenden überzeugen wollen. In diesem Land möchte man, wenn man sich schon für solche Themen interessiert, nicht bedrängt werden.

Es hat sich herausgestellt, dass durch aggressive, offensive und intensive Werbung nur drei bis vier Interessenten pro Jahr mehr kommen, anders vielleicht als bei Viagra. Sicher, in den USA ist es anders, da ist RV ein kommerzieller Faktor. Das ist hier (noch) nicht so.

Aber auch in den USA, so liest man von Lyn Buchanan[30], gibt es Probleme, wenn man „mit RV ganz groß herauskommen möchte". Neben den Kichereffekten, die man früher weitgehend erfuhr, ist nun die Kategorie der Skeptiker und Debunker an der Front. Jeder, der von sich behauptet, er können PSI, muss es „in 99 von 99 Fällen akkurat unter Beweis stellen und wehe, er liegt einmal falsch!" Und hat es dann jemand getan, dann würde er von der Gemeinschaft als „abartig" verstoßen.

Das kennen wir in Deutschland auch. Es nutzt absolut nichts, wenn man aufklärt, dass es jeder könne. Nach der Zeit, in der die Neuigkeit in Deutschland noch eifrig herumgetragen wurde, habe ich selbst beschlossen (und viele andere daneben und danach auch), nur noch Statusmeldungen für die Interessierten abzugeben. Das beschützt die persönliche Existenz auch in der Hinsicht, dass man nicht unbedingt NATO-Stacheldraht um das Haus ziehen müsste, um in Frieden gelassen zu werden.

Manche Werber für Remote Viewing rufen aber auch kleine Stürme der Erheiterung beim interessierten Publikum hervor, zum Beispiel, wenn sie ganz besonders kompetent erscheinen wollen. Stellen Sie sich einen Menschen um die vierzig vor, mo-

[30] Artikel in „Eight Martinis" Nr. 10, November 2013, Hrsg.: Daz Smith

dern, jung und dynamisch, wie so die Schablone zu sein hat, der behauptet, er wäre selbst maßgeblich an der Erforschung und Entwicklung der Methode beteiligt gewesen. Inzwischen sind die Interessenten sehr belesen und wissen, dass diese Forschungen von ca. 1970 bis in die 1980er Jahre hinein stattfanden. 1985 ungefähr war die Methode fertig und ein jetzt 40-Jähriger damals also mitten in der Pubertät. Die Forscher am Stanford Research Institut oder an der Princeton-Universität hätten sich für diese „Hilfe" sehr bedankt.
Was seit 1985 passiert ist, kann man mit „besserer Darstellung und Entwicklung der Didaktik" bezeichnen. Ich selbst habe seit 1996 versucht, alle erreichbaren Fakten und Erfahrungen dazu zusammenzutragen. Dabei haben die Erklärungen des schon genannten Gehirnforschers Haffelder maßgeblich dazu beigetragen, die ablaufenden Prozesse in einer Session zu klären. Diese Informationen wurden den deutschen Trainees in Amerika nicht mitgegeben und fanden sich bis dato auch nicht in irgendwelchen Aufzeichnungen oder Publikationen. Diese Erkenntnisse vermochte ich sehr gut für eine Optimierung des Lernprozesses verwenden, wie ich ihn dann in Büchern darstellen und in der Praxis weiter verfeinern konnte. Was mir auch sehr am Herzen lag, war die Erstellung einer Systematik im Ablaufplan. Dies alles ist keine „Mitentwicklung der Methode", sondern eher eine Vermittlertätigkeit. Aber das ist doch auch sehr wichtig! Man muss kein Mitarbeiter von Gottlieb Daimler gewesen sein, um heute jemandem das Autofahren beizubringen, sondern ein guter Fahrlehrer. Das suchen die Interessenten.

Ideogramme: Entstehung und neueste Erkenntnisse

Der wichtigste Aspekt beim Beginn einer Remote Viewing-Session ist das Ideogramm. Immerhin benötigte es fast zehn Jahre in der Forschung am SRI, um dies herauszufinden.
Das Ideogramm ist etwas, das heute fast schon als Symbol des Remote Viewing gebraucht wird, obwohl viele, die für sich reklamieren, RV zu praktizieren, dieses nicht benutzen.
Ein Widerspruch?
Nein, eher eine persönliche Einstellung, die aber auch die Entwicklung der Forschungen dokumentiert.
Zu Beginn der Remote Viewing-Forschungen waren die bekannten Fakten die, welche die Parapsychologie bis dahin erarbeitet hatte. Wie wir heute wissen, sind diese Erkenntnisse für das erfolgreiche Praktizieren von Remote Viewing eher hinderlich, wenn nicht sogar kontraproduktiv. Abgesehen davon, dass die rein labortechnisch gestalteten Versuche mit Karten und Würfeln die Möglichkeit von wissenschaftlichen Erkenntnissen praktisch zu Null hin reduzieren, konnte man auf bestimmte wichtige Erkenntnisse nicht kommen.
Erstens ging man, wie generell in der Psychologie, davon aus, die multiplen Gegebenheiten des Lebens auf einen winzigen Ausschnitt reduzieren zu können und zweitens unternahm man kaum komplexe Versuche[31], also Versuche in einem komplexen Umfeld. Erst diese, für die Fachwelt unzulässigen, weil nicht kontrollierbaren Situationen brachten den Umschwung.
Viel hing trotzdem davon ab, wen man untersuchte.
Wenn man sehr wenig über ein Gebiet weiß, sucht man sich Personen, die allem Anschein nach viel darüber wissen. Das waren zu dieser Zeit Leute, die durch manche Erfolge im Hellsehen bekannt geworden waren oder dies mindestens für sich reklamierten, also jene Menschen, die man „Medien“ nennt.

[31] Wie zum Beispiel die Ganzfeldversuche am Freiburger Institut unter Prof. Bender

Wie erfolgreich diese auch immer waren, sie hatten eines gemeinsam, das man am Anfang nicht für wichtig erachtete: Ihre eigene Methode, „außersinnliche Wahrnehmung“ zu praktizieren.
Und diese Methode entzog sich dem wissenschaftlichen Zugriff, es war ein Vorgang, der immer individuell von Leuten entwickelt worden war, die einmal in ihrer Jugend erlebt hatten, dass sie ab und an mehr wussten als andere.
Die Technik, die sie benutzten und weitergaben, war die der Konzentration, der Versenkung. Natürlich funktioniert auch das, aber, wie wir heute wissen, nicht besonders, wenn man nicht gelernt hat, alle, aber auch wirklich alle persönlichen Kommentare wegzudrücken.
Besser ist es, die Gefahren durch spontane Reaktionen und Eigenarten des kognitiven Systems zu eliminieren bzw. so die Ergebnisse zu verbessern. Eines der wichtigsten Instrumente dabei ist das Ideogramm. Die Entstehungsgeschichte wird in der Literatur wenig beschrieben. Hier muss man auf Ingo Swann[32] und besonders Paul H. Smith[33] verweisen, dessen akribisches Buch die Aufzeichnungen und Interviews verschiedener Leute zu einer verständlichen Entwicklungsgeschichte zusammenträgt.
Damals wie heute gab es von Außenstehenden die Frage nach „Beweisen“. Für die Forschung am SRI war besonders die Überzeugung von Geldgebern wichtig. Heute haben wir das zum Glück nicht mehr nötig. Wenn es jemand wissen will, sagen wir: „Versuch's doch selbst!“
Genau auf diese Idee kamen auch Puthoff und Targ nach einigen Jahren der Forschung. Statt „Beispielsessions“ mit bereits aktiven Viewern wie z.B. Joe McMoneagle zu machen, boten sie den Interessenten an, es selbst zu versuchen. Selbst auf dem damali-

---

[32] Ingo Swann: Remote Viewing – the Real Story, 1997, Internet-Download
[33] Paul H. Smith: Reading the Enemy's Mind, Forge Books, New York 2005.

gen Level der Erkenntnis hatte dieses Vorgehen erstaunliche Erfolge.
Dabei machte Swann eine interessante Entdeckung. Viele der Probanden, die „dazu ermutigt wurden, mit Papier und Stift in der Hand zu viewen“ (P. Smith), also in Wort und Bild ihre Eindrücke festzuhalten, machten zu Beginn der Session eine kleine Kritzelei.
Diese Kritzelei erinnerte Swann an ein Buch, das er zu Zeiten seines Kunststudiums gelesen hatte[34]. Darin wurde beschrieben, dass Kinder ebenfalls zunächst kleine Kritzeleien machen, so, als ob sie „die Essenz des Objektes, das sie zeichnen wollten, aufgreifen wollten“. Die spontanen Striche erinnerten auch an die Beobachtungen René Warcolliers, dass bei Medien kurz vor ihrer Tätigkeit manchmal sehr starke Muskelzuckungen in den Extremitäten beobachtet werden konnten.[35] Puthoff und Swann experimentierten eine Weile damit und kamen zu dem Schluss, dass – mindestens für den Viewer – diese Kritzeleien einen targetbezogenen Inhalt hatten. Natürlich waren es keine Zeichnungen des Targets, sondern sozusagen Symbole für das, was die Amerikaner mit dem Wort „gestalts“ meinen, das aus dem Deutschen entlehnt ist, die hiesige Bedeutung aber übersteigt bzw. anders interpretiert. „Gestalt“ ist zum Beispiel das, was wir unter Hauptaspekte eines Target verstehen würden: hoch aufragend (Berg), ohne Hindernis (Land), voller Kraft (Energie, Bewegung usw.
Auf der Suche nach einer Bezeichnung für diese Kritzeleien kamen sie auf „Ideogramm“, weil die Kritzeleien speziell für ein Objekt oder Idee standen.
Diese Ideogramme wurden spontan und wie als unüberdachte Reflektion auf die Bekanntgabe des Targets gemacht. Und sie

[34] Rudolph Arnheim: Art and Visual Perception: A Psychology of the Creative Eye, 1954, revisited and expanded 1974, University of California Press, Berkeley and Los Angeles,
[35] René Warcollier: Mind to Mind, 1938/1963, als TB 2001 bei Hampton Roads, New York, Mitautoren: Ingo Swann, Russell Targ.

waren unterschiedlich, bei jedem Target und bei jeder Person anders.
Als Swann mit seinem eigenen Training Anfang der 80er Jahre begann, ermunterte er die Viewer dazu, diese Kritzeleien zu machen und übte sogar mit ihnen, sie wieder unterschiedlich zu gestalten, wenn sie nach einer Weile sich langsam immer ähnlicher wurden.
Für die Viewer, so entdeckte Swann, hatten die Ideogramme zwei wichtige Aspekte; die Bewegung und das Gefühl. („motion" and „feeling".)
„Motion" ist nicht allein nur die Bewegung, die der Stift vollführt, um die Linie zu zeichnen, schreibt Paul Smith. Motion ist mehr, ist etwas, was vom Target als Eigenart des Zielgebiets herüberkommt und vom Viewer immer wieder auffindbar ist.
Mit „feeling" wird das bezeichnet, was dem Target als Konsistenz zugeschrieben werden kann oder, wenn man so will, ertastet, wäre man persönlich im Zielgebiet. „Hart" oder „weich" sind solche Aspekte, „fest", „flüssig" oder auch „gasförmig".
Diese Interaktion des Viewers mit dem Zielgebiet nannte man „Teil A" der Stufe 1. Hier bezieht man sich allein auf das Empfinden. Aus der Erkenntnis heraus, dass ein Viewer am Anfang auch einfache Schlussfolgerungen ziehen konnte und sollte, entstand dann „Teil B". Hier drängte man den Viewer dazu, das Gefühlte zu „benennen", und damit auch zu definieren. „Berg" oder „Wasser" waren übliche Zuordnungen.
Ich würde heute meinen, dass aus dem Anspruch heraus, in einer Session effektiv zu sein, angestrebt wurde, dass ein Viewer in der Stufe 1 als Ergebnis diese „gestalts" auch herausfand, und zwar eben als (eigene) Idee zu den Eindrücken, die gebracht wurden. Ein erstes „greifbares" Ergebnis.
In Deutschland entwickelte sich diese Auffassung der ersten Stufe dann in eine neue Richtung weiter. Durch die Forschungen von Günter Haffelder in Stuttgart, für die mehr als ein Dutzend Viewer damals die Daten lieferten (mehr als Puthoff und Swann am Anfang zur Verfügung hatten), bekamen wir einen völlig

neuen Einblick in das Geschehen im Gehirn während der Session.
Haffelder erklärte uns, dass es eine Kombination von intuitiver Sensorik und serieller Tätigkeit sei, was das Funktionieren von Remote Viewing bewerkstelligte. Die serielle Tätigkeit, nämlich zum Beispiel das Schreiben, werde zu einer Belastung der linkshemisphärischen Entscheidungsprozesse, die dadurch den Informationen von rechts mehr Raum geben. Intuitive Daten werden eher durchgelassen.
Damit trat ein Anschauungswechsel ein: Nicht mehr der Aufbau einer Verbindung zur Matrix, der „signal line" wurde als das Wichtigste betrachtet, wobei das natürlich ein sehr schöner und kreativer Vergleich von Ingo Swann war, sondern wir trachteten nun danach, die Informationen durchzulassen, die sowieso immer produziert wurden.
„Die rechte Hemisphäre ist immer online", fasste Gunther Rattay 1997 einmal diese Erkenntnisse zusammen. „Fragt sich nur, wo gerade. Das muss man dann steuern."
Das ist ein Paradigmenwechsel im Umgang mit dem Protokoll, wobei der Ablaufplan, der auf die Forschungen von Puthoff, Targ und Swann zurückgeht, weiterhin beibehalten wurde, weil er auch im Sinne des neuen Verständnisses logisch war. Natürlich hatte man sich damals an Erfolgen vorangetastet und weiterentwickelt, was Erfolg hatte, ohne dazu die letzte Erklärung liefern zu können.
Haffelders Auffassung leuchtete mir aufgrund der Erfahrungen aus meinen beiden Studiengängen ein – Maschinenbau und Psychologie, eine Kombination, die manche gar nicht so fremdartig fanden. Es geschah hier etwas, was man durchaus mit einem Regelvorgang vergleichen konnte: schaffte man auf der einen Seite einen Unterdruck, strömte der Inhalt der anderen Seite nach. Um immer mehr Inhalte nach links zu bekommen, musste man diesen Teil immer wieder „leeren", ähnlich einer Schleuse.
Je öfter man dies tat, desto länger wurden die „Durchströmzeiten", wie ich in den folgenden Jahren bei Ausbildungen feststel-

len konnte. Und die neue Erklärungsweise hatte noch einen großen Vorteil: man konnte damit auch die skeptische Einstellung des linkshemisphärischen Wachbewusstsein befriedigen. Es ging eben alles mit rechten Dingen zu, keine Zauberei.
Fortan wurden die Ergebnisse der Auszubildenden immer schneller immer besser. Heute kann man sagen, dass wir bereits nach zwei Tagen den Standard haben, für den man damals ein halbes Jahr und länger benötigte.[36]
Damit veränderte sich auch die Verwendung und Bearbeitung des Ideogramms, das tatsächlich den Einstieg in eine kontrollierte „Fernwahrnehmung“ dokumentiert und zur Vertiefung des Matrix-Kontaktes benutzt werden kann.
Weil wir also nicht mehr eine Matrix irgendwo „da oben“ oder sonst wie außerhalb unseres Körpers ansteuern, sondern (nur) Regelvorgänge in unserem Gehirn, kann man den Umgang mit dem Ideogramm als ein ständiges Umlegen von Schaltern betrachten.
Das spontane Zeichnen einer irgendwie krakeligen Linie ist sozusagen die Bestätigung, dass die Aufgabenstellung im System des Viewers „angekommen“ ist.
Analog zu Ingo Swann kann ich bestätigen, dass dieser Krakel tatsächlich eine grobe Abbildung der Zustände im Zielbereich darstellt. Das, was man früher als „gestalts“ bezeichnete, findet sich in Form von archtypischen Kürzeln in der spontanen Linie wieder.

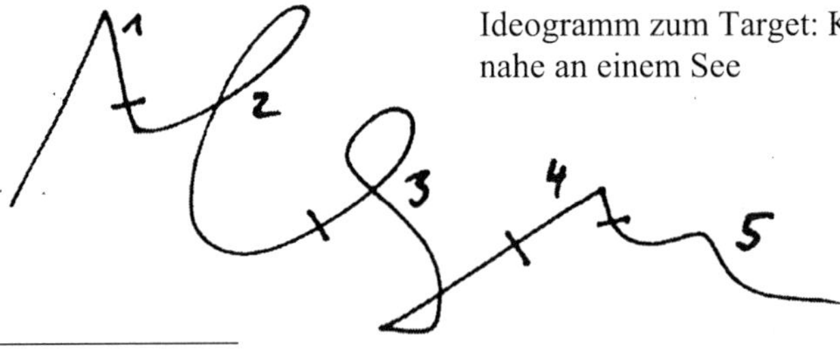

Ideogramm zum Target: Kirche nahe an einem See

[36] Wobei natürlich klar ist, dass Ausbildung in den 80er Jahren gleichzeitig Forschung bedeutete.

Dazu die „Erklärung" durch die gängige Archetypenliste:

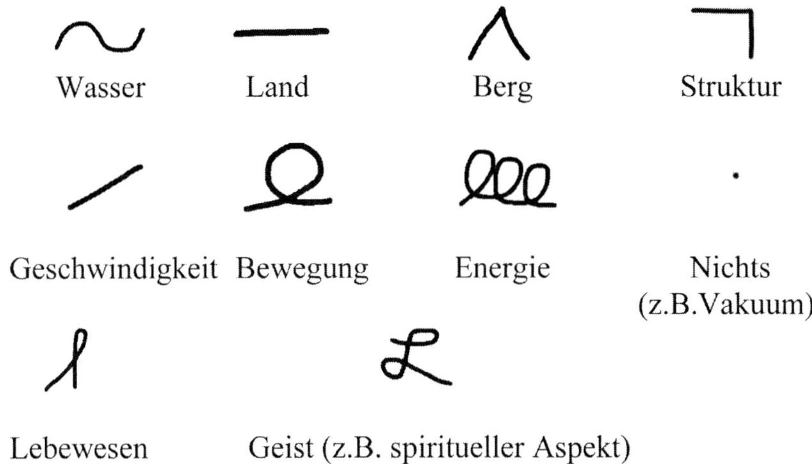

Und das Wiederaufsuchen stellt zum einen eine Erinnerung an den ersten Kontakt her, ist aber auch wiederum eine serielle Tätigkeit.

Was aber den „Teil B" angeht, ergibt sich hieraus eine andere Bedeutung sowohl für den Viewer als auch für das von ihm produzierte Ergebnis.

Der Eindringprozess in die Matrix ist demgemäß aus unserer Sicht ein Prozess, die Programme des Gehirns niederzuringen, die uns ständig eine Erklärung geben wollen, was wir sehen oder fühlen. Das mag im realen Leben hilfreich sein, um eine Situation schnell zu bewältigen. Ein rotes Licht im Straßenverkehr ist eben ein Bremslicht oder eine Ampel. Beides erfordert das sofortige eigene Anhalten.

Bei Eindrücken aus der Matrix ist das nicht so einfach. Auch Viewer, die sehr erfahren sind, können am Anfang einer Session ihre Eindrücke nicht genau benennen. Der „Übersetzungsprozess" aus der „Sprache" der Matrix funktioniert (noch) nicht so

richtig, manchmal fehlt auch einfach eine treffende Vokabel. Hinzu kommt, dass ein Viewer am Anfang noch, ohne von irgendwelchen Einschränkungen geleitet zu werden, die man als Kategorien in den späteren Stufen hat, mal hierhin, mal dorthin im Target „springt". Daraus eine stimmige Schlussfolgerung zu erwarten, heißt im Prinzip, die linke Hemisphäre wieder zu stärken, die wir ja gerade loswerden wollten.
Dennoch halte ich es nicht für verkehrt (und es hat ja funktioniert), den Teil B durchzuführen. Das Protokoll selbst muss aus den Haffelderschen Erkenntnissen heraus nicht verändert werden, es ist nur die Interpretation der Funktion an dieser Stelle. Deshalb muss die Bewertung der Begriffe, die im B-Aspekt abgelegt werden, radikal herabgesetzt werden. „B" ist eben eine Schlussfolgerung, die größtenteils linkshemisphärisch stattfindet. Diese kann richtig sein, es kann aber auch zu einer Verknüpfung nicht zusammengehörender Details und zur Falschinterpretation unscharfer „Übersetzungen" kommen, und damit zu einfachen AULs.
Ich persönlich glaube, dass viele der publizierten Ergebnisse der 90er Jahre aus amerikanischen Sessions, auch von sehr erfahrenen Viewern, deshalb zu namhaften Fehlschlägen wurden. Dabei denke ich zum Beispiel an all die Kometen- (Hale-Bopp) und sonstigen Weltuntergangssessions aus dieser Zeit. Weil der Viewer durch die beständige Beschäftigung damit, wenn nicht selbst, dann über Zeitungen, Fernsehen etc., diese Dinge sozusagen im gerade täglich benutzten Gedächtnisbereich „geparkt" hatte. Zum Zeitpunkt einer Session, wo nichts klar ist, aber eine Stellungnahme gefordert wird, strömt solche Information mit ein. Bewertet man sie nun als „sichere Erkenntnis" des Viewers für den Rest der Session, muss zwangsläufig ein Fiasko die Folge sein. Was auch Leuten wie Ed Dames und Courtney Brown passiert ist. Und immer noch weiter passiert. Die seit Jahrzehnten von Dames propagierten Weltuntergänge wollen einfach nicht eintreffen. Hier sind es meist regionale Katastrophen, die unzulässig generalisiert werden.

Die Bedeutung des B-Aspektes ist meiner Meinung nach für den Viewer anders, aber auch sehr wichtig. Durch die bereits getätigte „extrasensorische" Aktivität des Viewers gibt es durchaus auch einen inneren Druck, das Geviewte zu benennen. Die immer entscheidende linke Hemisphäre möchte einfach ihre Arbeit tun. Deshalb ist es durchaus angebracht, eine Schlussfolgerung abzufordern, aber eben unter dem Aspekt, diesen Druck und Drang abzubauen. Man könnte „B" auch ein „Ventil" nennen. Mit z.B. „B = Berg" ist das Entscheidungsbedürfnis abgebaut und man kann sich wieder ungestörter der Rezeption des Gefühls widmen, das das Ideogramm transportiert.
Dem hilft die Protokollanordnung auch nach. Denn auch der „A-Aspekt" muss anders betrachtet werden.
Das, was ein Viewer als „motion", eben als Bewegung der Linie beschreibt, ist im Prinzip genau das, was man mit den Augen auf dem Papier auch sehen kann. Es ist zwar etwas, was sozusagen „von drüben" kam und damit dem Target zugehörig, aber die Aktion des Viewers bei der Beschreibung ist linkshemisphärig.
Demgemäß ist dann der „feeling"-Aspekt die darauf folgende rechtshemisphärische Betrachtung, nämlich das Aufschreiben von Begriffen, die man mit den „normalen" fünf Sinnen eben nicht wahrnehmen kann.
Sieht man sich nun die gesamte Anordnung einer Stufe 1 an, so stellt man unter Einbeziehung der Forschungserkenntnisse fest, dass das Ideogramm eine Schalterfunktion für das Gehirn ermöglich, die, oft genug wiederholt, in den gewünschten sowohl-hier-als-auch-dort-Remote-Viewing-Modus führt.
„Motion" als linkshemisphärische Tätigkeit bestätigt die linkshemisphärische Instanz, setzt durch ihre serielle Tätigkeit aber die eigene Sperre herab. Wenn dann „feeling" folgt, können die Eindrücke der rechten Hemisphäre leichter herüberschwappen. Dann, wenn die linkshemisphärischen Bereiche wieder an Kraft gewinnen, baut man diese durch das Ventil „B" wieder ab und das ganze beginnt von Neuem, bis man das Ideogramm abgear-

beitet hat. Damit ist auch begründet, warum es sinnvoll ist, ein Ideogramm mehrfach abzuteilen.
Zum einen natürlich deshalb, um den Inhalt dessen, womit man sich da beschäftigt, zu reduzieren. Wenn in einem Ideogramm ALLE Informationen eines Targets enthalten sind, tut man gut daran, sich diesen nicht gleichzeitig auszusetzen. Beim Einteilen soll der Viewer „fühlen", wo die Grenzen zwischen zusammengehörenden Inhaltspaketen sind. Damit wird für die weitere Bearbeitung die Irritation gesenkt.
Und je mehr Teile wir benutzen können, desto besser ist der Einstiegseffekt für die Session. Natürlich müssen wir aus Zeitgründen diese Unterteilung begrenzen. Im Allgemeinen legen Viewer heute in ihrem Ideogramm zwei bis fünf Teile fest.
Diese Interpretation der A/B-Funktion führt uns dann auch weiter zur Optimierung des Viewer-Verhaltens, denn wir können begründen, warum manche Art der persönlichen Performance geändert werden muss, um optimale Ergebnisse zu erzielen.
Beginnt man bereits bei „motion" mit dem Fühlen, gerät man schnell und sozusagen ungebremst in Ausschweifungen, interpretierte Inhalte und damit emotional hervorgerufene AULs. Dass sich der Stift beim Ideogramm schnell oder langsam, flink oder zäh, hoch oder hinunter etc. bewegt hat, kann man gern unter „feeling" feststellen. Deshalb sagt der Monitor als Anweisung am besten: „A – Beschreibung!"
Beim „feeling"-Aspekt gibt es dann natürlich die Möglichkeit, dass von Natur her medial veranlagte Personen „ihrem Affen Zucker geben", um es mal so profan auszudrücken. Denn genau das ist es, was dann passiert. Endlich dort, wo man gern sein möchte, führt schnell zur Übertreibung und ebenfalls zur Aus- und Abschweifung. Hier können Viewer unbemerkt in Assoziationsketten verfallen, indem sie einen Begriff immer besser oder treffender beschreiben wollen. Im Dienste eines brauchbaren Session-Ergebnisses muss man hier verhindern, dass der Viewer „davonfliegt". Am besten, man übt einen Umfang von drei bis fünf Begriffen für einen „feeling"-Aspekt ein.

Viele medial eingestellte Personen empfinden das als unangenehme Disziplinierung. Hier muss man klar sagen, dass das Verlassen dieser beschriebenen Strukturen aus vielen meiner Erfahrungen in Ausbildungen heraus tatsächlich zu falschen oder allzu unscharfen Ergebnissen führt.
In diesem Sinn muss man auch der Allgemeingültigkeit von auffindbaren Archetypen im Krakel des Ideogramms widersprechen. Gewiss, im Allgemeinen ist es zutreffend, dass beispielsweise eine Schlaufe für Bewegung oder Lebewesen im Target stehen kann. Aber in der Abarbeitung des A-Aspektes stellt man oft genug fest, dass die scheinbar zu einem dieser Archetypen gehörenden Eigenschaften nicht dort, sondern in einem anderen Teil des Ideogramms genannt werden, wo sie aus dieser Sicht überhaupt nicht wahrnehmbar sein können.
Insgesamt können die Archetypen eines Ideogramms aber durchaus die Haupteigenschaften eines Targets wiedergeben.
Man sollte diesen Aspekt nur nicht überbewerten, das folgt schon aus der Entstehungsgeschichte dieser Eigenschaftskürzel. Wie schon ausgeführt, erwartete man früher von einem Viewer, dass er am Anfang bereits durch Erkennen grober „gestalts" anzeigte, dass er/sie „on target" war. Weil man auch Affinitäten mit den gekritzelten Linien erkannte, gab es zu einzelnen Teilen Zuordnungen. Daraus wiederum schlossen einige, wie es Paul Smith nennt, „remote viewing practioners", dass es eine Art von „Lexikon" der groben Eindrücke gäbe, die auch durch eine bestimmte Linienführung repräsentiert sei. Einer dieser Leute war mit Sicherheit Ed Dames, der dieses System auch nach Deutschland brachte. Ziel des Unterfangens war es, eine möglichst vollständige Kontrolle über den Prozess des Remote Viewing zu erlangen. In bestimmten RV-Schulen wurde dann daraufhin trainiert, nur noch diese Kürzel als Ideogramm zu machen.
Diese Einflüsse sind zum Beispiel auch bei Lyn Buchanan spürbar, auch wenn ich ihn nicht in die Front solcher Hardliner einreihen möchte.

Meiner Ansicht nach, belegt durch die deutsche Forschung und durch Hunderte von Viewern, sind Archetypen nur eine hilfreiche Übung für die Aktionen der Einstiegsphase im Protokoll.
Ich gehe konform mit Ingo Swann, der eine stringente Anwendung der Archetypen-Anschauung mit einer Zwangsjacke für das Remote Viewing verglich.
Als Erkennungsmerkmal für den Monitor dient eine richtige Zuordnung der Archetypen nur bedingt, zumal, wie beschrieben, hier auch Fehler auftreten können. Viel besser sind schon in Stufe 1 einzelne, aufblitzende, ganz spezielle Begriffe, die nur auf das aktuelle Target passen. Einige Beispiele aus den Ausbildungen werde ich nie vergessen: „wie gewienert" beim Target „Segelschulschiff" oder: „Fühlt sich an wie ein Neoprenanzug" beim Target „Orca-Wal".

Lernkurve und Decline-Effekt

Erst ging es super gut. Aus dem Stand heraus hatte man präzise Ergebnisse. Selbst Personen, die es sich aus Büchern oder Videos selbst beigebracht hatten, waren erstaunlich gut, sogar bis Stufe 4. Und dann wurde es immer schlechter. Targets wurden ungenauer getroffen, ARV-Sessions gingen völlig in die Hose. Sportwetten wurden so verloren, und statt der Petri-Kirche wurde ein UFO beschrieben.

Dieser Vorgang trifft viele Viewer und er trifft sie überraschend, denn die Opfer sind meist diejenigen, die sich am eifrigsten um die Perfektionierung des Remote Viewing bemühen.

Sie sind dem *Decline-Effekt* aufgessen. (Manchmal liest man *decay.*)

Ins Deutsche haben wir diesen Begriff nie übersetzt, Verfall oder Rückgang wäre eine Übersetzung, aber wer will das heutzutage. Wir lieben Anglizismen, sie heben den Benutzer aus der Masse hervor.

Dieser Decline-Effekt wurde bereits früh in der PSI-Forschung entdeckt, als man noch mit Spielkarten und Würfeln versuchte, hinter das Geheimnis des „zweiten Gesichts" zu kommen. Zuerst wählte man für die Studien Probanden aus, die die meisten Treffer im Kartenraten hatten. Nachdem diese eine Weile sehr gute Ergebnisse erzielt hatten, ging ihre Fähigkeit rapide zurück. Wenn man dann die Untersuchung mit einem Querschnitt-Ergebnis abschloss, musste die Aussage sein: „PSI gibt es nicht, alles nur Zufallswerte!"

In den USA beschäftigte man sich Anfang der 80er Jahre intensiver mit diesem Thema. Nachdem man sowohl am SRI als auch in der militärischen Einheit (Gondola Wish, Center Lane, später Stargate) bereits hunderte von sehr präzisen Sessions durchgeführt hatte, konnte man nicht glauben, dass plötzlich alles nur Humbug gewesen sein sollte. Woran also konnte es liegen?

Während der Besetzung der amerikanischen Botschaft in Teheran im November 1979 wurde ein Remote Viewer-Team unter der Leitung von Fred Atwater und Walter Scott als Informations-Zulieferer eingesetzt, weil sich kein persönlich in Teheran anwesender Agent diesem Gebäude nähern konnte, geschweige denn hineingehen, ohne festgenommen zu werden.
Die Anfangserfolge der Viewer waren sehr gut, aber nach ein paar Tagen ging die Richtigkeit der Daten erheblich zurück. Natürlich machte man sich Gedanken über die Ursache, denn dass RV an sich plötzlich nicht mehr funktionierte, war anhand der bereits geleisteten Untersuchungen und Trefferquoten offensichtlich falsch.
Vielleicht hatte man die Anstrengung dieser leichten Bürotätigkeit einfach unterschätzt. Damals mussten die Viewer vier bis fünf Sessions am Tag leisten, meist auf das gleiche Target.
Überarbeitet? Versuchsweise legte man Pausen ein. Bezahlte Urlaubstage, sozusagen. Plötzlich wurden die Ergebnisse wieder besser. Qualitativ vertretbar wurde es bei einer Session pro Tag. Aber das konnte man niemandem klarmachen. Nur dasitzen und ein bisschen kritzeln? Die RV-Einheit bestand schließlich aus Soldaten und musste bezahlt werden. Also Leistung bitte, meine Herren (und Damen)!
In Deutschland haben wir diesen Effekt natürlich auch bemerkt. Es handelt sich um ein Phänomen eines biologischen Systems, um genau zu sein, eines menschlichen Systems. Kann man das einfach erklären?
Aber sicher.
Wenn man jeden Tag das Gleiche macht, bekommt man Routine. Nach einer Weile entsteht aber ein Gegeneffekt: Man wird unkonzentriert, denkt, ich weiß doch, jetzt kann ich es und senkt die Aufmerksamkeit. Zack! trifft der Hammer nicht mehr den Nagel sondern den Daumen. Hinzu kommt die Überforderung des biologischen Systems. Es kann nicht endlos ausgebeutet werden, muss sich in Abständen regenerieren. Das ist den amerikanischen Viewern widerfahren.

Wir in Deutschland fanden heraus, dass es nur die Leute traf, die schon länger dabei waren und hart arbeiteten. Alle, die neu dazu kamen, hatten ausgezeichnete, schon am Anfang immer besser werdende Trefferquoten. So kam ich sehr schnell in Lehrgängen und auch in Projektarbeiten dazu, keinen Viewer mehr als zwei Sessions pro Tag ableisten zu lassen. „Ein Mensch ist doch keine Maschine!", sagt ein Sprichwort. Wie wahr.
Diese Erkenntnis wurde dann auch von anderen übernommen und kommerzielle Projekte mit diesen Vorgaben installiert. Aber auch diese Aussage darf man nicht generalisieren.
Remote Viewer als Beruf, wie es so schön von Anbietern formuliert wurde, heißt nicht, dass man erfolgreich jahrelang jeden Tag zwei Sessions machen kann. Auch nicht, wenn die Gesamt-Arbeitszeit am Tag nur drei Stunden beträgt und nur an Werktagen „gearbeitet" wird.
Nach einer Weile wird jeder Mensch der Sache überdrüssig, ja, es kommt zu aggressivem Vermeidungsverhalten. Hier hat weder die Methode noch der Viewer schuld.
Wir müssen bedenken, dass wir eigentlich für ein Leben konzipiert sind, das durch Beobachtung, Rückschluss und Entscheidung geprägt ist. Linkshemisphärisch eben. Und wenn wir das zwanzig, dreißig oder mehr Jahre erfolgreich betrieben haben, gibt es einen Bruch im System, wenn wir plötzlich ganz anders leben wollen. Ganz zu schweigen von den Konsequenzen, die dieses Tun im Umgang mit dem Rest der Gesellschaft zur Folge hat. Man wird schnell aus dem normalen Leben geworfen.
Zu nennen wäre unter diesem Aspekt der nicht nur menschliche Antrieb, besser als andere sein zu wollen. Viewer nennen das den Ego-Effekt.
Aber ja: Die ersten Erfolge sind verführerisch. Der „Erstlingseffekt" spielt hier eine große Rolle. Die RV-Methode ist so angelegt, dass sie bei konsequenter Umsetzung das noch unvorbereitete cerebrale System des Neulings überrennt. Die Instanzen des Gehirns stehen zunächst hilflos dem direkten Zugänglichmachen der unterbewussten Informationen gegenüber. Dann ver-

sucht die linke Gehirnhälfte, die normalerweise die Macht der Entscheidung hat, dieses Vorgehen zu torpedieren. Sozusagen, um zu zeigen, wer hier Herr im Hause ist. Viewer können sich dann nicht mehr konzentrieren oder bekommen ständig irgendwelche abwegigen Assoziationen geliefert, besser bekannt als AULs.

Wenn man aber die Erfahrung gemacht hat, dass andere es als etwas sehr Besonderes erlebt haben, was man als Sessions abgeliefert hat, wenn man sich ein wenig Rampenlicht erarbeitet hat, dann möchte man sich mit diesem Ruhm auch weiterhin bekleckern. Man möchte IMMER besser sein als andere.

Das aber ist kontraproduktiv zum eigentlichen Lerninhalt eines ersten Trainingstages: nicht denken, laufen lassen!

Es ist immer wieder spannend, wie Leute, die sich diesem Ego-Trip hingeben, immer schlechtere Ergebnisse liefern. Ein prominentes Beispiel dafür ist Uri Geller, der als bekennender Showmensch und Selbstdarsteller in diese Falle geriet. Er hat es in Interviews selbst zugegeben, dass ihn der Ehrgeiz übermannt hat. Fehlende Erfolge kompensierte er durch Mogeln.

Irgendwann musste er sich zurückziehen und alles von sich weisen, um wieder zu einem normalen Leben zu finden. Und dann ging es wieder und er verdiente eine Menge Geld mit dem Auffinden von verborgenen Bodenschätzen.

Der Decline-Effekt ist deshalb so tückisch, weil er, wie vorab schon angesprochen auf der Basis des biologischen Systems UND auch noch durch die intellektuellen Gegebenheiten des Menschen gefüttert wird.

Wer will schon zugeben, dass er/sie sich verrannt hat?

Wie immer, glücklicherweise, gibt es auch hier Möglichkeiten, das gewohnte oder gewünschte Qualitätsniveau wieder zu erreichen.

Erste Regel: Runterfahren!

Die Sache und auch die eigene Position nicht so wichtig nehmen. Ausspannen! Wochen einplanen, in denen man gar nichts viewt.

Und wenn man das Gefühl hat, länger aussetzen zu müssen, dann sollte man es auch tun.
Zweite Regel: Sich mit anderen austauschen. Es hilft sehr, wenn man mitbekommt, dass es anderen auch so ging. Und wenn man schon nicht viewt, kann man sich wenigstens darüber unterhalten. Das ist für viele sehr hilfreich, die von RV so sehr gepackt werden, dass sie sich jeden Tag damit beschäftigen möchten.
Drittens: Verbissenheit aufgeben. Manche Targets und Leistungen sind so schwierig, dass man es nicht allein hinbekommt. Remote Viewing, das kam mir schon nach kurzer Zeit zu Bewusstsein, ist eine soziale Angelegenheit. Es wird besser, je mehr man mit anderen zusammenarbeitet. Sich allein im kleinen Kämmerlein zu verausgaben und die Anforderungen bezwingen zu wollen führt zu 99% ins Desaster.
Viertens: Öfter mal was anderes! Auch wenn man vordringlich interessiert ist, die Geheimnisse der UFOS, archaischer Bauwerke oder den Sieger des nächsten Tennismatchs zu ergründen, sollte man öfter mal zur Seite schwenken. Die rechte Hemisphäre gehört zwar zu uns, hat aber durchaus ein anderes Wertemodell. Dort ist nicht Geld und Ruhm entscheidend, sondern Abwechselung und Neues erleben. Und damit sind wir wieder beim normalen Lernen angelangt: stures Auswendiglernen und enges Denken bringt letztlich das Gesamtsystem zum Kollaps.
Und dann geht gar nichts mehr.
Abwechselung, Kommunikation und Spaß mit anderen war schon immer ein gutes Rezept, das auch die Gehirnforschung bestätigt.

Was ist eigentlich Telepathie?

„Bzz! Bzz!", macht es und die Verbindung zwischen den Gehirnen ist hergestellt. Einer weiß, was der andere denkt und man kann sogar den Arm des anderen bewegen.
Das ist Telepathie.
Irgendwelche Zweifel? Frankenstein lässt grüßen?
Wenn Sie meinen, dass diese Beschreibung etwas sehr phantastisch sei und ich mir hier ein ziemliches Märchen aus den Fingern gesogen habe, dann muss ich Sie leider enttäuschen. Genau das ist es, was Wissenschaftler inzwischen erreicht haben.
Natürlich gibt es noch eine Kabelverbindung zwischen den Mützen mit den vielen EEG-Sensoren, aber das könnte man durchaus auf dem Funkwege lösen. Wichtig ist, dass auf diesem Wege tatsächlich Informationen zwischen zwei Gehirnen ausgetauscht wurden und die Bewegung des fremden Armes auch wirklich passiert ist.
Dieser geglückte Versuch einer technischen Verbindung zwischen zwei Gehirnen wurde bereits im August 2013 veröffentlicht. An der Universität Eashington in Seattle benutzten die Forscher Rjesh Rao (Informatik) und Andrea Stocco Techniken, die längst für die Gedankensteuerung von technischen Geräten bis hin zum Auto bekannt sind. Diese (Gedanken-)Befehle wurden zu einer Magnetspule geleitet, die der andere Versuchsteilnehmer auf dem Kopf über dem Motorcortex, dem Zentrum im Gehirn für motorische Steuerungen zu sitzen hatte. Starke Magnetfelder können nahegelegene Gehirnregionen stimulieren, soviel weiß man bereits seit vielen Jahren. Die Kombination dieser beiden Techniken führt zu dem erstaunlichen Resultat, dass eine Versuchsperson das ausführt, was eine andere denkt. Telepathie oder sogar Telesuggestion?
Nun, die Versuchsleiter nennen es „transcraniale Magnetstimulation" und andere Wissenschaftler sind keineswegs über den Erfolg des Versuches erstaunt. Man schätzt, dass in Zukunft vie-

le Anwendungen gerade im geriatrischen Pflege- und Rekonvaleszenzbereich hieraus Nutzen ziehen werden.
Es ist erstaunlich, was man durch Technik erreichen kann. Wie wird sich das in der Zukunft noch auswirken?
Vorstellbar ist durchaus, dass in absehbarer Zukunft tatsächlich auch zu praktischen Zwecken Gedanken übertragen werden können. Auch und vielleicht vorzugsweise auf dem Funkwege. Wichtig hierfür wären dann die entsprechenden technischen Geräte. Man könnte sogar diese Gedankenübertragung nur auf bestimmte Personen beschränken und den gesamten Vorgang nach Belieben abschirmen.
Eines ist klar: Es ist eine invasive Technik. Und „Telepathie" ist das auf keinen Fall.
Was aber wäre „Telepathie" wirklich?
Zunächst einmal muss man sich wahrscheinlich von dem Begriff „Gedankenwellen" verabschieden, also der Vorstellung, Gedankenübertragung wäre so etwas wie „Funkverkehr". In vielen Versuchen in den 70er Jahren am SRI und in Princeton konnte man feststellen, dass Effekte, die damit zusammenhängen, durch kein Material der Welt abschirmbar sind. Auch physische Distanz spielte keine Rolle. Man muss davon ausgehen, dass hier ein dimensionaler „Überraum" als Vermittler fungiert, den man wie populärwissenschaftliche Autoren „Urfeld", wie die Quantenphysiker „Bulk", die Esoteriker „Feinstofflichkeit" oder „Äther" und die Remote Viewer „Matrix" nennen.
In allen Fällen definiert man einen Ereignisraum „dazwischen", zwischen den „Branen" (Quantenphysik), „Dimensionen" (Alltagsgebrauch) und der Materie schlechthin, etwas, wo Dinge unterhalb der Plancklänge passieren. Letztlich, auch im Einklang mit dem größten deutschen Physiktheoretiker Burkhard Heim könnte man diesen Existenzbereich als Ort, wo nur Informationen kursieren, beschreiben.
Man könnte nun vermuten, dass über diesen Raum Informationen vermittelt werden, wenn es ein Organ gäbe, das hier eine Sende- und Empfangsfunktion ausüben könnte. Nehmen wir

einmal an, dass die vielzitierte Epiphyse diesem Anspruch gerecht würde, so hätten wir hier eine ziemlich genaue Beschreibung eines Vorgangs, den wir Telepathie nennen könnten.
Dabei muss man aufgrund von Experimenten am Freiburger PSI-Institut genauso wie nach Erfahrungen von Remote Viewern davon ausgehen, dass es hier nicht um „Senden" und „Empfangen" geht, Begriffe, die ohnehin aus der nicht zutreffenden Funktechnik entlehnt sind.
Beim Remote Viewing, Hellsehen oder wie auch immer mediale Tätigkeiten genannt werden mögen, sind aber die meisten aufgespürten Informationen eher nicht durch eine Denktätigkeit eines Menschen ausgelöst: die Berger, Täler, Meere, der Mond und alle anderen Gestirne sind sicher nicht durch die Gedankenkraft eines Menschen erschaffen, sonst wäre dieser ganze Kosmos längst zusammengebrochen.
Wenn man dies bedenkt, dass nämlich im Grunde alles Sein ein Abbild in diesem Hyperraum hat[37], kann man auch Telepathie neu definieren.

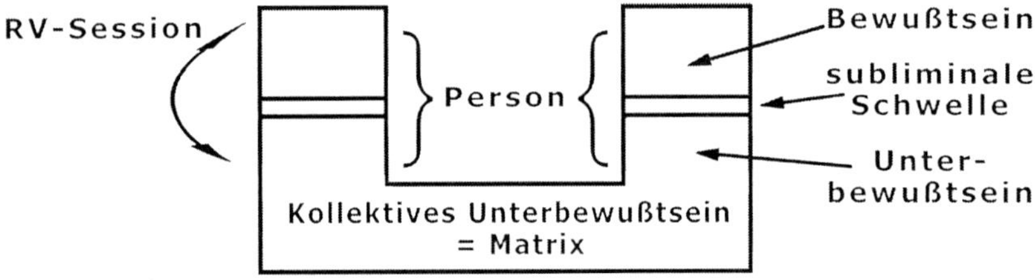

Remote Viewer fahren seit Jahren sehr gut mit der Vorstellung, dass alle Information durch diese Matrix geht. Wenn ein Mensch denkt, legt er automatisch Informationen in diesem Überraum ab. Jeder andere Mensch (und vermutlich auch jedes andere intelligente Lebewesen) kann auf diese Informationen zugreifen. Dass hier sozusagen ein Umweg passiert, man liest quasi nur

[37] Inzwischen tatsächlich schon durch Astrophysiker bei der Untersuchung Schwarzer Löcher postuliert!

das „Abbild der Gedanken“ in der Matrix, ist in praktischer Hinsicht ohne jede Bedeutung. Da in diesem Raum die Zeit nur eine Unterfunktion ist, kann man Informationen aus Vergangenheit, Gegenwart und Zukunft abgreifen. Man muss nur definieren, was man haben möchte. Es ist nicht nötig, abzuwarten, bis der Geviewte zu Ende gedacht hat. Man schaut einfach dorthin, wo alles, was man wissen möchte, schon passiert ist.

Telepathie, herkömmlich definiert, würde als Erklärung einer Informationsübermittlung deshalb gar nicht greifen. Denn dann wäre mindestens die Zukunft ausgeschlossen. Uns bleibt also wohl oder übel nichts anderes übrig, als den Begriff „Telepathie“ zu streichen oder ihn parallel zu Remote Viewing unter diesen Aspekten neu zu definieren.

Wie soll man sich als Anfänger informieren?

Ich frage ja immer die Seminarteilnehmer, wie sie auf das Thema Remote Viewing gestoßen sind und wie es dazu kam, warum sie nun bei uns am Frühstückstisch sitzen.

Früher gab es phantasievollere Berichte.

Da war der Zettel im Briefkasten, Absender unbekannt, der Ute unmissverständlich darauf hinwies, diesen Kurs mitzumachen. Oder die Berichte über plötzliche Bewusstwerdungen nach einem Traum, dass man das schon immer machen wollte. Oder die Buchstaben, die einem aus einem Text entgegen sprangen, auf einer zufällig aufgeschlagenen Seite, die plötzliche Faszination wie mit einem Hammerschlag.

Heute ist es völlig anders. Die meisten kannten das Thema schon länger, hatten sich sogar oft schon ein oder mehrere Bücher gekauft und wollten sich nun endlich die Gewissheit geben, ob etwas daran ist. Manche waren inzwischen in Fachzeitschriften darauf gestoßen, hatten Bücher bei Amazon entdeckt und alle, die einen Zugang besaßen, haben dann im Internet recherchiert.

Ist heute alles Internet oder was?

Früher, so glaube ich, hat man sich noch auf Abenteuer eingelasse. Ein Bericht über ein Buch, zum Beispiel „Mind Trek", genügte, einen Kurs zu buchen, der damals relativ viel teurer war als heute.

Jetzt wird zunächst meist ausgiebig im Internet recherchiert. Und dort ist die Zeit auch nicht spurlos vorübergegangen. Als wir 1997 die ersten deutschen Remote Viewing-Seiten aufsetzten, brachte Google außer diesen beiden Einträgen noch tausende anderer – allerdings über Geräte zur medizinischen Introspektion. Ich glaube, die Mediziner haben sich über diese Fremdkörper arg gewundert. Heute dagegen findet man die Beiträge über Darmsensoren und Kameras, die man verschlucken kann, nur noch ganz am Ende der Suchmaschinenrecherche.

Und was man zum Thema Remote Viewing sonst findet, reicht von Kunstaktionen über spiritistische Sitzungen bis hin zu dem, was wir unter diesem Begriff verstehen.
Der inzwischen schon erfahrene Internetbenutzer wird auf eine nicht zu unterschätzende Probe gestellt. Es ist schon so: Internetseiten sind Visitenkarten. Worte, Bilder und Gestaltung sagen sehr genau, ob eine Seite das vermittelt, was sie vorgibt. Wenn man genau hinschaut.
Allerdings benötigt man dafür viel Zeit.
Obwohl Google die Kriterien für ihre Suchalgorithmen verschärft hat, gibt es noch immer einige Tricks, wie man mit etwas Aufwand ganz vorn erscheinen kann, und zwar auch bei Themen, die nicht ganz genau die sind, die der Sucher meinte. Manchmal sind die ersten drei Einträge völlige Blindgänger. Das ist weniger als früher, aber man muss sich dort auch hindurcharbeiten. Es kostet Zeit und Nerven und vor allem wächst der Zweifel, ob man bei diesem Thema wieder einer Geschäftsidee oder Werbestrategie aufgesessen ist und Remote Viewing eigentlich nur eine Schimäre, eine Trademark von besonders ausgebufften Firmengründern ist, aus Ländern, wo man die Urheber juristisch nicht belangen kann.
Hinzu kommen die vielen Beiträge von Personen, die schon seit vielen Jahren Meditationen, Rückführungen, Hypnose und schamanische Techniken anbieten und nun den Begriff Remote Viewing verwenden, weil er über die Jahre an Ansehen gewonnen hat.
Mal ehrlich: Es ist doch alles Remote Viewing, oder? Denn übersetzt heißt das „Fern-Sehen oder –Wahrnehmung".
Was also tun, um sich schneller und gezielter zu informieren?
Wichtig ist auf jeden Fall der Inhalt einer Seite, neudeutsch: der Content. Wird gearbeitet, geforscht, gibt es mehrere Leute oder ist es die Personality-Seite eines einzelnen Gurus? Findet man Vernetzungen, Hintergrundinformationen und akzeptable Trainingsangebote? Wie sehen die Preise dafür aus, sind die Kosten nachvollziehbar? Was bekommt man dafür?

Natürlich, wie es in der heutigen Wirtschaft so üblich ist, werden hochgezüchtete Begriffe wie Blendgranaten auf die (noch) unbedarften Interessenten geworfen. Worte wie aus der Bankersprache entlehnt, versuchen den Eindruck zu erwecken, dass gerade auf dieser Seite ein ganz besonderes Remote Viewing angeboten wird. Was soll man dem entgegenhalten?

Für alle, die sich noch nicht weitreichend informiert haben: Es gibt beispielsweise kein „Exclusives Spezial-Remote Viewing" nur für elitäre Manager.

Die Methode ist zunächst einmal neutral. Alle müssen diese Grundlagen lernen, um zu wissen, was sie eigentlich tun, wenn sie eine Session machen. Diese Methode kann man auf alle Themen anwenden, und wenn man die Stufe 6 verstanden hat, weiß man auch, wie man die Vorgehensweise für jedes Target zusammenstellen kann. Kann, nicht muss.

Keine Session gleicht der anderen, alle Viewer sind unterschiedlich. Starre Vorgehensweisen sind nur hinderlich. Nur wenn man die Prinzipien verstanden hat, kann man die Werkzeuge angemessen gebrauchen.

Aber alle möglichen Geschäftsmethoden und Lockangebote räkeln sich, wie man es auch von anderen Leistungen und Wirtschaftsartikeln kennt, breitgefächert vor dem hilflosen Blick des Suchenden aus.

Je länger man gräbt, desto mehr Müll wird man zutage fördern, so ist das heute nun mal. Diese Erfahrung hat inzwischen wohl jeder gemacht, der öfter recherchiert.

Erfahrene Internetbenutzer hängen an ihre Abfrage nach „Remote Viewing" deshalb noch mindestens ein Wort, besser noch zwei weitere Suchbegriffe an.

Es ist auch gar nicht schwer, sich diese auszudenken. Man muss nur das schreiben, was man will, ungefähr in dieser Reihenfolge: Projekte, Erkenntnisse, Forschung, Bücher, CRV, Treffen, Seminar, Training, Forum.

Wer diese Begriffe eingegeben hat, erhält eine besser gestaffelte Auswahl, was man sofort anhand der angebotenen Details überprüfen kann. Wer sich mit **Projekten** beschäftigt, muss ganz offensichtlich einige Erfahrung gesammelt haben. Wenn jetzt hier keine Beispiele auftauchen, sondern das Wort nur in einem Satz wie „Projekte werden auch durchgeführt“ und sonst nicht mehr, kann man die Seite getrost vergessen. Natürlich werden wirklich geheime, intime und persönliche Vorgänge kaum veröffentlicht werden, aber es gibt bei aktiven Vertretern des Genres immer eine Art Überhang, etwas, womit man sich nebenbei auch beschäftigt hat und wegen des interessanten Ergebnisses dann veröffentlicht hat.

Das Wort **Erkenntnisse** sollte auch mal vorkommen. Schließlich kann man es gebrauchen, um mitzuteilen, dass man aus seiner Beschäftigung mit dem Thema etwas gelernt hat. Das setzt mindestens einen ernsthaften Umgang mit dem Thema voraus.

Forschung ist zwar leider ein Wort, das inzwischen überall gern in den Mund genommen wird, um sich zu schmücken, aber ein sehr kurzer Blick auf die Inhalte dahinter hilft schnell beim Aussortieren. Forschung bedeutet konkrete Untersuchungen.

Bücher gibt es inzwischen auf dem internationalen Markt auch schon über hundert mit „Remote Viewing“ im Titel. Man bekommt zwar einen Überblick, aber es kann auch ein größeres Angebot folgen. Für Personen, denen es zu anstrengend ist, fremde Sprachen zu lesen, ist die Verwendung des Begriffes „deutsch“ anzuraten. Vielleicht sollte man noch den Suchbegriff „Review“ oder „Empfehlung“ oder „gelesen“ hinzufügen.

CRV ist die ursprüngliche Methode des protokollgestützten Remote Viewing und im Prinzip auch die Methode, für die der Name eigentlich gedacht war. Um sich aber nicht in den tausenden von internationalen Postings zu verheddern, wäre für den deutschen Bereich auch die Zusatzangabe „deutsch“ wichtig.

Treffen sollten sich die Interessenten und Anhänger eines Themas schon einmal irgendwann. Hier werden die brauchbarsten Informationen ausgetauscht, man erhält Hintergrundinformationen und solche vielleicht von Leuten, von denen man

schon einmal gehört oder gelesen hat. Veranstalter von solchen Zusammenkünften sind ein wichtiger Faktor in einer Recherche.
Seminare geben natürlich inzwischen viele Anbieter, aber im Zusammenhang mit einem anderen Suchbegriff kann man hier auch sehr gut aussortieren.
Training ist die ältere, oft gebrauchte Bezeichnung für Seminare oder Ausbildung. Der Begriff wurde schon in den 80ern gewählt, weil man herausfand, dass eine bereits vorhandene „Gabe" nur mit einer *Methode* geübt werden muss, um Erfolge zu erzielen.
Ein **Forum** zeigt natürlich, wie die Kommunikation in einer Szene funktioniert. Warum ich es an das Ende der Liste stelle, hat seinen Grund. In der Geschichte des RV im Internet gab es inzwischen viele Foren, die immer wieder eingingen. Dafür gibt es zwei Gründe, die eigentlich nicht so entfernt von einander liegen. Erstens kam es immer wieder zu heftigen Agitationen und Unfreundlichkeiten von sehr verbissen eingestellten Personen oder solchen, die einfach nur Unfrieden stiften wollten, wie z.B. grundsätzliche Skeptiker. Zum anderen hatten dann die ernsthaft arbeitenden Remote Viewer keine Lust mehr, in solch einer Atmosphäre über ihre Erkenntnisse zu plaudern oder zum hundertsten Male mutwillige Falschdarstellungen zu korrigieren.
Und, was selten jemand bedenkt, im Forum konnten die Ergebnisse von operationalen Targets selten behandelt werden. Sie waren entweder intim oder hatten sonst Aspekte, die man nicht in der Öffentlichkeit ausbreiten wollte.
Also wurden für die **praktische Kommunikation** deshalb immer mehr *skype-communities* gegründet, in die dann nur die Personen eingeladen wurden, mit denen man umgehen wollte. Und auf diese Art konnte man auch verhindern, dass die Inhalte von allen möglichen unbekannten Leuten gelesen wurden. (Die NSA hier mal ausgenommen, aber die haben sowieso das Problem, dass nach der letzten Rechtschreibreform in Deutschland dieses Land schwer zu überwachen ist, weil gerade die Leute, auf die es ankäme, die Suchbegriffe nicht mehr korrekt schrei-

ben [können]. Außerdem kann man sich natürlich noch so kodiert verständigen, dass es Bots und neugierige Menschen täuscht. Interessant ist in diesem Zusammenhang, dass wieder mehr telefoniert wird.)
Ja, es ist wahr: Die moderne Zeit hat die Recherche nicht unbedingt einfacher gemacht, und schneller manchmal auch nicht. Aber die Nutzer sammeln Erfahrungen und oft wundere ich mich, wie schnell mein Sohn (Anfang zwanzig) mit dem korrekten Ergebnis für eine Suche ankommt.
Neulingen kann man deshalb beruhigt raten: Durchstöbern Sie das Internet, aber filtern Sie klug!

Darf man Personen viewen?

Ein immer wieder beliebtes, heiß diskutiertes und oft zu Zerwürfnissen führendes Thema ist die Frage, ob man eine Person viewen darf, ohne sie vorher zu fragen.
Jemand, der keine Erfahrung mit Remote Viewing gemacht hat, wird die Schultern zucken und sagen: „Na, viewt doch, was soll dabei sein? Ist doch sicher nicht anders, als wenn man sie anschaut!"
„Hm." Der Remote Viewer wird überlegen, wie man das Problem beschreiben kann.
„Man kann aber alles sehen, also auch das, was man nicht sehen kann!", wird er oder sie vielleicht antworten.
„Wie, nicht sehen? Also auch, was die Leute denken?"
„Nein, so nicht. Eher was die Leute wollen, was sie wünschen oder verabscheuen. Welche Einstellung sie zu diesen oder jenen Dingen haben. Viele Sachen, die eigentlich keiner wissen soll. Auch so was, was sie selbst nicht von sich wissen möchten. Es ist oftmals erschreckend, wie treffend genau man eine Person auch in ihrem Innenleben beschreiben kann."
„Ach so? Also auch ...?"
„Ja, und nicht nur das."
„Das ist aber sehr unethisch."
„Stimmt. Und das ist genau das Problem.
„Dann sollte das auch niemand tun!"
„Stimmt."
„Und wie verhindert man das?"
„Keine Ahnung. Sich nicht viewen lassen, ist sehr anstrengend und oft nur temporär möglich."
„Kann man nicht ein allgemeinverbindliches Gesetz erstellen?"
„Und wenn sich keiner daran hält? Wer will das kontrollieren?"
„Das ist ja übel!"
„Nein, es ist eine Zwickmühle. Man kann ja, sozusagen, zurückviewen, ob man geviewt wurde. In diesem Fall viewt man aber

bereits den anderen. Und wenn er oder sie es nicht getan hat, ist man selbst im Unrecht."
„Aber merkt man es nicht, wenn man geviewt wird?"
„Manchmal schon. Aber wenn es im normalen, linkshemisphärischen Zustand passiert, kann man nichts Genaues bemerken. Alle Verdächtigungen können dann böse AULs sein. Man macht sich damit selbst zum Täter."
„Das ist wirklich eine Falle. Und wie geht ihr damit um?"
Der Viewer zuckt die Schultern.
„Naja, man macht es eben nur, wenn es nötig ist. Wenn man etwas unbedingt herausfinden muss!"
„Und wer entscheidet das?"
„Eigentlich jeder im Augenblick des Geschehens. Da gibt es natürlich unterschiedliche Gründe."
„Ach ja? Und welche?"
„Viele. Ganz viele. Eigentlich immer andere. Beginnen wir einmal bei historischen Personen."
„Du meinst, die schon tot sind?"
„Genau. Die kann man nicht mehr normal befragen."
„Aber die sind dann doch tot! Die sind dann doch nicht mehr ... äh ..."
„Du meinst, die hätten dann keine Persönlichkeitsrechte mehr?"
„Nunja, sie sind ja nicht mehr, äh ... sie können nicht mehr ..."
„Du meinst, sie können sich nicht mehr wehren? Das ist aber sehr unethisch."
„Aber sie merken es nicht mehr, es schadet ihnen nicht."
„Bist du sicher? Wir haben über die Jahrzehnte festgestellt, dass Zeit nicht das Problem ist, für das es die meisten Leute halten. Wenn wir ihn viewen können, sind wir zu seiner Zeit anwesend. Und vielleicht merkt die Person das dann auch. Zu ihrer Zeit. Und man kann durchaus hinterher einen guten Ruf ruinieren."
„Aber das tun Historiker doch auch. Die amerikanischen Präsidenten namens Bush ..."

„... werden von Historikern anhand von allen verfügbaren Dokumenten dargestellt oder neu bewertet. Was ist mit einem Viewer, der seine AULs abgeritten hat?"
„Dann darf man das nicht veröffentlichen!"
„Genau. Aber darf man die Session machen? So rein aus historischem Interesse? Oder um rauszufinden, wo vielleicht belastendes Material liegt?"
„Hm. Nun, es würde ja vielleicht sowieso gefunden werden. Und du hast früher mal gesagt, Intuition sei der kleine Bruder von Remote Viewing und jeder mache das sowieso und viele Fundstücke hätten nach einer Suche mit sogenanntem Bauchgefühl entdeckt werden können."
„Das stimmt. Aber hat man Intuition nicht auch gegenüber Menschen aus der Jetzt-Zeit?"
„Selbstverständlich. Die aktuelle Wissenschaft sagt, dass es ein großer Teil unseres Lebens ist, andere Leute intuitiv zu beurteilen!"
„Aha."
„Ja, weil wir die vielen Daten, die in so kurzer Zeit auf unsere Sinnesorgane einprasseln, wenn wir jemanden treffen, gar nicht normal verarbeiten können. Dann hilft uns die Intuition. Oder bei Handlungen, Taten, Geschäften usw. Das ist aber nicht unethisch, das tut doch jeder."
„Ach so?"
„Ja, weil es für das Überleben wichtig ist. Und man kriegt ja nicht so viele Einzelheiten wie beim RV. Es hilft eher, ja oder nein zu etwas zu sagen."
„Und wenn dir die Physiognomie von jemandem nicht gefällt und du deshalb ein abwehrendes Gefühl hast, das dich dazu bringt, Vorurteile zu füttern? Und wenn du das dann laut zu anderen Leuten sagst? Wie heißt das dann?"
Nun wird der Nicht-Viewer vielleicht sagen, das wäre jetzt aber ein Schritt in Richtung Rassismus. Und dem muss man zustimmen. Aber es passiert jeden Tag, kann zu Mobbing in der Schule führen und Erwachsenen die Existenz ruinieren.

Das erlaubt zwar nicht den Umstand, dass Remote Viewer andere Menschen viewen, aber es erklärt, dass sich viele darüber keine Gedanken machen. Es ist hilfreich, deshalb wird es gemacht. Und wer will jemanden daran hindern, im stillen Kämmerlein seine ganze Nachbarschaft, Freundinnen und Freunde, Bekannte und Prominente einfach zu viewen, wenn es in den Sinn kommt?
Und, sollte es herauskommen, wer wollte den Viewer verklagen? Es gibt dazu keine Gesetzgebung und die offizielle Meinung wird ohnehin immer mehr dorthin getrimmt, wo niemand mehr PSI für ein real existierendes Phänomen hält.
Wenn an mich von irgendeiner Person ein Auftrag herangetragen wird, etwas mit Remote Viewing aufzuklären, mache ich diese Kunden gern auf solche Problematik aufmerksam. Die Erfahrung zeigt, dass meine Einwände nicht ernst genommen werden, bis ich mitteile, dass wir oft, wenn uns Auftraggeber nicht ganz ehrlich erscheinen, ein sogenanntes „Backtracking" machen.
„Was ist denn das?", fragt man dann erstaunt.
„Nun, wir viewen erst einmal den Auftraggeber, um zu wissen, was tatsächlich dahinter steckt."
„Aber das ist doch ... äh, unethisch!"
„Gut, aber was sollen wir tun? Es gibt eine Ausschlussliste von Themen, die wir immer vorab mitteilen: Keine Kapitalverbrechen, nichts Schreckliches mit Kindern, keine UFOs oder Mysterien, ohne dass sie angesagt wurden und wir die Arbeit an dem Thema zugesichert haben. Und wenn dann in der Session herauskommt, dass sich der Auftraggeber nicht an seine Versprechungen gehalten hat? Und wir einen Viewer beschäftigt haben, der ausdrücklich seine No-Go-Liste mitgeteilt hat? Der sich dann übel hinters Licht geführt fühlt? Wie soll man dann den Auftraggeber zur Rechenschaft ziehen? Hatten wir alles schon: No-Gos zugesichert und dann: „Ach naja, wollte euch nur mal so auf die Probe stellen!"

Ist das ethisch? Hier greift das Strafgesetzbuch nicht mehr. Remote Viewing ist kein anerkannter Tatbestand, also kann man weder in die eine Richtung noch in die andere offiziell klagen. Also, um die Viewer, die sich vertrauensvoll dreingeben, zu schützen, machen wir in dubiosen Fällen ein Backtracking. Wo ist das Problem?"

„Das heißt im Prinzip, jeder Auftraggeber sollte es wissen?"

„Letztendlich schon. Wir sagen es ihnen auch. Aber Leute, die RV nicht können, nehmen das nicht ernst!"

„Aber sie könnten euch zurückviewen?"

„Natürlich. Damit muss jeder rechnen. Wenn man jemanden viewt, hinterlässt man Spuren in der Matrix. Ein erfahrener Viewer findet die und verfolgt sie zurück. Das ist vielleicht unethisch, aber in diesem Rahmen muss man den ganzen Ethik-Begriff neu überdenken.

Auch wenn Remote Viewing noch nicht allgemein anerkannt ist, hat sich diese Diskussion bereits in der breiten Öffentlichkeit vollzogen, nämlich mit der Datensammlung von Firmen und Geheimdiensten über das Internet. Das ist eine Datenerhebung, die eine Person sehr genau beschreibt."

„Aber die Daten sind öffentlich zugänglich!"

„Nicht alle. Vielfach werden persönliche Kommunikationen abgehört. Dafür gibt es bisher keinerlei Strafe, besonders wenn sich die Abhörer im Ausland befinden."

„Das kann man nicht vergleichen!"

„Warum nicht? Viewer lesen die Daten aus dem persönlichen Matrix-Bereich aus. Aber wie willst du das beweisen? Es gibt keine Messgeräte für Matrixkontakt. Dazu müsste man einen anderen Viewer beschäftigen. Dieser müsste sich aber zunächst auch erstmal in den fraglichen Datenbereich begeben. Es könnte sein, dass der dann noch mehr herausbekommt, was eigentlich persönlich bleiben sollte. Aber das ist alles rein theoretisch, denn dazu müsste man Remote Viewing offiziell anerkennen."

„Würde das denn etwas nützen?"

„Kaum. Es wäre sehr schwierig, etwas handfest nachzuweisen. Man müsste mehrere gute Viewer bestellen. Die gibt es nicht. Aber die ganze Diskussion ist ohnehin obsolet."
„Wieso?"
„Rein praktisch gesehen kommen Ermittlungsbehörden schon bei Internetkriminalität nicht hinterher. Kaum jemand wird identifiziert und zur Anklage gebracht. Bei staatlichem Datenklau ist es noch unübersichtlicher. Das hat man an den Offenlegungen durch Edward Snowden gesehen."
„Aber könnten Regierungen nicht Viewerteams einsetzen, um ihre Bevölkerung auszuspionieren? So wie im Orwellschen 1984!"
„Könnten schon. Ist aber zu teuer. Internetprogramme sind billiger. Außerdem könnten die Viewer auch die Politiker ausspionieren."
„Aber das könnten Viewer doch auch schon heute!"
„Genau."
„Und was ist die Konsequenz? Das Ganze einfach hinzunehmen?"
„Im Prinzip ja. Aber es ist ja nicht wie Radio Eriwan. Es gibt eine konkrete Ansage dazu. Wer RV kann, ist in der Lage, sich zu schützen oder zurückzuschlagen. Die Ethikfrage ist einfach zu beantworten. Auf diesem Gebiet zählt keine körperliche Stärke oder Geld. Jeder kann mit etwas Übung dagegenhalten. Haben wir auch schon gemacht, wenn jemand sehr aufdringlich wurde. Das war für ihn nicht sehr angenehm.
Jeder sollte sich des Risikos bewusst sein. Sowohl des Problems, dass Geheimnisse nur bedingt solche sind, aber auch, dass zurückgeschlagen werden kann. Wer will wen an was hindern?"
„Aha."
„Ja."
„Und was ist letztendlich die Botschaft an alle, die über dieses Problem nachdenken?"

„Aufpassen und mindestens so viel können wie andere. Das ist aber nichts Neues. Das gilt für alle anderen Lebensbereiche genau so."

Aus der Remote Viewing Forschung: der Umschaltplan

In den vergangenen Jahren habe ich leider noch immer wenig darüber erfahren, **warum** Remote Viewing funktioniert. Dafür aber um so mehr über das Wie. Im Rahmen dieser Forschungen stieg meine Achtung vor der Arbeit von Swann und Puthoff umso mehr. Dabei ist es unerheblich, ob sie alle diese Details, die ich im Folgenden aufzeigen möchte, wirklich wussten und dieses Wissen den Aufbau des Protokolls bestimmt hat. Die Erklärungen, die man in den 90er Jahren las und hörte, deuten jedenfalls nicht darauf hin. Sei es, wie es sei, wir stehen heute auf dem Standpunkt, dass wir im Prinzip nichts an dem Ablaufplan verändern müssen. Nur können wir ihn und die Funktionen darin jetzt besser erklären und ihn deshalb etwas optimieren.
Obgleich (oder gerade weil) das zu einer völlig anderen Theorie über die extrasinnliche Perzeption führt, bleibt die ursprüngliche Arbeit der Forscher umso erstaunlicher. Vielleicht hat Ingo Swann die Grundlagen des Protokolls geviewt. Target: „Was muss ich anstellen, um das Gehirn auf extrasensorische Wahrnehmung umzuschalten?“[38]
Denn genau das ist es, was der Ablaufplan macht. Und das steht weder in den von Puthoff im Laufe der Zeit verfassten Artikeln noch in anderen Büchern. Auch die Erklärung, die Paul Smith und Tom McNear um 1986 erarbeiteten, und die Ed Dames dann in seine Ausbildung übernahm, nämlich , dass das Gehirn eine Signallinie zu einer angenommenen Informationsmatrix aufbaut, hilft hier nicht wirklich konkret.
Irgendwann ging mir auf, was es eigentlich bedeutet, wenn man Remote Viewing nur als eine Art von (geänderter) Wahrnehmung betrachtet.

---

[38] Paul Smith in seinem Buch: Reading the Enemy's Mind, Forge Books, New York 2005; S 246/7: „Sometimes he let his own interpretations and notions tempt him to add embellishments to the research. I have a suspicion, for instance, that analytic sketching was one off these embellishments."

Nicht nur, dass man so begründen könnte, warum es so etwas wie eine prinzipielle „Begabung" nicht gab, diese Betrachtungsweise könnte auch helfen, um die Technik des Viewens weiterzuentwickeln.

Das Verstehen der Rezeption von Lebewesen war schon zu Schulzeiten und an der Uni eines meiner Lieblingsgebiete, weil ich annahm (und da war ich mal in einer Linie mit meinen Professoren), dass hier die Grundlage allen Verhaltens läge. Ohne Referenz keine (Re-)Aktion.

Aber die parapsychologische Forschung bediente sich der Vorstellung eines „**Über**-Sinns", was aber eine erhebliche Mauer vor einem weiteren Verständnis aufbaute. Warum betrachtete man nicht einfach das „Hellsehen" als die Benutzung eines **anderen** Sinnesorgans? Weder über- noch außer-sinnlich. Einfach eine alternative Rezeption, auf die man mit entsprechenden Techniken „umschalten" konnte?

Denn Remote Viewing funktioniert ja, das hatte man schon in den 70er Jahren erkannt. Aber in den PSI-Laboren kamen immer Ergebnisse heraus, die nicht besonders großartig oberhalb eines angemessenen Signifikanzniveaus lagen, oft auch unterhalb.

Ich grübelte oft über den Grund dieser offensichtlichen Diskrepanz – hier unsere überzeugenden Ergebnisse mit Remote Viewing, dort die sehr dürftigen Erfolge des Karten-Ratens – und kam zunächst zu dem Schluss, dass es sich wahrscheinlich um einen Effekt der Labor-Situation handeln musste. Wenn man das ganze Universum der Möglichkeiten auf eine kleine, gekachelte Bedürfnisanstalt herunterbrach, konnten die Ergebnisse nur kleinkariert sein, dachte ich. Aber andererseits musste da noch ein Faktor eine Rolle spielen, den ich schlichtweg übersehen hatte. Was konnte das sein? War es, dass sie den Probanden einfach nicht genug Zeit gaben, sich auf eine andere Wahrnehmung einzustimmen? Im Remote Viewing gibt es ja auch die Stufen 1-3, die eine Einführungsphase darstellen. Aber in den Labors gaben sie oft den Leuten auch die Möglichkeit, sich herunterzufah-

ren vom Alltag, sich zu leeren, sich auf etwas anderes zu konzentrieren. Konnte es einen anderen Knackpunkt im kognitiven Gefüge geben, der einfach übersehen wurde, aber im RV-Protokoll genial bedient wird?
Ich ging mein Wissen über Kognition durch, wälzte Bücher und Forschungsberichte, und plötzlich machte es „Pling!“ Es war ganz einfach, völlig absurd simpel. Die einzige Vorannahme zum Verständnis war die Hypothese eines zusätzlichen Wahrnehmungsorgans.
Schon seit langer Zeit wird ja die Epiphyse, ein erbs- bis nussgroßes Organ ziemlich zentral unterhalb des Cortex ins Auge gefasst. Nehmen wir einfach an, das wäre ein Rezeptionsorgan, ein Empfänger meinetwegen.
Was müsste geschehen, um „hellsichtig“ zu sein?
Man müsste die Wahrnehmung dorthin umschalten können. Dann könnte man sämtliche vorhandenen Funktionssysteme und Programme für diesen Zwick verwenden. Es müsste also keine weiteren „extrasinnlichen Verarbeitungskomponenten“ geben! Wie einfach!
Und wenn man sich anschaut, was man über Wahrnehmungsverarbeitung heute weiß, so wird diese Theorie nur wahrscheinlicher.
Forschungen an Lebewesen mit einfacherem Gehirnaufbau haben dieses Schaltsystem offen gelegt. Einige Entwicklungsstufen später, nämlich im Menschengehirn, ist die Datenverarbeitung natürlich ungleich komplexer; das Prinzipschaltbild bleibt aber im Grunde das gleiche, weil diese Verfahrensweise im Alltag erfolgreich ist.
Nehmen wir das Auge, unser wichtigstes „normales“ Rezeptionsorgan. Das Licht fällt durch die Linse auf lichtempfindliche Schichten für Helligkeit und Farbe, wird dort in modulierte elektrische Spannungen umgewandelt und zu einem ersten Verarbeitungsbereich geschickt. Dort entsteht nicht sofort ein komplettes verwendbares Bild, sondern die Reize werden mit vorprogrammierten Schemata verglichen, die teils zur Grund-

disposition bei Geburt gehören, teilweise entwickelt und konfiguriert worden sind. Diese erste Reizverarbeitung ist sehr einfach, deshalb auch sehr schnell und ermöglicht eine Reaktion eines Lebewesens innerhalb sehr kurzer Zeit – den sogenannten Reflex.

Die Beurteilungsebene ist dabei denkbar einfach:

hell – dunkel

groß – klein

Bewegungsrichtung: auf mich zu, von mir weg, seitlich, hoch – runter.

Jede dieser Vergleichsoperationen hat ein eigenes kleines organisch getrenntes Verrechnungszentrum (bei Lurchen schon vier insgesamt). Diese ersten Bewertungsstationen leiten ihre Ergebnisse an ein Verrechnungszentrum weiter, das die Eindrücke miteinander vergleicht und eine Handlung einleitet.

Weitere Details müssen nicht erfasst werden, um spontan entscheiden zu können, ob es sich bei einem Objekt um eine Beute oder um einen Fressfeind handelt und ob zuschnappen oder fliehen als Alternativen gewählt werden. Diese lurchbezogenen Reflexe lassen sich auch leicht in die Menschenwelt uminterpretieren. Alle anderen Sinnesorgane funktionieren in gleicher Weise.

Wir haben also interpretierende Schaltstationen, die Umwandlungsreferenzen und Vergleichs-Algorithmen abgespeichert haben.

Ungefähr so:

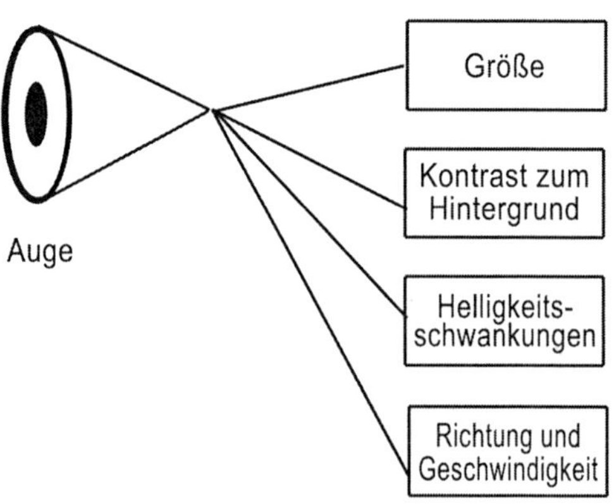

Wenn es uns nun gelingt, diese Sinnes-Interpretationsbereiche auf ein anderes Organ umzuschalten, das andere Eindrücke wahrnehmen kann, haben wir eine „extrasensorische Wahrnehmung". Wenn dieser Extrasinn eine Antenne für die kosmische Informationsmatrix darstellt, haben wir so etwas, was man unter „Hellsehen" versteht.
Der Knackpunkt liegt in der Übersetzung, damit das Gehirn damit etwas anfangen kann. Das können diese Übersetzungssysteme offenbar auch, man müsste also nur den Extrasinn daraufhin umschalten können. Das sähe dann so aus:

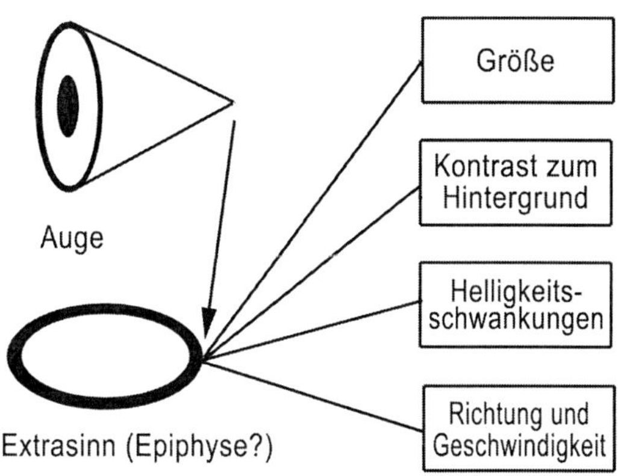

Schauen wir uns das CRV-Protokoll an, so finden wir genau die Vorgänge, die geeignet sind, im Gehirn diese speziellen Schalter umzulegen, und zwar sogar für jedes Organ einzeln angesprochen. So wird Swann in der amerikanischen Erklärung zwar nicht zitiert, aber der Effekt ist genau dieser.
In der Stufe 1 beschreiben wir zunächst die Bewegung der Kurve. Das ist eine Klarstellung für die Kognition: Achtung, es geht um Wahrnehmung! Wir schreiben auf, was wir tatsächlich sehen. Mit den Augen.

Nachdem dies abgearbeitet ist, wird dem Wahrnehmungssystem die Aufforderung zugeleitet: beschreibe jetzt mit dem Extra-Apparat (welcher immer es sein mag). „Fühle mal rein“ ist ein Synonym dafür, weil „fühlen“ eher mit etwas anderem verbunden wird als sehen, hören, schmecken.
Je öfter wir diese Umschaltung in der Stufe 1 (durch Abteilung des Ideogramms) durchführen, desto öfter schalten wir um und erreichen irgendwann eine Art „Standleitung“, auf jeden Fall kann man immer genauer wahrnehmen.
In der Stufe 2 wird die Wahrnehmung noch einmal differenziert für jedes Organ einzeln umgeschaltet: Sehen (einfacher Aspekt: Farben), Tasten und Sehen (Oberflächen), Riechen (Nase), Schmecken (Zunge), Temperaturen (Haut) und Hören(Ohren).
Die Haut wird mehrfach angesprochen, weil hier die Wahrnehmung auch sehr direkt und in viele Richtungen geht und auch genau das „Fühlen“ beinhaltet.
Die Stufe 2 endet mit der Kategorie „Dimensionen“, was ich mittlerweile eher „Relationen“ nennen würde, das genau die Art des Umschaltens repräsentiert, die hier gefordert wird. Hier werden die nachgeschalteten, eher interpretatorischen Rechenzentren angesprochen, die die einzelnen Sinnesorgane zu einem komplexeren Eindruck zusammenschalten. Ungefähr so:

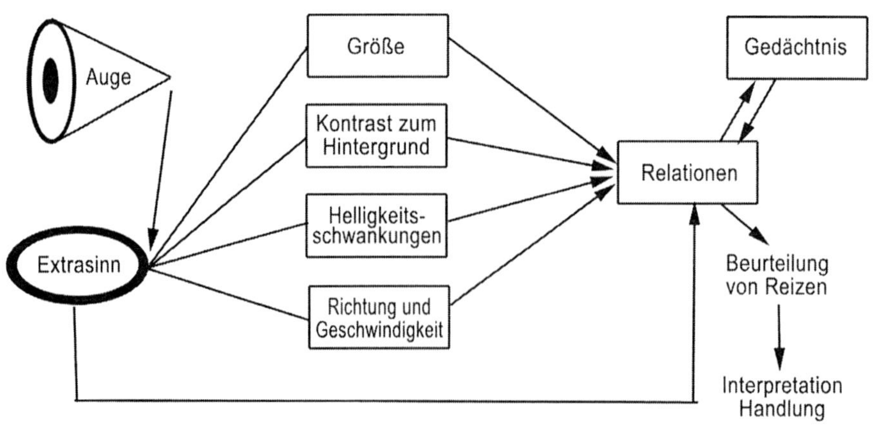

Weil in diesem Bereich auch die Einordnung der Rezeptionssignale mit Gedächtnisbereichen abgeglichen wird, kann man noch immer damit rechnen, dass verstärkt AULs entstehen. Diese Gefahr wird im Allgemeinen erst in der Stufe 4 geringer, wenn durch die Kategorie „AI" die Wahrnehmung noch einmal direkt vor Ort geschickt wird und damit alle Rechenbereiche umgeschaltet sind.

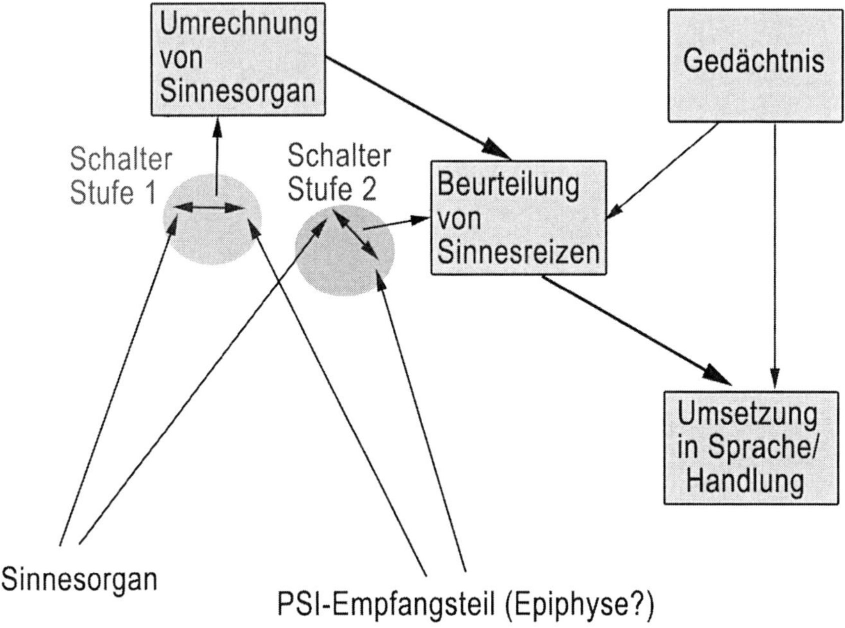

Unterstützt wird dieser Prozess durch die serielle (Schreib-) Arbeit, sodass die linke Hemisphäre, das beurteilende Wachbewusstsein immer weniger verhindern kann, dass „anomale" Wahrnehmungssignale verarbeitet werden.
Haffelder konnte diesen Vorgang sehr gut durch seine Fast-Fourier-Darstellung von Gehirnwellenmessungen zeigen:

Je mehr sich der Proband mit dem Protokoll beschäftigt, umso mehr wird der linkshemisphärische Apparat beschäftigt und fährt bestimmte Leistungen herunter, zu der die Beurteilung gehört. Die Übersetzung und Koordination bleibt, genauso wie die Fähigkeit, zu schreiben. Aber auch hier bemerkt man verstärkt Falschschreibungen und ein miserables, manchmal fast unleserliches Schriftbild, je mehr der Viewer bilokal ist.
Alle diese Hintergründe wurden uns von den US-amerikanischen Ausbildern nicht übermittelt. Möglicherweise kannten sie diese selbst nicht. Wie man sieht, sind sie aber sehr hilfreich und ich habe den Eindruck, dass die bessere Erklärung der Vorgänge, die wir hier in Deutschland betreiben, sehr hilfreich ist, weil das Wachbewusstsein nun die Bearbeitung eines Krakels und spontaner Eindrücke nicht mehr als etwas Unsinniges, nicht Greifbares und daher Widersinniges ansieht. Nun kann man sich der Prozedur auch intellektuell befriedigt hingeben.
Wenn alle diese Abläufe ineinandergreifen und sie ausreichend Zeit haben, um eine Wirkung zu etablieren, ist das Gehirn, so möchte man fast sagen, nicht mehr in der Lage, die extrasensorische Wahrnehmung zu verhindern. Eine sehr merkwürdige Perspektive für Skeptiker, aber so ist es nun mal. Und die Anwendung macht sich inzwischen in der Ausbildung mehr als bemerkbar. Eine von Geburt an bessere Disposition, zum Beispiel in Form einer ausgeprägteren Datenleitung zwischen linker und rechter Hemisphäre, lässt sich vollständig bei „Unbegabten“ egalisieren. Die größten Schwierigkeiten, jemandem Remote Viewing beizubringen, liegen in der linkshemisphärischen Berufstätigkeit vieler Interessenten, die sich in vielen Jahren auf IT-Arbeit eingeschossen haben. Diese Leute müssen erst einmal begreifen, dass es auch etwas anderes als reines Bewusstsein und rationale Entscheidungen gibt. Das dauert oft am längsten.

Zukunft und Wahrscheinlichkeit

Als festen Bestandteil der Forschungen mit Remote Viewing kann man seit Beginn des Projektes Fragen über die Zukunftsentwicklung ansehen. Voraussagen waren schon beim Orakel von Delphi beliebt und seither hat sich die Frage, wie sich alles entwickeln wird, über viele Propheten und Nostradamusse hinweg bis zum heutigen Tag als Dauerbrenner der menschlichen Neugier erwiesen. Mit der RV-Methode erreicht man bisher ungekannte Trefferraten und Detailreichtum, was natürlich der Art des Protokolls zuzuschreiben ist. Natürliche Medien hätten diese Genauigkeit vielleicht auch gekonnt, wären sie so differenziert befragt worden, aber das können wir heute nicht mehr überprüfen.

Fakt ist, dass man aus den 20 Jahren, seit Remote Viewing in Deutschland ist, ein Resümee entnehmen kann, das viele systemische Fragen beantwortet, die teilweise sehr in die Physik hineinreichen und noch immer (oder jetzt erst recht?) mit aktuellen Ansichten der Atomphysik kollidieren. Ich schreibe ganz bewusst nicht „Quantenphysik", weil hier dem Namen nach nur ein kleiner Bereich des Gebietes abgedeckt wird und der Begriff inzwischen in der esoterischen Verwendung und in angrenzenden Bereichen so unsäglich oft verkorkst bis falsch verwendet wird, dass man damit eigentlich nichts mehr konkret aussagen kann.

Allerdings gehen die Erkenntnisse, die ich aus den vielen Zukunftsprojekten gezogen habe, auch durchaus konform mit sehr modernen Ansichten von einer Reihe von Physikern, die man als revolutionär einordnen kann. Und die offenbar deshalb auch innerhalb ihres Fachs bekämpft werden.

Themen hierbei sind:

Was ist ein absolutistisches Universum, was eine absolute Geschwindigkeit?

Wie entstehen Ereignisse als Folge von Ereignissen?

Was bedeutet Wahrscheinlichkeitsentwicklung im praktischen Leben?
Was ist eigentlich Information?
Was bedeutet eigentlich „deterministisch“ und gibt es das überhaupt?

Man muss zugeben, dass wir in der „Beweisführung“ von RV-Praktiken viele Stellen haben, wo letztlich doch nur begründete Vermutungen aufgestellt werden können, aber damit gehen wir konform mit der aktuellen „konservativen“ Atomforschung, die sich hauptsächlich als „Teilchenphysik“ darstellt. Jedenfalls kamen wir in den vergangenen Jahren durch Einsetzen der Hypothesen in neuerliche Proben der Funktionalität unseres Universums dazu, eine Liste zu entwickeln, deren Beachtung die Qualität der Ergebnisse erheblich verbessert. Und das ist ja der Sinn einer Forschung, die zu praktischen Ergebnissen führen soll.

Ein sehr einfach zu erklärender kritischer Punkt ist, dass wir weder wissen, was „Information“ wirklich darstellt, noch wie schnell diese sich bewegen kann. Von Anton Zeilinger, dessen Experimente[39] auf eine praktisch unendlich hohe Geschwindigkeit schließen lassen könnten bis hin zu Goethes Faust, der sich von Mephisto sagen lassen muss, dass der Gedanke das langsamste auf der Welt sein kann, reichen die Anzeichen.
Als Beispiel mag die Erforschung von anderen Himmelskörpern dienen. Inzwischen haben verschiedene Remote Viewer die Planeten und Monde unseres Sonnensystems bereist und auch extrasolare Planeten aufgesucht und beschrieben. Die Ergebnisse, phänomenologisch betrachtet, deckten sich mit den Fakten, die durch Astronomen auch zeitlich nach diesen Sessions bekannt gemacht wurden.
Im Rahmen unseres Sonnensystems gab es viele nachträgliche Bestätigungen der NASA, wenn zum Beispiel eine der unter-

[39] Weltweit beachtete Versuche zur Quantenverschränkung 1999/2001

schiedlichen Planetensonden den jeweiligen Himmelskörper erreicht hatte. Das mag vielleicht etwas über die Genauigkeit der Viewings aussagen, unklar bleibt jedoch der Zeitpunkt, für den die Aussagen zutreffen.
Für Körper innerhalb unseres Sonnensystems mag es unerheblich sein, ob sich Informationen mit unendlicher oder nur mit Lichtgeschwindigkeit bewegen. Die entstehenden Differenzen von Minuten oder wenigen Stunden (ca. viereinhalb bis zur Grenze des Sonnensystems) sind für unser Leben marginal.
Wie aber sieht es bei extrasolaren Körpern aus?

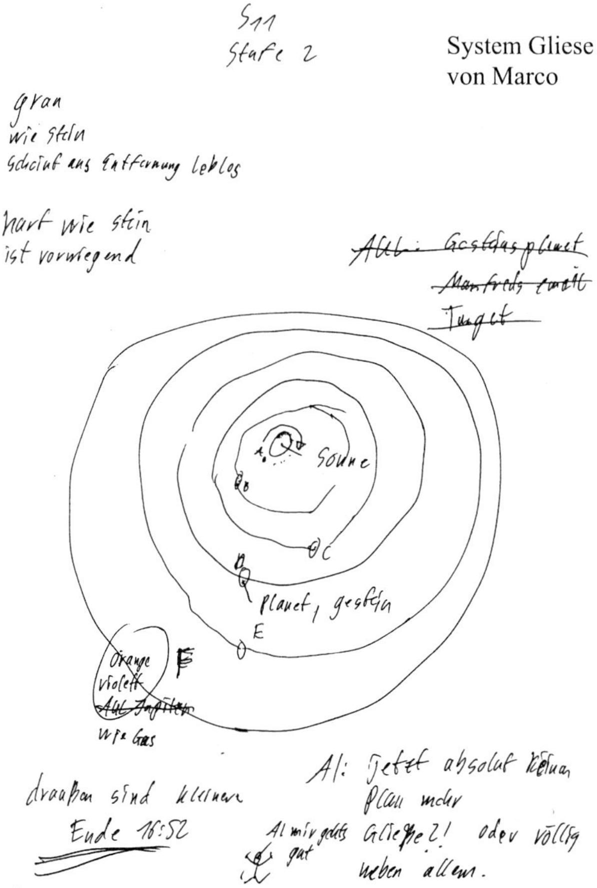

System Gliese 581 geviewt von Marco

Interessante Objekte, also zum Beispiel Planeten in der wissenschaftlich angenommenen „habitable-Zone" einer Sonne könnten Leben bis hin zu einer Zivilisation tragen. Genau wie auf unserer Erde. Diese sind aber meist so weit entfernt, dass wir nicht sagen können, ob diese Zivilisation in diesem unserem Moment noch besteht. Viewen wir nämlich mit Lichtgeschwindigkeit, dann haben wir nur die relative Vergangenheit dieses Himmelskörpers auf dem Schirm.
Aus unserer eigenen Erdgeschichte wissen wir, wie schnell Reiche untergehen können. Atomgesellschaften können sich blitzschnell in die Steinzeit zurückkatapultieren, was allen Anzeichen nach schon einige Male passiert sein muss.
Könnten wir uns aber beim Viewen in einer Art Hyperraum bewegen? So jedenfalls schlagen es die Teilchenforscher aus Harvard inzwischen vor, weil sie in ihrem Weltbild nach elf zu Hilfe genommenen Dimensionen noch immer keinen Platz für postulierte Gravitonen, also die Überträger der Schwerkraftwirkung gefunden haben? Oder vielleicht *Informati*-onen?
Dann, so folgern sie sehr richtig, sind auch noch andere Effekte denkbar wie zum Beispiel die der parallelen Existenzebenen.
Leben wir nur in einer von vielen Welten, die sich durch die Unschärfen beim Voranrechnen des Universums von Quantenmoment zu Quantenmoment ergeben können? Sind wir dann nur eine Wahrscheinlichkeit in einem Strom von unzähligen möglichen Existenzen?
Auch hier liegen Erfahrungen aus RV-Projekten vor. Wenn wir eine Zukunft viewen, stellen wir einerseits fest, dass wir einen hohen Prozentsatz von zutreffenden Informationen haben, also Ereignissen und Zuständen, die tatsächlich eintreffen.
Der Prozentsatz dieser Stimmigkeiten schwankt, und es brauchte Jahre, hier eine tragfähige Aussage formulieren zu können.
Der Grad der Voraussagbarkeit einer erlebbaren Realität richtet sich durchaus nach den daran beteiligten Ereignissen. Im Großen und Ganzen muss man feststellen, was auch Mathematiker bestätigen, dass es einen Hang zur kausalen Entwicklung gibt,

die sich mit einer ungeheuren Trägheit in die Zukunft wälzt. Bestimmend sind die Ausgangsfaktoren. Man kennt es aus soziologischen Studien: Unterschichtkinder werden ihre angeborenen sozialen Grenzen kaum verlassen.

Änderungen können nur eintreten, wenn gegen Gesetze des Determinismus verstoßen wird. Interessanterweise ist dies ohne Probleme möglich, nämlich dann, wenn sich ein Individuum bewusst wird, dass persönliche Willensakte sozusagen Wunder vollbringen können. Wenn ein Mensch sich umentscheidet und danach handelt, werden mehr oder weniger die Karten neu gemischt.

Dafür beispielhaft waren unsere Erfahrungen mit dem Voraussagen von Fußballergebnissen. Obwohl durch die große Anzahl der beteiligten Variablen (22 Spieler, mehrere Schiedsrichter, ein Ball und viele Tausend Grasbüschel) eine hohe Zufälligkeit möglich scheint, lag die Richtigkeit der Voraussagen zwischen 60 und 70%. Manche Spiele schienen völlig sicher in ihrem „vorbestimmten" Ausgang, bis – genau! – bis jemand eingriff. Und das war in den meisten Fällen der Trainer, der eine Einwechselung vornahm. Der neue Feldspieler schoss dann das entscheidende Tor oder bereitete es vor. Einen minimalen Einfluss hatten noch unglückliche Verletzungen einzelner Spieler, deren Folgen dann unter Umständen die ganze Saison betrafen und damit wieder voraussagbar wurden.

Eine solche Voraussage ist auch mit normalen mathematischen Kenntnissen einigermaßen erklärbar.

Zu Beginn eines Spieles gibt es für jeden Spieler, jede Mannschaft, jeden Ort etc. eine aktuelle Zustandsbeschreibung. Würde man jedes Detail davon kennen, könnte man deren Folgen vorausberechnen. In einer Session tun wir genau das.

Die Matrix weiß Bescheid und wir zapfen das Ergebnis einer formulierten Frage an. Das funktioniert so weit sehr gut. Wenn allerdings ein ausreichend autoritärer Beteiligter mit einer spontanen Entscheidung eingreift – so wie ein Trainer, der von außen sieht, was gebraucht wird und sich entscheidet, einen

Spieler von der Reservebank zu holen, dann kann man alle Voraussagen in die Tonne treten.
Ein Trainer verbessert mit solchen Augenblicksentscheidungen signifikant die Chancen seiner Mannschaft. Es ist so ähnlich, wie das lange unter Mathematikern diskutierte „Ziegenproblem“: wenn der Proband sich nach der ersten Information umentscheidet, verbessert er seine Chancen von 50:50 auf 2:1. [40]
In den letzten zehn Jahren ist es zum Normalfall geworden, dass ein Trainer in den letzten fünf Minuten eines Spieles einen entscheidenden Wechsel vornimmt. Der späte Zeitpunkt ist dabei wichtig. Der Effekt kommt nämlich entweder sehr schnell, weil die vorhandenen Gegner den Neuen noch nicht kennen, oder gar nicht, wenn man sich gewöhnen konnte. Und wenn dann das Tor erzielt wurde, bleibt wegen abgelaufener Spielzeit dem Gegner kaum noch Zeit für eine Reaktion seinerseits.
In den letzten zehn Jahren ist dieser Effekt zum Standard eines Spieles geworden, was Fußball damit schwerer voraussagbar gemacht hat. Einfacher hat man es dagegen beim Tennis. Es gibt nur zwei Möglichkeiten, denn einer wird gewinnen und es gibt auch keine Einwechslung. Jeder Spieler muss mit seiner Tagesform klarkommen.
Wenn wir nun eines der möglichen Ergebnisse viewen, ist es im Moment der Session eine reale Welt oder nicht? Wenn nein, was macht ein Sessionergebnis zu einer realen Welt? Dass es nur eine Möglichkeit ist, die erst dadurch zu einer Welt wird, wenn sie

---

[40] Das Ziegenproblem wurde in den 1960er Jahren weltweit von führenden Mathematikern diskutiert: In einer Spielshow gibt es drei Türen, die der Proband öffnen kann. Nur hinter einer Tür befindet sich der Hauptgewinn, z.B. ein Auto. Hinter den anderen beiden Türen steht eine Ziege als Symbol für die Niete. Nachdem sich der Proband für eine Tür entschieden, sie aber noch nicht geöffnet hat, fragt der Spielleiter, ob er sich nicht eventuell umentscheiden würde und öffnet eine der anderen beiden Türen, hinter der eine Ziege steht. Die Frage an die Mathematiker war nun: Mit welcher Wahrscheinlichkeit ändert sich die Chance, nun den Hauptgewinn zu treffen, wenn der Proband seine Meinung ändert? Spontan sagten viele: „Gar nicht. Es bleibt bei 50%!“ Richtig ist aber, dass die Chance nun auf 66,6% steigt, weil in die Entscheidungssituation auch die Ausgangssituation einbezogen werden muss.

in die Gegenwart eintritt, sich also so manifestiert, kann nicht die ganze Wahrheit sein.
Wir hatten viele Zukunftssessions, im Prinzip fallen darunter alle persönlichen Optimums, in denen eine reale Welt erfassbar war – mit realen Konsequenzen aus unserem heutigen Sein.
Wenn wir den aufgezeichneten Weg weitergehen, erreichen wir mit unserer Aufmerksamkeit diese Welt. Manifestieren wir sie dann erst?
Wir könnten genauso gut beschließen, dass diese Zukunft nicht erstrebenswert sei und einen anderen Weg einschlagen, als den vorgegebenen. Also, wenn uns der Flugzeugabsturz nicht gefällt, checken wir nicht ein und fahren vielleicht auch noch vorsichtig mit dem Auto, falls sich ein Unglücksfeld mit dem technischen Bewegungsaspekt verknüpft hat. Soll ja schon vorgekommen sein, dass jemand, der nicht in der Unglücksmaschine saß, trotzdem auf der Straße umgekommen ist.
Die geviewte Zukunft tritt dann nicht ein. War sie jemals real? Aber es war doch die kausale, nicht nur eine wahrscheinliche! In diesem Fall kann man sagen, dass die Zukunft die Vergangenheit verändert hat, sodass eine akausale andere Zukunft entstanden ist. Oder?
Das bringt alle unsere gewohnte Maßstäbe und Halteseile für eine Existenz durcheinander.
Nicht nur die Zukunft ist lediglich eine Wahrscheinlichkeit, deren kausale Entstehung unterlaufen werden kann – auch die Vergangenheit ist nicht so sicher, wie man glaubt. Das Universum wird relativer, als einem lieb ist.
Wenn wir uns selbst in einer Zukunft befragen, wie wir weiter leben sollen, kann unser Ansprechpartner dann kaum eine klare Antwort geben. Alles könnte beeinflussend wirken, sodass diese Zukunft nicht mehr erreicht werden kann. Vielleicht würde diese Zukunft dann an der eigenen Existenz sägen?
Und was ist mit der Gegenwart? Ist die sicher? Sie scheint ja manifestiert zu sein, in jedem Moment, den ich erlebe!

Inzwischen wurden mir viele Erlebnisse zugetragen, die das Ganze noch komplexer erscheinen lassen. Und meine eigenen Erfahrungen dazu bestärkten mich in meinen Schlussfolgerungen.[41]

Viele Menschen sind ab und zu im Alltagsleben zutiefst irritiert. Eben hatten sie noch etwas in der Hand, plötzlich ist es weg – nicht mehr da, wo man es hingelegt hatte. Im Allgemeinen wird hier eine Gedächtnis-Fehlleistung untergeschoben, die durchaus in den meisten Fällen zugrunde liegen mag. Manche dieser Ereignisse sind aber so schräg und gut dokumentiert, unter Umständen mit Zeugen, dass es schwierig wird, an einen Irrtum oder an einen gemeinsamen Blackout zu glauben. Manche Dinge bleiben verschwunden, manche Dinge finden sich am gleichen Ort oder ganz woanders später wieder an.

Aus meinen Erfahrungen mit den Zukunftsprojekten halte ich es für absolut möglich, dass sämtliche Wahrscheinlichkeiten ineinander verschwimmen und es lediglich unsere Aufmerksamkeit ist, die das Ganze für uns individuell regelt.

Dazu passen auch Erlebnisberichte von Personen, die einem bestimmten Ereignis beigewohnt haben und es divers bis hin zu gar nicht existierend beschreiben.

Ich weiß sehr wohl, dass es psychologische Experimente gibt, die aufzeigen, dass man jemandem ohne Probleme eine falsche Erinnerung einreden kann, beispielsweise, dass dieser Jemand als Kind einmal einen Behälter so unglücklich handhabte, dass er das schöne Kleid eines Gastes befleckte. Auch werden Erinnerungen in Bezug auf die eigene Einstellung im Gedächtnis geparkt. Wenn etwas peinlich war, wird es verändert. Das alles meine ich nicht.

Ich konnte zum Beispiel alte Filmaufnahmen mit Erinnerungen Beteiligter und Unbeteiligter abgleichen. Es bleibt ein Grundsatz von „ungeklärten Fall-Organisationen“, sozialen UFOs, sozusagen.

---

[41] Siehe „Schritte in die Zukunft“, Manfred Jelinski 2003, Ahead and Amazing, Ostenfeld.

Wäre es wirklich so abwegig, unser Universum für nur eines in einem riesigen Bündel von Universen zu halten, das lediglich durch den gleichen Zeitfortschritt definiert ist, sonst aber eigenständig? Und unsere Aufmerksamkeit wandert hin und her, tauscht den Platz mit anderen Aufmerksamkeiten dieser unserer Existenz, der Generalseele unserer Person sozusagen, die sich über viele wahrscheinliche Welten erstreckt. In diesem hypothetischen Feld von erreichbaren Entwicklungen findet man mühelos eine Erklärung für tägliche Rätsel.
Viel wichtiger aber ist: Man kann in einem Remote Viewing-Projekt zur Verbesserung der eigenen Lebensumstände oder der von kleineren und größeren Gemeinschaften mit diesem einstweiligen hypothetischen Konstrukt effizient arbeiten. Wenn man Zukunft als eine variable Ereigniskette, genauso, wie es die moderne Atomphysik eigentlich postuliert, annimmt und mit einem sozusagen aufgeweichten Determinismus die Unschärferelation der Ereignisentwicklungen unterläuft, kommt es zu brauchbaren Arbeitsanweisungen.
Dazu gehört zum Beispiel, keine noch nicht bekannten Entwicklungen vorauszusetzen. In den 90er Jahren wurde eifrig geviewt, wo der sicherste Platz zum Überleben der kommenden Weltkatastrophe wäre. Aber dann gab es keinen Weltuntergang. „Safe place-targets“ erwiesen sich als völlig sinnlos. Ich begann 1998 mit der inzwischen legendären „Haussession“ einen neuen Weg, nämlich zunächst nachzuschauen, wie ein Ort in der Zukunft ohne Vorannahme aussähe, Endpunkt einer unbeeinflussten kausalen Entwicklung, sozusagen. In der Session kam kein Weltuntergang vor, es gab keinen erheblichen Einfluss auf das gesellschaftliche Leben durch weltweit wirksame Naturkatastrophen.
Es gab regionale Unglücke, Kriege und viele betroffene Personen. Aber nichts Globales. Man konnte herausfinden, ob der Heimatort sicher war. Die, von deren Untersuchungen ich weiß, waren es alle.
Wir stießen bei diesem Projekt aber auf menschgemachte Probleme. Ergebnisse von Leichtsinn (Fukushima) und Börsen-

crashs, die man genau voraussagen konnte. Desgleichen politische Entwicklungen. Sie sind im Rahmen einer nur geringen Unschärfe sehr zielstrebig eingetroffen, dass einem schaudern könnte.
Wäre es nicht besser, wenn man sich der Zukunftserforschung so nähern könnte, dass man „Wenn-Danns" auf verschiedenen Prämissen aufbauen könnte und dann nachsehen, welche Möglichkeiten sich zu einer gewünschten Welt bietet?
Dabei ist davon auszugehen, dass es nicht die einzige ist, die eintritt, sondern dass es sozusagen eine Welt für jeden Geschmack gibt. Man muss nur sehen, wie man dort ankommt, wo man hin will.
Natürlich könnte uns „die Wissenschaft" mit hilfreichen Definitionen versehen, beispielsweise, was eine „bestimmte Raumzeit" tatsächlich ist, und was demgemäß „Gleichzeitigkeit" bedeutet.
Es würde uns die Forschungen erleichtern. Gegenwärtig entsteht noch ein ungeheurer Arbeitsaufwand, um zu bestimmen, welche Größe von Ereignissen und welche Art von Dynamik jeweils den Ereignisraum krümmen. Hierzu gibt es natürlich auch Hypothesen, aber das würde im Moment zu weit führen Abhängig ist ohnehin das meiste von der speziellen Situation. Soweit die Praxis. In der Theorie habe ich es vorgezogen, solche Ideen eher in einer fiktiven Romanwelt[42] auszuprobieren, die sich ja auch einer gewissen Kausalität stellen muss, wenn man sie als Autor angemessen achtet. Dieses Vorgehen hilft mindestens bei der Erkenntnis, was NICHT funktioniert, ganz genauso, wie die jahrelange Empirie der vielen RV-Projekte.
Sehr hilfreich wäre, wenn endlich die Arbeiten von Burkhard Heim zu Ende geführt werden würden und – das Wichtigste daran – für nicht so große geistige Lichter, also auch für mich, aufbereitet werden würden. Für die Praxis. Denn so, wie wir als Menschheit in der Weltgeschichte herumstolpern, erfahren wir

[42] „Die Hüter der Wahrscheinlichkeit", fünfbändiger Zyklus, Manfred Jelinski, 2009 bis 2017, Ahead and Amazing, Ostenfeld.

früher als uns lieb ist, unser Atlantis. Allerdings nicht als Naturkatastrophe - obwohl, unsere selbstgemachte Ignoranz ist ja auch etwas sehr Natürliches.

Zwischenfälle in der Session: Gefahren der Bilokation

Bei Gesprächen und Diskussionen über Remote Viewing gibt es ein spezielles Thema, das oft genug die Meinung der Anwesenden manchmal recht emotional spaltet.
„Du kannst dir alles ansehen, überall sein und jedem begegnen, wie du willst, du bist ja nicht wirklich da. Keine Gefahr für dich!", ist die eine Meinung.
„Vorsicht, geht nicht gleich überall hin, passt auf! Es kann eine Menge passieren, auch körperlich!", sagen die anderen.
„Ach, pah! Du bist doch nicht körperlich dort! Du sitzt doch hier am Tisch! Hier ist doch alles in Ordnung! Und den Geist fängt niemand ein!", wird dann gern entgegnet.
Über die Freiheit des Geistes möchte ich mich hier nicht äußern. Aber dass ein Viewer immer sicher vor körperlichen Problemen ist, gehört in die Welt der Selbstbetrugsmärchen.
„Ach was, ihr wollt euch nur wichtig machen! Das machen immer alle, die meinen, sie wissen schon viel mehr! Reines Ego-Spielchen. Remote Viewing ist sicher! Ihr wollt nur die Lufthoheit gegenüber Neulingen bewahren!"
Schön wär's.
Es gibt verschiedene Einrichtungen und Voreinstellungen bei jedem Menschen, die im Alltag sehr praktisch und nützlich sind und im Prinzip das Überleben sichern. Eine dieser Einrichtungen ist das doppelte System der Reizleitung und des Feedbacks der Körperfunktionen, auch Nervensysteme genannt. Da gibt es einmal das willkürliche (somatische) System, alle jene Datenleitungen, über die wir das bewusste Leben, die Reize und Reaktionen, empfangen und steuern. Und dann gibt es noch das unwillkürliche, autonome oder vegetative Nervensystem, was die prinzipiellen, normalerweise völlig unbewussten Vorgänge steuert. Auch dieses System hat Zugang zu den Sinnesorganen und zu abgespeicherten Daten, Einstellungen und Erinnerungen. Sinn dieses Systems ist es, im Hintergrund alle nötigen Funktio-

nen zu regeln, je nach Lebenslage die Aktivität einzelner Organe hoch- oder herunterzufahren. Wenn wir rennen, benötigen wir mehr Sauerstoff, also wird die Zahl der Atemzüge pro Zeiteinheit erhöht.
Je nach Körperlage muss das Blutpumpensystem dirigiert werden. Für die Verdauung muss mehr Versorgung des Magens bereitgestellt werden. Bei Verletzungen muss oft sehr komplex im Körpersystem gehandelt werden.
Das können wir während unserer normalen Denktätigkeit nicht leisten, denn dort ist es nur möglich, jeweils einen Vorgang gleichzeitig zu steuern. Hätten wir nur ein Reizleitungssystem, würden eventuell Inhalte miteinander kollidieren.
Es ist also alles gut für den Einsatz im Alltag, fürs Überleben und für die Behandlung auch überraschender Situationen.
Dieses gut eingerichtete System ist genau dann überfordert, wenn divergierende Signale eintreffen.
Traumata oder Phobien führen zur Außerkraftsetzung der Körperkoordinierung. Die Gefahrensituation ist für den Betroffenen real, deshalb muss das vegetative Nervensystem reagieren. Auch wenn die Gefahr nur in der Vorstellung vorhanden ist, die Auswirkung auf den Körper ist real. Das ist besonders bei Prüfungs- oder Bühnensituationen allgemein bekannt. Die Stresssituation ist zwar nicht physisch real, dennoch schaltet der Nervus Sympathicus die Leistungsfähigkeit der Organe hoch. Herzklopfen, Schwindelgefühl, Sodbrennen, Übelkeit, Tränen und Verluste des Kontrollgefühls sind die Folge.
Eine besonders fiese Abart davon hat man sich in der Folter zunutze gemacht. Beim Waterboarding weiß man als Opfer zwar, dass der Folterknecht einen nicht wirklich ertrinken lassen würde, weil dann keine verwertbaren Informationen mehr gewonnen werden könnten, aber das vegetative System zeigt an, dass unter Wasser nur eine geringe Überlebensmöglichkeit besteht. Daraus folgt Panik und Aufgabe.
Prüflinge und Schauspieler sind zwar nicht körperlich in Gefahr, aber das Bewusstsein, dass die kommenden Minuten ihr ganzes

Leben verändern können, machen eine Situation subjektiv genauso wichtig. Hier kann man durch gute Vorbereitung und Konditionierung mildernd eingreifen.
Beim Remote Viewing sind ähnliche Mechanismen am Werk, allerdings in ganz anderer Genese, nämlich gänzlich unbewusst. Und da in der Session die rechtshemisphärische Wahrnehmung am Bewusstsein vorbeigeschleust wird, wird die Körperreaktion erst bemerkt, wenn es zu spät ist. Wenn die viewende Person glaubt, ihr könne nichts passieren, hat sie schon verloren.
Aus den bekannten Gründen sollte ein Viewer nicht wissen, welches Zielgebiet er bearbeitet. Aber in jeder Session kann etwas enthalten sein, das der Gesundheit des Viewers schaden würde, setzte man ihn dieser Situation wirklich aus. Viele spannende Targets führen in sehr unwirtliche Lebensräume. Hinzu kommen Dinge, die von dem Viewer mit einer Phobie belegt sind.
Ich beschäftige mich mit der Remote Viewing-Ausbildung seit bald 20 Jahren. Die Probleme traten nicht oft auf, aber so häufig, dass ich in jede Session als Monitor mit großer Aufmerksamkeit hineingehe.
Nehmen wir zunächst einmal die Ängste und Phobien. Am weitesten verbreitet ist die Höhenangst. Es ist bekannt, dass sich ein Viewer am Anfang einer Session irgendwo im Targetbereich einfindet. Irgendwo heißt tatsächlich irgendwo. Es kann im Innern eines Dinges, sogar von festen Körpern, ankommen, aber auch auf einem Teil des Targets. Nehmen wir an, das Target ist ein Flugzeug und der Viewer landet im Pilotensitz, dann kann das zu Angstzuständen, Schweißausbrüchen, Herzklopfen und Unwohlsein führen.
Warum? Der Viewer sitzt doch sicher am Tisch.
Wie wir wissen, wird beim Remote Viewing die Rezeption von den Gesichtssinnen auf rechtshemisphärische Wahrnehmung umgeschaltet. Das geschieht in der Stufe 1 und weiter in der Stufe 2. Wenn die Eindrücke aus dem Zielgebiet so stark wahrnehmbar werden wie die durch die normalen Sinnesorgane,

freuen wir uns über klare Daten. Das nennt man dann Bilokation: Der Viewer ist sowohl am Tisch schreibend als auch im Zielgebiet um sich schauend vorhanden.
Solche Eindrücke aus der Extrasensorik können sogar stärker werden als die realen körperlichen Eindrücke. Was geschieht dann im Nervensystem?
Ganz einfach: Verwirrung. Das vegetative System bekommt andere Informationen als die Sinnesorgane vermitteln. Und wenn die Eindrücke vom Zielgebiet zu stark werden, muss etwas unternommen werden, denn offenbar ist der Körper in Gefahr. Das sympathische System kurbelt den Körperhaushalt an. Signale werden in alle Richtungen ausgesandt, Botenstoffe ausgeschüttet, alle wichtigen Instanzen benachrichtigt. Der Viewer, der in der Session alle Anweisungen „so als ob" ausführt, erlebt hier die Kehrseite der Medaille, er reagiert, „so als ob" er im Zielgebiet körperlich anwesend wäre. Der Parasympathikus findet hier keinerlei Grund, gegenzusteuern, der Stress ist ja vorhanden.
In einem wild herumkreisenden Flugzeug oder auf dem Ausleger eines Riesen-Baukrans wird dem von Höhenangst Geplagten schlecht. Und er bekommt Angst. Der Herzschlag beschleunigt sich. Die Hände beginnen zu zittern. Alles ganz normale Antworten des Körpers auf die Situation, als wäre er der Situation tatsächlich ausgesetzt.
Viewer von heißen Wüstengebieten begannen zu schwitzen und bekamen Durst. Die Reaktion des Körpers kann sogar soweit gehen, dass der Viewer bei der Wahrnehmung von Alkohol anfängt, zu lallen.
Bei Menschen mit Spinnen- oder Insektenphobien beginnt die Haut zu jucken, als ob da etwas drüberkrabbelt. Sie bekommen eine unerklärliche Angst. Am Nordpol werden ihre Füße kalt. Ein eisiger Wind bläst ihnen ins Gesicht. Es kommt sogar dazu, dass ihr somatisches Nervensystem mit virtuellen Schmerzanzeigen reagiert.

Das alles aber ist harmlos gegenüber den Reaktionen auf Weltraumtargets. Inzwischen hatte ich einige Menschen, die tatsächlich nach Luft rangen, als sie auf Mond oder Mars angekommen waren.
Manchmal geraten sie sogar in einen Ablauf, den sie nicht selbst anhalten oder umkehren können. Dann ist der Monitor gefragt. Die Viewer sitzen da, völlig verkrampft, zitternd, sogar in Weinkrämpfen verfangen, und sind hilflos, den Zustand zu ändern. Dass der Viewer ruhig am Tisch sitzt, macht die Sache unter Umständen noch schlimmer. Ist es nun so oder so? Sympathikus und Parasympathikus können sich nicht einigen, auf welchem Niveau sie die Körperfunktionen einregeln sollen. Mit der Durchführung des Protokollablaufs haben die Viewer die bewusste Bewertung der Situation erfolgreich heruntergefahren. Herzklopfen und Kreislaufstörungen treten ein.
Dann ist es höchste Zeit, die Viewer aus dieser Situation heraus zu holen, eine sogenannte Herausführung einzuleiten.
Aufgrund solcher Vorkommnisse denke ich mit Schaudern daran, dass jede dieser Situationen vorkommen kann, wenn Leute allein das RV-Protokoll ausprobieren. Im heutigen Zeitalter der Singles und Einzelkämpfer ein nicht zu unterschätzender Prozentsatz. Oder, wie es Stefan Franke passiert ist, er viewte mittels Skype. Sein Monitor gab ihm das Target „Marsoberfläche" und saß weit entfernt vor seinem Computer.
Als Franke mitteilte, er bekäme keine Luft mehr und ihm würde schwarz vor Augen, reagierte der unerfahrene Monitor mit Verständnislosigkeit. Zum Glück hatte hier der Viewer einige Vorerfahrung aus der Meditation und anderen Techniken, sodass er in der Lage war, aufzustehen, zum Fenster zu gehen und es zu öffnen. Auch Atmung und Kreislauf konnte er selbst stabilisieren. Nochmal Glück gehabt!
Selbst die altgedienten amerikanischen Viewer warnen vor dieser „martial art".
Ebenfalls nicht zu unterschätzen sind Traumata.

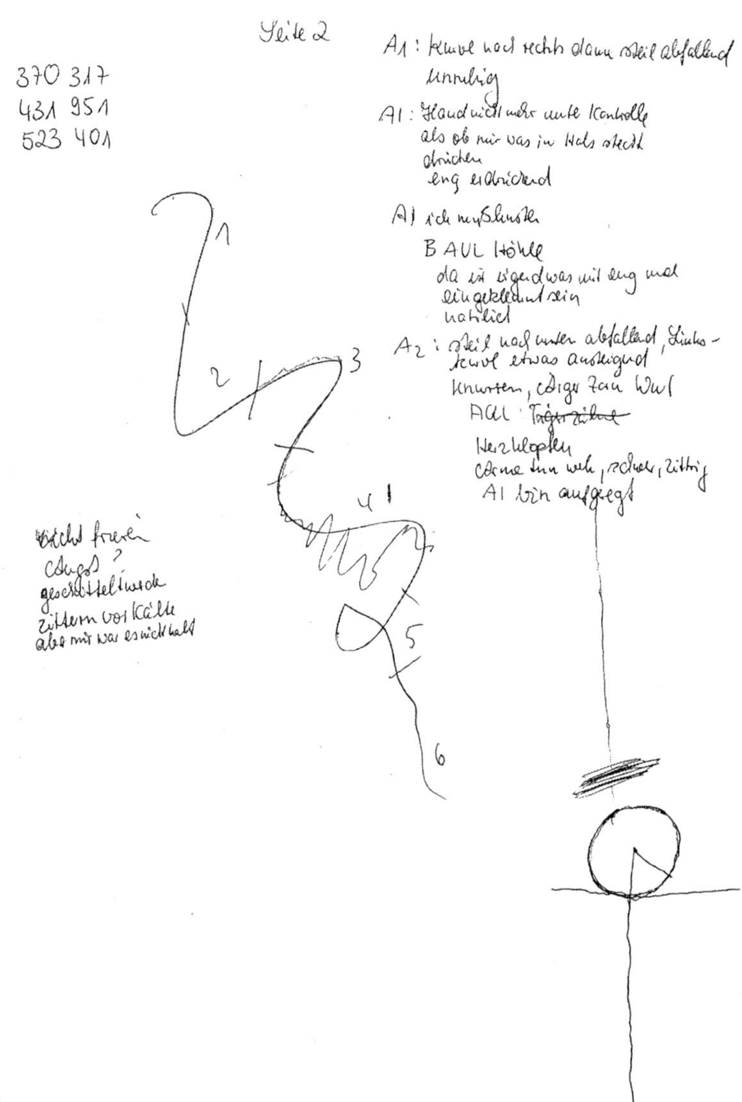

TARGET: Mensch im Weltraum. Viewerin Ulrike bekommt durch ihre bilokalen Eindrücke ein divergentes Feedback für ihr vegetatives Nervensystem. Die Folgen sind ein Fast-Kollaps des gesamten Steuersystems, das sich nicht entschließen kann, welche Daten richtig sind: der Standort am Schreibtisch oder der luftleere Weltraum.

Bewusste oder unbewusste seelische Verletzungen können aufbrechen, wenn ein Target Situationen enthält, die den Viewer daran erinnern. Oftmals weiß der Viewer nicht einmal, dass dieses Szenario im Zielgebiet enthalten ist. Die Durchschaltung findet vollständig auf der unbewussten Ebene statt. Ich hatte einmal einen älteren Viewer, der schreckliche Erlebnisse als Kind im Krieg hatte. In der zweiten Stufe 1, wenn der Targetkontakt schon zu sehr treffenden Wahrnehmungen führen kann, begann er plötzlich zu weinen. Das Zielgebiet war eine zerstörte Straße nach Kriegsende. Die Kämpfe waren lange zu Ende, nur eine Patrouille mit Panzer war zu sehen, aber bereits diese unterschwellig erkannten Reize reichten als Stimulus für eine heftige Körperreaktion. Der Mann begann zu weinen.
In einer sorgsam geführten Ausbildung kann man die Kontrolle über Körperreaktionen auch in der Bilokation durchaus erlangen. In einer Art Desensibilisierung kann man die Viewer durch weniger gefährliche Targets dazu bringen, mit der Zeit auch in einer wirklich gefährlichen Situation zurechtzukommen. Die Möglichkeit von unterschiedlichen Rezeptionssignalen wird dann sozusagen als eigenes Szenario „Remote Viewing-Session" abgespeichert. Trotzdem kommen hier bei betroffenen Personen immer wieder leichte Resonanzeffekte vor, die allerdings durch reines Aufschreiben beherrschbar gemacht werden. Irgendwann dann hat der Viewer sozusagen „Hornhaut auf der Seele".
Generell aber obliegt es einem Viewer, zu entscheiden, inwieweit er/sie bereit ist, ein Gebiet abzuarbeiten. Es gibt nicht ohne Grund persönliche No-Go-Listen und die sollte man bei aller sonstigen praktizierten Professionalität respektieren.

Wie gut ist Doppelblind?

Wissenschaftler und Skeptiker möchten ja immer gern, dass Remote Viewing-Sessions „doppelblind“ durchgeführt werden. Erst dann, meinen sie, wäre die neutrale Glaubwürdigkeit erreicht und man könnte konstatieren, dass Remote Viewing funktioniert. Denn der Monitor könnte ja mit Körpersprache, Wortwahl, Betonung und so weiter dem Viewer übermitteln, was er sagen soll. Dann wäre das überhaupt nicht „übersinnlich“.
Remote Viewer winken ab.
Erstens natürlich besonders dann, wenn sie eine Anzahl von Sessions hatten, die eingetroffen sind. Sie müssen nicht mehr beweisen, dass RV funktioniert, sogar dann, wenn weder Viewer noch Monitor das Target kennen. Denn das würde jetzt „die Wissenschaft“ fordern: Absolut keinen Bezug einer der bearbeitenden Personen zu Aufgabenstellung. Und diese sogenannte „Wissenschaftlichkeit“ heftet man sich auch immer gern bei öffentlichen Medien ans Mäntelchen und bringt damit auch die Beiträge zu Fall, in denen der versprochene Effekt trotz beständiger Einreden und Störversuche des Fernsehteams geklappt hat.
„Wenn ihr einen Beitrag über Remote Viewing machen wollt“, sagte ich deshalb anlässlich einer neuen Initiative von „Galileo-Mystery“ 2006/2007 der Redakteurin von RTL, „dann mache ich euch ein wunderbares Angebot. Ich bilde euch kostenlos aus und ihr macht das alles, was ihr haben wollt, dann selbst in eurem Beitrag. So spart ihr immense Kosten!“
Darauf hin Schweigen, dann: „So ein Format können wir leider nicht realisieren.“
„Ich halte das weiter aufrecht!“, antwortete ich und gab meinen Entschluss in den Chats der Szene bekannt. Fröhlicher Beifall. Alle hatten es einfach satt, die Kriterien, die von Leuten, die keine Ahnung von der Technik und der Praxis hatten, immer wieder zu erklären. Endlich war man die ständigen Beweis-Session-

Anfragen los. Tatsächlich kamen danach kaum noch Anfragen. Das erleichterte die tägliche Arbeit sehr. Denn alle, die einmal das Protokoll gelernt und durchgeführt haben, brauchen keinen Beweis mehr und sind eigentlich nur noch von den ständigen, sich mit „wissenschaftlich" bemäntelnden Anfragen genervt, die sozusagen bei Adam und Eva beginnen und die allseitige Uninformiertheit fordern.

Aber angenommen, wir nehmen die Bedenken ernst. Was bringt „doppelblind" tatsächlich?

„Nun, dann stochern zwei zusammen im Dunkeln!", kommentierte Gunther Rattay diese Frage im Frühjahr 1997, als ich am Schnitt des ersten deutschen RV-Films saß und mich auch mit der Wissenschaftlichkeit beschäftigen musste. Und er hatte recht.

Natürlich kann ein Monitor den Ablauf gut strukturieren. Er ist ja linkshemisphärisch voll da – oder sollte es jedenfalls sein. So kann er einen Plan machen. Das könnte gut sein, wird aber vom Vieweralltag beständig unterlaufen. Und dann ist letztlich doppelblind nur geringfügig besser als eine Solo-Session. Zwar hat der Viewer seine linkshemisphärische Verantwortung abgegeben, und damit auch den Druck, etwas erreichen zu müssen, aber nun kommt die Fantasie des Monitors ins Spiel.

„Könnte dies oder das zur Lösung führen? Was ist überhaupt gefragt?"

Das, was der Viewer im Vordergrund sieht, weil es „irgendwie interessant ist" oder etwas, das er/sie nur mal beiläufig erwähnt hat, weil „da keine Energie drin ist"? Wie soll das der Monitor beurteilen?

„Der Viewer muss wissen oder erfühlen, was für das Target wichtig ist und was nicht!", erklärte Ed Dames in den 90er Jahren und wir glaubten es.

Früher, in der militärischen Zeit auf dem Gelände der NSA in Fort Meade war man noch der Ansicht, dass der Viewer sowieso der Held sei und von seinem übergeordneten Standpunkt aus alles beurteilen könne und deshalb er/sie auch zwangsläufig in der Lage wäre, zu sagen, was interessant ist. Mit den weiteren Erfahrungen in Praxis und Forschung dort und am SRI änderte sich das.

„Wenn du etwas in der Session beurteilt haben willst, ist der Viewer der Letzte, du fragen solltest!", kolportierte auch Paul Smith die Erfahrungen der Einsatzgruppe.

Lässt sich der Monitor auf den Weg ein, den die Viewerinteressen nehmen, kann das dazu führen, dass man die Ergebnisse wegwerfen kann. Und dass die Funktionalität der Methode generell angezweifelt wird.

Schon in den Beurteilungen, die über diese Methode im militärischen Bereich abgegeben wurden,[43] kam die Formulierung vor: „Die Leistung des Viewers war nicht hilfreich für die Lösung des Falles. Also ist Remote Viewing ohne Bedeutung."

Der Effekt selbst ist in der Testtheorie wohlbekannt. Wenn man die falschen Inhalte prüft, wird man falsche Ergebnisse bekommen. Das ist ein Problem, das generell sehr schnell psychologische Experimente zu falschen Aussagen bringen kann.

Wenn im Dunkel der Lichtstahl einer Lampe irgendwohin beliebig fallen kann, kommt auch nur ein beliebiges Ergebnis heraus. Damit wird allerdings niemand die Funktionalität eines Scheinwerfers im Dunkeln anzweifeln. Man muss aber wissen, wohin er leuchten soll.

Wir haben, natürlich geplagt von Zweifeln, immer darauf geachtet, in gemonitorten Sessions, in denen der Monitor die Targetformulierung wusste, alle heiklen Parameter so kontrolliert wie möglich zu halten. Also zum Beispiel auch die Reaktionen, die ein Monitor zeigen kann, wenn der Viewer das Target sehr gut beschreibt.

Hinterher musste ich mir Sprüche anhören wie: „Na, du bist ja kalt wie Eis. Ich war total verunsichert, ob der Blödsinn, den ich

[43] Zuletzt im Freedom of Information Act (FOIA) 1995 durch Dr. Ray Hyman, einen selbsterklärten Gegner jeder „übersinnlichen" Phänomene.

da gesagt habe, irgendwas mit dem Target zu tun hat. Habe sogar an meinen Wahrnehmungen selbst gezweifelt."

„Ja", antwortete ich, „so ist das beim Remote Viewing. Daran musst du dich gewöhnen!"

Auf der anderen Seite gab es aber auch eine ganze Anzahl von Sessions, die überhaupt nicht so abliefen, wie wir bei der Formulierung des Targets unter den Projektleitern angenommen hatten. Die Viewer kamen mit einer davon völlig verschiedenen Ansicht – die aber stimmte, wie wir später herausfanden. Und ich habe es mir dann sogar geleistet, sie gegenzusteuern. Sie von ihren Wahrnehmungen weg bewusst auf den falschen Kurs zu bringen. Die Sessions endeten mehrmals in verschiedenartigen Dissonanzen. Die Viewer waren manchmal sogar ziemlich sauer, weil sie sich „beeinflusst fühlten".

Ich habe dann aufgegeben, in dieser Art die Wissenschaftlichkeit zu beweisen. Die Vielzahl der stimmigen Sessions, in denen der Monitor wusste, was das Target ist, war ein ausreichender Gegenbeweis.

Denn bei allen Diskussionen in diesem Rahmen sollte man eines bedenken: Der Monitor weiß nur, wie die Targetformulierung ist. Die Lösung kennt er auch nicht. Aber er kann den Viewer zu den Dingen hinführen, die nach erfolgreicher Recherche aussehen. Wenn sie auftauchen, und das ist immer noch allein die Sache des Viewers. Wahrnehmungen, die der Viewer nicht hat, werden nicht verwendet.

So einfach ist das.

Und deshalb schenken wir uns „doppelblind", weil es zu uneffektiv ist und einfach nur die Zeit stiehlt.

Denn wenn wir zusammen Ergebnisse erarbeiten, die niemand vorher wusste, und sie stimmen, das ist doch auch ein „Beweis", oder? Jedenfalls ist es sehr praktisch.

Reich werden und Viewen, wenn kein Arzt mehr Rat weiß

Seit vielen Jahren ist ein großer Prozentsatz der Personen, die meine Vorträge und Ausbildungen besuchen, Heilpraktiker. Das hat durchaus einen Sinn, denn das sind Leute, die in alle Richtungen suchen, um etwas zu verbessern. Da sind sie beim Heilen genau richtig.

„Alle Wünsche werden klein – gegen den, gesund zu sein!" Dieser sinnige Vers hing eingerahmt bei meinem praktischen Arzt, als ich noch in Berlin wohnte. Da hatte er Recht, aber, wie außer uns schon viele andere betroffene Menschen erfahren haben, ist die Schulmedizin oft genug hilflos, einen Zustand zu verbessern. Von dem Erreichen eines Optimums ganz zu schweigen. Trotz Hightech-Geräten ist die richtige Diagnose manchmal einfach nicht möglich; im Einklang mit einer Pharmaindustrie, die an mehr Tabletten auch mehr verdient, gibt es leider auch genug unheilige Allianzen, in denen auch Politiker kräftig mitmischen. Die hoffentlich noch gut in Erinnerung befindliche Bekämpfung einer wahnsinnig gefährlichen „Schweinegrippe" durch ein, wie sich hinterher herausstellte, annähernd wirkungsloses „Tamiflu" mag für viele Vorgänge, die unter den Mantel des Schweigens huschten, genannt werden.

Kein Wunder, wenn sich deshalb aufgeklärte Menschen verstärkt aufmachen, Alternativen zu suchen. Auch wenn ihnen der Wind durch Desinformationsattacken des vereinten Lobbyismus stürmisch ins Gesicht weht.

Als Remote Viewing nach Deutschland kam, hörte man gelegentlich von Sessions, die sich um Diagnose und Therapie drehten. Damals waren aber eher UFOs und Weltuntergang angesagt. Später hörte man von Leuten, die RV auch bei der Gesundheit eingesetzt hatten und auch wir machten einige Versuche.

Richtig erwischt hat es uns selbst erst im Jahre 2006, als meine Frau über Schwindelgefühle klagte, die nicht definierbar waren und ihr bald die ganze Lebensfreude raubten.
Wir gaben der Schulmedizin eine Chance. Es musste doch einen Grund für dieses Problem geben, das mit den modernen technischen Mitteln feststellbar war. Nach einem halben Jahr kannten wir alle diesbezüglichen Ärzte im nördlichen Schleswig Holstein und ließen sogar eine Kernspintomographie in Hamburg machen. Niemand fand auch nur irgendetwas, das wirklich relevant für die Zustände sein konnte. Schließlich konnte sie nur noch gelegentlich aufstehen, wobei allerdings das Liegen auch nur bedingt Besserung brachte.
Zu dieser Zeit hatte ich ein paar Stufe-6-Absolventen im Remote Viewing- Training. Wenn wir schon RV können, warum dann nicht damit nachschauen, was Ursache, Wirkung und Therapie dieses Phänomens sein könnte, dachte ich.
Ich schickte nacheinander zwei Viewer auf das Target und man kann sagen, sie trafen ins Schwarze. Wir zeigten die Sessionergebnisse unserem Physiotherapeuten Ralf, der auch schon einen Einführungskurs in Remote Viewing gemacht hatte und uns deshalb nicht für verrückt hielt.
„Ganz klar“, sagte er und erläuterte seine Sicht. Durch die Fehlstellung der oberen Halswirbel kommt es zu Blockaden der Schädelplatten und außerdem zur Einengung der wichtigen Versorgungsleitungen nach unten. Solche Beschwerden bekommt man z.B. durch falsche Kopfhaltungen, oft bei Computertätigkeit. Er begann eine craniosacrale Therapie.
Nach zwei Wochen waren die Beschwerden größtenteils verschwunden, auch andere, offenbar damit zusammenhängende Missstände besserten sich langsam.
„Du musst mehr Sport treiben, Muskeln aufbauen, die dagegen halten!“, gab er uns auf den Weg. Das hatten auch schon die Viewer befunden. Wir vereinbarten aber trotzdem einen monatlichen Jour Fixe zur ständigen Kontrolle.
Seitdem ist dieses Phänomen kein Thema mehr.

Auch später haben wir gelegentlich solche Gesundheitssessions gemacht. Das größte Problem dabei war zumeist, dass die Viewer in einer Reihe nacheinander alle möglichen Defekte abklappern, auch solche, die man schon wusste, wie zum Beispiel die Kaiserschnittnarbe und die Fehlsichtigkeit, die durch eine Brille allerdings längst „behoben“ war. Fehlfunktion ist Fehlfunktion, da sind Viewer sehr genau.
Das Vorhaben, sich reich zu viewen, ist ähnlich problematisch. Man muss wissen, wie es geht und die Kontrolle dabei nie aufgeben.
Die meisten Interessenten an Remote Viewing möchten so schnell wie möglich im Lotto gewinnen. Erfahrene schütteln den Kopf. Das Universum kann zwar alles liefern, aber man muss sich das Päckchen auch abholen können.
Was Lotto betrifft, so kann man durch spezielle Techniken das Gewinnrisiko von 1: 12 Millionen auf ungefähr 1:10 000 herunterholen. Das ist ein enormer Fortschritt, aber nicht unbedingt praktisch hilfreich. In solchen Projekten bemerkt man die wichtige Funktion der Wahrscheinlichkeitsentwicklung. Zukunft als Folge von Ereignissen zu betrachten, ist der erste, wichtige Lernvorgang.
Ein geviewtes Ereignis in der Zukunft muss erst einmal eintreffen, für den Viewer Gegenwart werden. Dazwischen liegen aber eine Kette von Ereignissen, deren auch nur partieller Ausfall zu einer anderen persönlichen Zukunft führen kann. Schon das Wissen um eine bestimmte Zukunft ist ein Ereignis, das eigentlich nicht eingeplant war. Das in eine bestimmte Richtung Fallen von kleinen, mit Ziffern beschrifteter Tischtennisbälle ist ein so kippeliger Vorgang mit einem so zufälligen Endergebnis, dass man sich getrost von Hoffnungen, hier zu siegen, befreien kann.
Im Allgemeinen bekommt man bis zu drei sichere Zahlen. Die vierte Zahl hat oft nur noch ungefähr 50% Eintreffenswahrscheinlichkeit und die weiteren Zahlen verschwimmen mehr und mehr in der Unschärfe, die sich um bestimmte Zahlenfelder herum bildet.

Interessanter für Leute, die auch einmal gewinnen wollen, sind hier die Sportwetten. Man erreicht hier eine Trefferquote zwischen 70 und 80%. Das könnte sehr schön sein, stünden diesem Effekt nicht zwei Rahmenbedingungen entgegen.
1. Die Strukturen der Wettanbieter. Die haben natürlich damit gerechnet, dass manche Leute auch ein wenig besser bei Vorhersagen sein können. Sobald jemand diese Fähigkeit zeigt, bekommt er/sie schlechtere Quoten angeboten und den Verweis, dass Glücksspiele der Psyche schaden bis hin zur Schließung des jeweiligen Accounts.
2. Die Möglichkeiten, die sich im Laufe des Spiels den Akteuren bieten, das Ergebnis zu verändern. Mannschaftsspiele sind in diesem Sinn schwieriger vorherzusagen als zum Beispiel Tennismatche. Viel mehr Beteiligte und die Unzahl an Grasbüscheln, wo der Ball verspringen kann, bieten hier eine lottoartige Variationsbreite. Dennoch sind auch die Vorhersagen dieser Austragungen recht erfolgreich.
Der größte „Störfaktor", so habe ich in vielen solcher Projekte erfahren müssen, ist allerdings der freie Wille. Und zwar meist der des Trainers einer Mannschaft. Auch statistisch gesehen gibt es eine hohe Anzahl von Begegnungen, die durch ein spätes bis sehr spätes Einwechseln eines Feldspielers entschieden wurden.
Diese Entscheidung war bis zu diesem Zeitpunkt noch nicht gefallen. Der Entscheidungsträger, also der Trainer, musste sich den Verlauf erst einmal anschauen und dann nach eigenem Gutdünken relativ spontan entscheiden. Bis zu diesem Zeitpunkt lief das Spiel, meist ein Fußball-Bundesliga-Spiel, genau nach (Remote Viewer-) Plan. Dann, drei Minuten vor Schluss, wurde ein Spieler eingewechselt und schoss das entscheidende Tor. Oder sogar zwei. Dieser Umstand gilt natürlich für alle Sportarten, in denen Veränderungen während der Spielzeit möglich sind. Auch taktische Anweisungen, oft in der Halbzeit getätigt, gehören dazu. Allerdings sind offenbar diejenigen Veränderun-

gen, die spontan und näher zum Ende hin durchgeführt werden, diejenigen, die das Ergebnis am meisten verändern.
Dennoch sind Sportwetten für den Beginner ein wunderbares Lernrevier. Es gibt Spaß und Spannung und man erfährt hautnah die Gesetze der Chaostheorie. Wenn man Sportwetten in einer Gruppe durchführt, hat man viel zu erzählen und auch zu lachen, wenn man alles nicht zu ernst nimmt.
Aktienkurse sind einfacher, vorherzusagen. Die Bedingungen für den weiteren Verlauf existieren bereits und können durch den Viewer kaum verändert werden können. Sei es der Anschlag auf das World Trade Center, die Immobilien-Spekulationsblase oder auch nur die geologische Bewegung am Grunde des Pazifiks im Zusammenhang mit zu niedrigen Deichkonstruktionen um ein Atomkraftwerk, all diese Dinge liegen ab einem bestimmten Zeitpunkt im Voraus fest. Die tatsächliche Kursentwicklung, auch wenn man sie in relativ „normalen" Zeiten und für kurze Zeiträume beschreiben will, kann zwar in den absoluten Zahlen abweichen, aber schon die Tendenz hilft dem Spekulanten ungemein. Und damit wären wir wieder beim Punkt Know-How. Man muss schon wissen, was man an der Börse tut, wenn man auf irgendwelche Kurse wetten will. Und man benötigt ein Startkapital. Der Vorteil ist allerdings, dass dieses, nicht wie bei Sportwetten, von einem Moment zum anderen plötzlich weg ist, sondern nur reduziert. Damit ist man bei einem Fehlschlag immer noch bereit für die nächste Chance. Aus eigener Erfahrung würde ich die allgemeine Voraussagefähigkeit von Börsenereignissen auf über 90% einstufen, wenn man absolute Werte einmal außer Acht lässt.
In diesem weiten Rahmen, zwischen Lotto und Börse, kann man seine Spekulationen betreiben und mit klugem Verhalten sich auch reich viewen. Je kleiner das Ereignis, desto unwahrscheinlicher ist die korrekte Voraussage. „Großereignisse" sind kaum zu umgehen. Wenn zum Beispiel ein Asteroid auf genau dem Kurs ist, der die Erde treffen würde, so könnten wir das genau voraussagen. Auch deshalb, weil unsere Technik bis heute noch

keine wirksame Möglichkeit entwickelt hat, solch ein Ereignis aus dem Weg zu schaffen. Aber zu Ihrer Beruhigung: Bis 2030 sicher, für die nächsten 400-500 Jahre etwas weniger sicher, haben wir kein solches Ereignis auf dem Remote Viewing-Schirm.

Männertargets

Remote Viewing hat, wie viele andere Bereiche, nicht nur eine eigene Sprache, sondern auch ganz eigene Geschichten, die man sich auch mal hinter vorgehaltener Hand erzählt. Natürlich bleibt auch die Sexualität nicht ausgeschlossen.

Begonnen hatte eigentlich alles damit, dass die ersten deutschen Viewer nach ihrer Ausbildung auch einen deutschen Farmer in Namibia besuchten, der ebenfalls RV gelernt hatte. Sie suchten gemeinsam nach einer Quelle auf dem weitläufigen Grundstück und kauften natürlich, wie es damals so üblich war, Ansichtspostkarten für künftige Trainings und Übungssessions.

Und was wird in Namibia vielfältig und stolz auf Postkarten abgebildet? Heimische Kultur natürlich, und damit „native dancers". Die meisten davon sind weiblich und, wie es in diesem warmen Land tradiert ist, „oben ohne".

Ein wunderbares Target für Männer, die sich nach den Eindrücken „warm, weich, rundlich, angenehm anzufassen" nicht mehr trauten, weiterhin Eindrücke und AIs kundzutun, denn ein bisschen ist ja die linke Hemisphäre immer mit dabei. Aus diesen Vorgängen wurden dann die beliebten „Männertargets".

Ohne nun in irgendwelche Genderdiskussionen hineingezogen werden zu wollen – wo man ja immer verliert – möchte ich kundtun, dass es selbstverständlich auch Frauentargets gibt, die auch geviewt werden. Gleichberechtigung hört ja bei Remote Viewing nicht auf!

Manchmal ist es allerdings schon beim Zuhören peinlich.

„Und, macht sie das mit?", fragte da ein Monitor seinen Viewer und meinte damit eine spezielle Praktik.

„Ja, schon", antwortete der Viewer, „aber eigentlich hätte sie es gern anders. Also zum Beispiel ..."

Decken wir den Mantel des Schweigens über die nächsten Worte.

Aber auch wenn das Target sexuelle Bereiche nicht beinhaltet, kann es schon einmal rote Ohren geben. Was soll man sich schon anderes denken, wenn in einer Stufe-3-Zeichnung solche Linien kommen:

Ein einfacher Krakel kann zu sexuellen Assoziationen führen. Und was dann folgt, sind hartnäckige, peinliche AULs. Was tun in der Session?

Das kann einem sogar im Ideogramm passieren.
Oder die typische Haltung der Zuschauer in einer Sternwarte, wie sie Dirk Rödel schon genüsslich im Barbuch 1 beschrieben hat: als AUL kommt da doch schon mal der Vergleich mit Geschlechtsverkehr beim Viewer.[44] Vor solchen AULs ist man nie sicher. Zum täglichen Leben gehören alle Bereiche. So gibt es also kein Kichern unter Viewern in der Session, oder vielleicht doch, weil man sich gemeinsam darüber amüsiert, dass es Bedeutungen gibt, die man wegen einer gesellschaftlichen Prägung nicht wahrhaben will. Und wer das peinlich findet, sollte darum beten, dass ihr oder ihm so etwas nicht passiert.
Man kann allerdings mit diesem Bereich auch sehr abgeklärt und cool umgehen. Wenn's passt, wie man so schön sagt.
Vor vielen Jahren gab es eine Viewerin in Deutschland, die es als ihre Aufgabe ansah, bei der Verbrechensaufklärung mitzuhelfen. Wenn man eine Person viewt, ist es üblich, dass man eine Geschlechtsorientierung bekommt, die nicht hundertprozentig männlich oder weiblich ist. Jeder trägt zu einem Teil, mal mehr, mal weniger, Eigenschaften des anderen Geschlechts im Fühlen und Beurteilen in sich. Manche Menschen sind tatsächlich

[44] Die Bar am Ende des Universums, 1. Anflug. Dirk Rödel: „Das Problem mit dem Radioteleskop", S. 114

50/50. Als wir wieder einmal in einer Session Probleme bei der Geschlechtsfeststellung hatten, fragte ich C. nach ihrer Methode, wenn sie den Verbrecher geortet hatte.
„Kein Problem“, sagte sie. „Wenn ich ganz sicher bin, den Täter oder die Täterin festgenagelt zu haben, dann fasse ich ihm/ihr virtuell einfach zwischen die Beine. Das funktioniert fast immer.“
„Aha“, dachte ich, danke für dieses „advanced stage-6-tool“, wie man neudeutsch sagen würde.

Engeltargets – tiefe Enttäuschung für Esoteriker

Erst glaubte ich, ich sollte ein Buch daraus machen. Aber es ist ein Thema, das sich durchaus in unendlichen Weiten verlieren kann. Einen dicken Leseklotz zwischen zwei Pappdeckeln schafft man damit auf jeden Fall. Aber was ist der Nutzen?
Esoteriker, Gläubige, Heilsbringer und Apologeten würden mich für den Inhalt hassen. Nun ja, weil sie allesamt gute Menschen sein wollen, vielleicht nicht mich als Person. Aber mit Sicherheit als Überbringer der Nachrichten. Und dass ich es überhaupt getan habe.
Ja, und das würde kaum Exemplare dieses Buches verkaufen. Also kann ich meine Zeit etwas Nutzbringendem zuwenden, denn von irgendwas muss man schließlich die Kinder und sich selbst satt bekommen.
Gut, dann also nur ein Artikel, und möglichst nicht zu lang.
Hierin geht es auch nicht um allgemeingültige Wahrheiten, die ich jemandem aufdrücken möchte. Ich erhebe keinen Anspruch auf eine neue Religion oder die Vertreter einer bestehenden Religion zu beleidigen. Jeder kann glauben, was er möchte und so viel er/sie möchte. Ich liste hier lediglich Session-Ergebnisse zu dem Target „Die Engel – Ihre Aufgaben und Möglichkeiten“ auf, mit dem Hinweis, dass vereinbart ist, dass wir das viewen, was in unserer Gesellschaft als Engel definiert wird. Das ist wichtig.
Nachdem der erste Sturm der Empörung über diesen Akt der Gotteslästerung abgeebbt ist, werden sich vielleicht einige Leser fragen, was an dieser Definition so wichtig sei. Engel – ist doch klar, was das ist. Wirklich?
Stöbert man durch die Literatur, so wird schnell klar, dass hier ein weites Feld der Beschreibungen ausgebreitet wird.
Im Alten Testament, im Neuen Testament und nicht zuletzt auf Börsen – von Erotik bis Esoterik – finden sich hier mannigfaltige Ansichten. Allen gemein ist sicherlich eine Wesenheit, die in ir-

gendeiner Art überirdisch ist und vor allem dem begegnenden Menschen wohl gesonnen.
Diese beiden Aussagen waren für mich wichtig. Ziel des Projektes war, etwas über das Universum, den Sinn des Lebens und unsere Stellung darin zu erfahren. Dafür empfand ich als sinnvoll, „Leute" anzusprechen, die einen möglichst hohen Aussichtspunkt haben, deshalb besonders gute Übersicht und, nicht zu vergessen, die NICHT BÖSE sind, in einem Sinne, wie viele Viewer es in Sessions über andere nichtmenschliche Entitäten bisher erlebt haben. Also: uns Menschen wohl gesonnen. Das trifft es genau.
Diese Definition half dann auch in vielen Sessions, in denen die angesprochenen Entitäten ärgerlich über die gestellten Fragen waren. Weil ich sie als „gut" definiert hatte, konnten sie nicht aggressiv werden.
Man kann die Informationsgewinnung in solchen Sessions auf zwei Arten durchführen. Einmal kann man versuchen, eine ganz nüchterne, sachliche, also vor allem dingliche Beschreibung zu erreichen. So war Remote Viewing auch einmal angelegt. In der amerikanischen Armee-Einheit ging es darum, Fakten zu ermitteln, die beim Einsatz verschiedener Waffen oder anderer Mittel berechenbar waren. Damit setzte man sich vom Channeling ab, in dessen Prozess sich Medien zum Sprachrohr einer wie auch immer gefundenen Entität machen.
Ich habe es selbst erlebt und auch einige Berichte aus diesem Bereich gelesen, die mir eindeutig erklärten, warum Channeling vom Wahrheitsgehalt her problematisch ist. Zunächst einmal hat hier ein Medium keine Kontrolle über die Auswahl der Entität. Da kann es alle Arten von Einstellungen geben, Gute, Böse, Trolls und Engstirnige, auf jeden Fall gibt es, wie im richtigen Leben, kaum Neutralität.
Letztlich kann ein Medium durch seine religiöse Einstellung auch eine erhebliche Färbung hineinbringen. Ich erinnere an die vielfach genannten venusischen Raumschiffe, die uns Erdbewohner nun schon seit Jahrzehnten vor dem Weltuntergang ab-

holen und so „retten" wollen, ohne dass es einen Weltuntergang gab. Von den mangelnden Möglichkeiten des Lebens auf der Venus mal ganz zu schweigen.
Channeling in einer RV-Session galt also lange Jahre als unseriös. Dessen ungeachtet gibt es in der Stufe 5 eine Kategorie, in der man „Meinungen der beteiligten Personen" abfragen kann. Weil hier eine ausgesprochene Distanz gewahrt bleibt, ist diese Abfrage auch unter neutraler Haltung zulässig. Ich stellte ein ums andere Mal in Trainings fest, dass die hier gewonnenen Informationen immer einen hilfreichen Rundumschlag aus anderen Betrachtungswinkeln boten, den Viewer allein nicht erreichen konnten. Und ein Monitor liefert meist auch nur eine einzige weitere Ansicht. Besonders wenn es falsche Voranahmen bei der Targeterstellung gab, wird man hier fündig.
Also kam ich Ende der 90er Jahre auf die Idee, die Befragung als Stufe-6-Werkzeug zu benutzen und habe es in Ausbildungen seitdem mit der gebotenen Vorsicht angebracht. Inzwischen wird dieses „Interview-Tool" von Viewern auf alles Mögliche angewendet, man „unterhält" sich inzwischen mit Insekten („sind alle zusammen"), Rasenmähern („Schnell drehend bin ich am besten") oder der Sonne („Bin auf dem Höhepunkt meiner Aktivität!") unterhalten.
Damals, im Jahr 2000, als ich das „Projekt Engel" startete, wandte ich dieses Werkzeug sehr viel zurückhaltender an und fragte die angesprochenen Entitäten auch vorher höflich, ob sie Zeit hätten, mit uns zu reden. Inzwischen hat sich diese Vorsicht weitgehend gegeben; wichtig ist ohnehin immer, dass man Informationen bekommt, die man mit dem kleinen Menschenwissen versteht.
Das ist nicht immer der Fall.
Zu Beginn dieses Projektes, als das Target noch als dingliche Beschreibung des Szenarios durch den Viewer ausgeführt wurde, bekamen wir einigermaßen verständliche Inhalte, auch wenn die Begriffe teilweise recht bizarr wurden. Zum Beispiel wurde

als „Berufsbezeichnung" der Begriff „Dimensionsmechaniker" zutage gefördert.
Wir bekamen eine organisierte, sehr große Gruppe von Entitäten, die für das Wohl des existierenden Kontinuums verantwortlich waren.[45] Demgemäß hatten sie auch keine Zeit für irdische Vorgänge. Der einzelne Mensch war in seiner Wichtigkeit eindeutig der Bedeutsamkeit eines Sandkorns ähnlich.
Solchermaßen gestärkt, denn dann hatten wir in der Tat nichts zu verlieren, begann ich, die jeweiligen Viewer anzuweisen, eine der Entitäten anzusprechen.
Denn analog zur Theorie des Remote Viewing sprachen wir ja nicht wirklich Entitäten an – wir hatten diese auch nur postuliert, indem wir einen selbst gewählten Begriff aufstellten - sondern wir arbeiteten einfach mit einem *anderen Werkzeug* das universelle Informationsfeld ab. Damit benutzen wir nichts weiter als einen Trick, Vorgaben zu schaffen, mit denen das Gehirn umgehen kann. Dieser Vorgang unterscheidet sich nur in mancher persönlicher, glaubensgeprägter Bewertung von sehen, hören, schmecken oder fühlen, was auch Vorgänge der Informationsgestaltung sind, bei näherer wissenschaftlicher Betrachtung hochkomplex und mit vielen Datenumwandlungen behaftet.
Deshalb ist es egal, wie man an die Datenermittlung herangeht – man muss nur in erster Linie vermeiden, dass persönliche Einstellungen, Gedächtnisinhalte oder Überzeugungen mit in die Ausgabe einfließen.
Die Ansprechpartner waren allesamt bereit, Auskunft zu geben, allerdings gestaltete sich jede Session auf eine ganz eigene Art, die auch eine Entwicklung nahm.
Anfangs fanden wir sofort jemanden, der uns antworten wollte. Allerdings intonierte der Viewer immer öfter und nach immer kürzerer „Gesprächszeit": „Das versteht ihr (Menschen) nicht!"

[45] Viele der Sessioninhalte sind in die Romanserien „Die Bücher Mühlheim" und „Die Hüter der Wahrscheinlichkeit" eingegangen.

Das war manchmal sehr frustrierend. Es erinnerte mich an meine Kindheit, in der ich die große weite Welt erkunden wollte und von Eltern hinter den Gartenzaun und von den „Tanten" im Kindergarten im Spielzimmer eingesperrt wurde. Natürlich „nur zu meinem Schutz".[46]
Man kann durchaus verstehen, dass ich über weitere Mittel nachsann, weiterzukommen. Ich bot den Entitäten an, sie könnten einfach sagen, was sie meinten, auch wenn ich es nicht verstünde. Oder sie könnten mir mitteilen, was ich selbst zum Gelingen ihres großartigen Werkes beitragen könnte.
„Nichts."
Und auf die Frage, wann unsere Gesellschaft einen Status annehmen würde, der meinen Ansprüchen von Mitmenschlichkeit und Gerechtigkeit genügte, gab es als Antwort:
„In 500 Jahren ungefähr".
Das war einige Zeit, nachdem mehrere Viewer herausgefunden hatten, dass es einen energetischen Aspekt in einem Lebewesen gäbe, der nach dem Tod „gereinigt und recycelt" würde. Eine eindeutige Darstellung der vielfachen Wiedergeburt. Ich konnte das durchaus als systemlogisch verstehen. Mein elfjähriger Sohn fragte mich eines Tages, was nach dem Tode passierte. Ich erzählte ihm diese Version.
„Das finde ich aber unfair, alles das von früher nicht mehr zu wissen!", beklagte er sich.
„Findest du?", antwortete ich. „Willst du dich wirklich mit früheren Leben herumschleppen? Stell dir vor, du bist furchtbar schmerzhaft umgekommen! Brauchst du das?"
Die Sache mit dem „nächsten Job" für die Seele erschien mir logisch. Das Universum verschwendet nichts.
Von Mal zu Mal wurden die Gespräche umständlicher. Nach der dritten oder vierten Session auf dieses Target hieß es als erste

---

[46] In heutigen Betriebsanleitungen liest man inzwischen oft, was mit einem Produkt aus diesem Grund nicht möglich sei. Eigentlich warte ich darauf, dass man die Räder von Autos entfernt, „zu Ihrem persönlichen Schutz".

Antwort: „Ihr schon wieder?“, wobei sich das Fragezeichen bald in ein Ausrufezeichen änderte.
Aber die Entitäten blieben freundlich – sicherlich ein Ergebnis der Target-Formulierung, die sie als wohlgesonnen festgenagelt hatte. Man musste sich nur immer öfter bis zu jemandem vorkämpfen, der Zeit für uns hatte, oder die Bereitschaft, sich mit uns zu unterhalten. Denn von Mal zu Mal stellten sich die gevIewten Entitäten immer öfter als hoch beschäftigt dar.
Die Viewer hatten bis zur Auflösung keine Ahnung, womit sie sich gerade beschäftigten. Je nach ihrem eigenen Lebenskontext stellten sie die Organisation, auf die wir stießen, als eine Art Firma oder Regierung dar. Demgemäß waren die Leute, die man darin antraf, auch bekleidet. Oft begannen wir bei einer Entität im „Blaumann“ und mussten uns langwierig bis zur Führungsebene der „Firma“ weiterreichen lassen. Jede nächst höhere „Dienststelle“ begann damit, ihren Beschäftigungsstatus vorzuschützen.
Einmal wurden wir an einen „Pressesprecher“ verwiesen, ein anderes Mal kamen wir in eine Art Sozialstation. Die Viewer selbst waren immer wieder über die Ereignisse erstaunt, die sich über sie als Vermittler entwickelten.
„AI: was geht denn hier ab?“
Ein weiteres Erschwernis ergab sich aus Zeiteffekten. Nicht nur, dass das Aufschreiben von Fragen und Antworten störend lange dauerte (und nachher in der Transkription problematisch wurde), auch kamen die Antworten immer öfter vor den Fragestellungen. Die Ordnung zu bewahren, damit man später das Gespräch nachvollziehen konnte, wurde manchmal zu einer fast unlösbaren Aufgabe.
In einer der letzten Sessions auf dieses Target, als wir uns wieder einmal bis zur Spitze dieser Institution vorgekämpft hatten, sagte nach Ende des Gespräches „der Boss“ zu seinem Assistenten: „Halt die mir bloß in Zukunft fern!“
Immerhin haben wir feststellen können, dass es eine Ordnung im Universum gibt, die aktiv eingehalten wird. Allerdings ist

diese Ordnungskraft nicht vollständig homogen, es kamen auch Hinweise darauf, dass es eine abtrünnige Gruppe gibt, die zu eigenem Vorteil sozusagen „auf eigene Rechnung" arbeitet und von den „Guten" gewissermaßen bekämpft wird. Wie gut, dass wir nicht diese angeviewt haben.
Um es noch einmal klarzustellen: Wir haben folgende Targets NICHT bearbeitet: Schutzengel, Racheengel, aufgestiegene Engel, gefallene Engel und Engelfiguren als Amulette und Raumschmuck.

Was macht RV aus uns?

„Und?“, werde ich oft gefragt. „Gibt es irgendeine Veränderung, wenn man Remote Viewing macht? Wird man irgendwie klüger? Weiser? Schneller?“
Was soll ich antworten?
Hm. Ja. So ähnlich. Denke ich jedenfalls.
Jede Art der Gehirntätigkeit wird besser, wenn man sie übt. Gehirnjogging führt dazu, dass man besser Rätsel lösen kann. Sudoku üben führt dazu, dass man besser Sudokus lösen kann. Intelligenzübungen bringen bessere Ergebnisse in Intelligenztests, falls so etwas irgendwo wichtig sein sollte.
Remote Viewing führt dazu, dass man mehr Daten zwischen den Gehirnhälften transportiert. Es ist nicht bekannt, ob das Corpus Callosum, die Verbindung zwischen rechts und links, unter dieser Beanspruchung wächst. Sonst könnte es ja bedeuten, dass Remote Viewing weiblicher macht, denn Frauen haben hier eine stärkere Verbindung als Männer. Aber eine anwachsende Tätigkeit in diesem Bereich ist spürbar.
Bei vielen Männern ist zu bemerken, dass sie neben der Analyse einer Situation auch ein „Reinfühlen“ betreiben. Dass sie intuitiver entscheiden. Sagen: „Das gefällt mir!“, und die gefühlte Entscheidung dann auch umsetzen.
Vielfach wird mehr dem Moment vertraut. Die spontane Erkenntnis kommt ungefragt, man muss nicht einmal warten. Es wurde mir auch mehrfach berichtet, dass die betreffenden Viewer viele, sehr unterschiedliche Probleme nun viel schneller verstehen und sich darüber wundern, warum die anderen es nicht können. Kann das alles „weiblich“ sein?
An dieser Stelle sollte ich einmal, falls bestehend, mit dem Irrglauben aufräumen, Männer seien immer männlich und Frauen weiblich. In vielen Sessions, wenn es um die Analyse von Menschen ging, stellten wir fest, dass eine eindeutige Einordnung nicht möglich war. Frauen waren plötzlich männlich, egal ob

blond oder dunkelhaarig, und Männer kamen weiblich herüber. Man kann aus diesen Erfahrungen ableiten, dass es wohl ein Gemisch ist, was die innere Haltung angeht, was wir jeweils vorfinden. Unabhängig von der Chromosomenlage.
Das wäre auch archaisch sehr sinnvoll. Beim Verlust eines Elternteils wäre es für die Kinder gut, wenn der verbliebene Teil beide Rollen einigermaßen ausfüllen könnte. Ich selbst konnte verspüren, wie sich nach der Geburt meiner ersten Kinder meine Einstellung änderte. Für Wecken, Anziehen, Wickeln, Trösten und Schlafengehen zuständig, machte ich, ganz ohne RV, eine Transformation durch. Merkwürdig, man konnte sich plötzlich mit Frauen über Babyfragen unterhalten.
Sicher gibt es eingefleischte Machos, Männer, die man kaum bewegen kann. Oder Frauen, die ständig nur am rosa Betutteln sind. Die Gaußsche Normalverteilung lässt ihnen auch ihren Spielraum. Aber der große Bauch dieser statistischen Kurve bedeutet, dass die meisten Menschen in ihrer Gefühlswelt beides sein können, ohne ihre angestammte sexuelle Identität aufgeben zu müssen, also lesbisch oder schwul zu werden. Bei diesen Gefühlen, im falschen Körper zu sein, spielen offenbar ganz andere Faktoren eine Rolle, die wir nie untersucht haben.
Nein, Männer werden nur plötzlich weichherzig und Frauen hart. Je nachdem. Bei der Arbeit mit Remote Viewing sind die Mischtypen in der Normalverteilung am erfolgreichsten. Auf der einen Seite offen für rechtshemisphärische „Eingaben", auf der anderen Seite mit Sinn für eine angemessene Strukturierung und Disziplin, was die Erkenntnisse einer Session erheblich brauchbarer macht. Man kann mit ihnen auch die schwierigsten Expeditionen in die Matrix erfolgreich durchstehen.
Je weiter eine Ausprägung bei einem Ende der Normalverteilung liegt, desto komplizierter wird der Umgang mit ihnen. Ich habe inzwischen die Begriffe Frauen-Frauen und Männer-Männer geprägt. Letztere haben ständig ihren Intellekt griffbereit neben sich. Ganze Sessions werden von Grundannahmen durchzogen, die der linkshemisphärische Problemlöser schnell

in die Aufmerksamkeit einspielt, wie einen Film im Fernsehen. Davon sind sie dann schwer abzubringen. Auch im weiteren Verlauf einer Session gelingt es diesen Viewern kaum, ohne hartnäckige AULs auszukommen. Jedenfalls in den ersten Wochen einer Ausbildung.
Frauen-Frauen sind vielleicht noch schwieriger in das Prozedere einzubeziehen. Sie haben sofort gute Informationen aus dem Target, aber schon im Verlauf der ersten Stufen verlinken sie diese mit Emotionen. Gefühle sind zwar auch linkshemisphärische Funktionen, aber sie sind weitaus schwieriger zu eliminieren als bildträchtige Analysen. Besonders wenn es unangenehme, angstbesetzte Emotionen sind, denn dann wird sofort eine Durchschaltung zu anderen Emotionen und damit verknüpften Reaktionen hergestellt. Das Ende vom Lied ist oft genug, dass es ein Unverständnis dafür gibt, was der Unterschied zwischen „Fühlen" und „Fühlen im Target" sein soll. „Disziplin" als Antwort wird nur ungern akzeptiert, denn die Anforderung für Viewen war doch „Loslassen", oder?
So hat man hier die beiden diametralen Typen am Start, einmal die, die zu allem eine Analyse geben müssen und denen nicht der kleinste unkommentierte Eindruck aus dem Target möglich ist und jenen, die sofort auf dem Regenbogen der Assoziationen davonfliegen.
Mit etwas Arbeitsaufwand kann man dem natürlich auch abhelfen, wenn die betreffenden Personen einsichtig sind.
Die meisten Leute, die Remote Viewing lernen, haben an den ersten Tagen das Gefühl, sie hätten richtig viel gearbeitet. Das ist nicht unbedingt falsch, richtiger ist jedoch, dass sie viel getan haben, was sie vorher noch nie getan hatten, nämlich links-rechts-hemisphärische Verschaltung auf Anforderung und zwangsläufige Beachtung der Intuition. Die Anlegung von neuen neuronalen Bahnen macht müde. Manche Trainees klagen sogar über Kopfschmerzen, -brummen oder extreme Müdigkeit nach den ersten Trainingstagen. Ihr Gehirn hat größere Probleme, etwas vom Normalfall sehr Abweichendes zu machen.

Wenn man hier durch ist, geht es erheblich leichter. Die Programme der beiden Hemisphären lernen, sich gegenseitig zu akzeptieren. Zu Seminargästen sage ich gern: „Du bist zwei. Vertragt euch und akzeptiert euch gegenseitig, dann seid ihr ein erfolgreiches Team!"
Am Ende kommt ein Menschentyp heraus, der schnell umschalten kann, wenn es angebracht ist. Wobei die Erfahrung mit dem höheren Wissen der rechten Hemisphäre dazu führt, sich auch im Alltag mehr und mehr darauf zu verlassen. „Die Matrix wird es schon richten, ich wünsche einfach!" – so die entsprechenden Äußerungen. Das ist, wenn man es ausschließlich so sieht, natürlich auch gefährlich.
Eine Abkehrung von analytischem Denken ist in unserer Gesellschaft nicht unbedingt erfolgreich. Eine Folge davon ist es zum Beispiel, dass man sich sozialen Themen zuwendet, ein „typisch weibliches" Verhalten. Oder dass man den Wert von kleinen, bedruckten Stücken Papier im Hinblick auf das tägliche Überleben nicht mehr als so wichtig erachtet. Die Aversion gegen die Weltmacht Geld treibt dann oft merkwürdige Blüten.
Gut wäre, wenn alles, was im Alltag zu tun ist, in der persönlichen Betrachtung den Platz bekäme, der angemessen ist. Ich denke, das Remote Viewing-Training hilft hier, ausgehend von den möglicherweise diametralen Ausgangspunkten die Mitte zu finden. Mal so arbeiten, mal so.
Ich persönlich nutze diese cerebrale Koordinierung zur Herstellung von Büchern. Im Vertrauen darauf, dass irgendwo meine Bücher schon existieren, denn Zeit ist ja auch nicht das, wofür Menschen sie meist halten, schreibe ich sie dort ab.
Das größte Problem ist, die Zeit zu finden, in der man sich einmal ungestört an die Arbeit daran machen kann. Wegen des Alltags fällt das oft in die Nachtstunden. Nach zwei Stunden ist man aber auch müde, genau wie nach einer Session. Der linkshemisphärische „Ausgleichssport" ist die Formatierung, das Aussuchen und Beschaffen von Illustrationen, die Konvertierung in druckfähige Dateien.

Männlich bin ich noch immer, auch wenn mir zum Beispiel das Innenleben von weiblichen Romanfiguren ebenfalls nicht fremd ist. Und Buchhaltung muss ich als Selbstständiger auch immer machen, genau wie meine Frau. Aber ich hasse sie auch genauso.

Wann und wo erschienen die Artikel zum ersten Mal?

Vorwort: 1. Version 28.4.2014, neu
Was genau ist Remote Viewing: 9.11.2012 für RV-News, überarbeitet
Die Wahrheit über Remote Viewing: RV-Akademie 11.3.2013, Bearbeitung (engl.) „How the brain works in a RV-Session" für „Eight Martinis 9" April 2013 und überarbeitet als „Die Wissenschaft des Hellsehens" für „Raum und Zeit" Nr. 190 (Juli/Aug. 2014)
Was machen Remote Viewer mit der Methode? – für RV-Akademie 14.12.2012, stark überarbeitet für dieses Buch 2014
Darf Remote Viewing Spaß machen? – für RV-Akademie 21.1. 2013, überarbeitet 2014
Der Umgang mit der Macht: erstellt 28.3.2014 für dieses Buch
Realos, Fundis und Muggels, die Weltsicht der Remote Viewer: Oktober 2014 für dieses Buch
Störstreifen auf dem Fernseher: November 2014 für dieses Buch
Ein Dutzend Fragen an Remote Viewer: 2.7.2011 für RV-Akademie, mehrfach überarbeitet, zuletzt August 2015
Träumen und Remote Viewing: 28.3.2014 für dieses Buch
Skype Viewing: 29.5.2012 für Remote Viewing-News „Viewen mit Skype in der Diskussion" überarbeitet Juli 2015 für dieses Buch
Mythen des Remote Viewing: 20.5.2012, für dieses Buch erstellt
Keine Geheimnisse? – das Auftraggeberproblem: 12.10.2012 für RV-News, überarbeitet September 2014 für dieses Buch.
Lieblingstargets in der Praxis: 16.5.2013 für RV-Akademie, überarbeitet für dieses Buch
Was ist ein erfahrener Trainer? – 1.2.2012 für RV-News
Nachgefragt: PSI – gibt es wissenschaftliche Hintergründe? – 4.3.2013 für Webseitengebrauch, verwendet für „Raum und Zeit 196" (Juli/August 2015), August 2015 stark überarbeitet für dieses Buch
Ist ein Monitor sexy? – 8.2.2013 für RV-News, 2014 überarbeitet für dieses Buch

Talent Adieu! – 9. 1. 2012 für RV- News, 12. 2. 2013 überarbeitet, 2014 für dieses Buch

Den Propheten gehen die Katastrophen aus: 6. 6. 2012 für RV-Akademie „Spannende Ergebnisse aus der Katastrophenforschung, 9. 1. 2013 überarbeitet für RV-News, 2014 weiter erheblich überarbeitet für dieses Buch

Wie entstand eigentlich ARV? – 21.6.2013 für dieses Buch

Aus Fehlern lernt man am Besten- Entstehung des Protokolls: Januar 2015 für dieses Buch

Remote Viewing im Internet: Februar 2015, für dieses Buch überarbeitet

Die hemmende Erwartungshaltung: April 2015 für dieses Buch

Werbung zwecklos! – Vermittlung und Verbreitung von RV: April 2015 für dieses Buch

Ideogramme – Entstehung und neueste Erkenntnisse: Mai 2015 für dieses Buch

Lernkurve und Decline-Effekt: 5.2.2014 für dieses Buch

Was ist eigentlich Telepathie? Mai 2015 nach älteren Ausführungen

Wie soll man sich als Anfänger informieren? Oktober 2014 für dieses Buch

Darf man Personen viewen? Mai 2015 für dieses Buch

Aus der Remote Viewing-Forschung – der Umschaltplan: 19.1.2015 „Raum und Zeit 194" März/April 2015 „Remote Viewing ist für alle da!" Stark überarbeitet August 2015 für dieses Buch

Zukunft und Wahrscheinlichkeit: 20.7.2011 für RV-News, Neufassung mit erheblicher Umarbeitung für dieses Buch

Zwischenfälle in der Session durch Bilokation: 19.4.2015

Wie gut ist Doppelblind? - Juni 2015 für dieses Buch

Reich werden und viewen, wenn kein Arzt mehr Rat weiß: Artikelbearbeitung aus Vortrag von 2012

Männertargets: Juli 2015 für dieses Buch

Engeltargets – tiefe Enttäuschung für Esoteriker: Juli 2015 für dieses Buch

Was macht RV aus uns? - August 2015 für dieses Buch

Für neueste Informationen oder ein persönliches Remote Viewing-Training schauen Sie bitte mal herein:

www.rv-akademie.com (früher: www.rv-akademie.de)
Internationaler Arbeits- und Lehrverbund für Remote Viewing im deutschen Sprachraum

www.rv-akademie.com/index.php/training
Ausbildung zum Remote Viewer, Training und Betreuung

www.remoteviewing.de
1. REMOTE VIEWERS STORE: Bücher, Videos, Zubehör.
Portofreier Versand innerhalb Deutschlands

www.remoteviewer.de
Bücher über Remote Viewing portofrei innerhalb Deutschlands

www.remoteviewing-news.de
Online-Magazin für Nachrichten zum Thema Remote Viewing, diverse Autoren,

www.rv-forum.de
Forum für Remote Viewer

www.kondor.de
Stefan Klemenc RV-Internetpräsenz

www.remote-viewing.net
Dirk Rödels RV-Internetpräsenz

www.thetawaves.de
Diskussionsplattform auch für Remote Viewing

www.endedesuniversums.info
Die Bar, in der sich Remote Viewer treffen und Erlebnisse austauschen, real und virtuell.

www.eightmartinis.com
englischsprachiges RV-Onlinemagazin auch als Download

Weitere Bücher über Remote Viewing bei

Die Bar am Ende des Universums

Worüber sprechen Remote Viewer, wenn sie sich treffen, wenn sie in einer Bar irgendwo in diesem Universum zusammensitzen?
Kommen Sie mit auf die Reise ans Ende des Universums, in die Bar, in der die Remote Viewer erzählen.
Es gibt diese Bar wirklich, und sie ist keine Hafenbar, in der Kapitäne im Ruhestand ihr Garn spinnen. Alles in diesem Buch ist wahr, dafür stehen die beteiligten Autoren, und wenn sie (nur) eine Theorie entwerfen, dann sagen sie das auch. Die legendäre erste Ausgabe dieser Buchreihe

1. Anflug:
M. Jelinski (Hrsg.) 2003, Paperback,
220 Seiten, viele Abbildungen
€ 17,80 ISBN 978-3-933305-16-9

2.Anflug:
M. Jelinski (Hrsg.) 2007, Paperback,
286 Seiten, viele Abbildungen
€ 17,80 ISBN 978-3-933305-17-6

3.Anflug:
M. Jelinski (Hrsg.) 2011, Paperback,
260 Seiten, viele Abbildungen
€ 17,80 ISBN 978-3-933305-22-0

4.Anflug:
M. Jelinski (Hrsg.) 2015, Paperback,
260 Seiten, viele Abbildungen
€ 17,80 ISBN 978-3-933305-39-8

Guido Schmidt: Schatzsucher der Matrix

Guido Schmidt sucht verlorene Gegenstände, Schmuck und Täter und schickt aufgrund von Sessionergebnissen Taucher tief hinab in die Irische See. Und er findet.
Ein Buch voller Abenteuer, aber auch voll kritischer Diskussion der Probleme von Remote Viewern als Schatzsucher der Matrix.

2004, Hardcover, 200 Seiten, viele Fotos
€ 17,80 ISBN 978-3-933305-19-0

Manfred Jelinski: Tanz der Dimensionen

Remote Viewing in Deutschland

Das erste umfassende deutsche Standardwerk über Remote Viewing. Remote Viewing in der Praxis, Forschungsergebnisse aus dem Gehirnlabor, Erfahrungsberichte, Projekte, Zusammenfassung der wichtigsten Erkenntnisse der amerikanischen Remote Viewer.

2000/2008, Paperback, 420 Seiten, viele Bilder und Skizzen
€ 24,90 ISBN 978-3-933305-15-2

Manfred Jelinski: Schritte in die Zukunft

Remote Viewing und die Gesetze der Veränderung

Was heißt "Wünschen" und "Beeinflussen"? Strategien zur Ermittlung der Zukunft und Interaktion mit der Matrix. Gesetze und Möglichkeiten.

2001/2002 Paperback, 224 Seiten, viele Abbildungen
€ 17,80 ISBN 978-3-933305-10 -7

Manfred Jelinski: Sportwetten mit Remote Viewing

Unterhaltsam, ertragreich und nicht ohne Tücken

Die inzwischen jahrzehntelangen Erfahrungen mit Remote Viewing haben gezeigt, dass man diese Technik zur Auffindung verborgener Information beinahe für jeden Zweck benutzen kann – warum also nicht auch für das Glücksspiel oder die Börse?

2009, Paperback, 180 Seiten,
viele Abbildungen
€ 12,90 ISBN 978-3-933305-21-3

Frank Köstler: Geheimnisse des Remote Viewing

Auf der Spur der Matrix

Praxis des Selbststudiums mit Tipps und Hilfen sowie Beispielen aus eigener Erfahrung.

2002, Paperback, 244 Seiten,
viele Abbildungen
€ 17,80 ISBN 978-3-933305-09-1

Frank Köstler: Der verborgene Plan

Jeder Remote Viewer hat sie bereist, die Datenmatrix, diese geheimnisvolle Ordnung hinter den Kulissen unseres Alltags. Einem Strickmuster vergleichbar, durchwebt sie Raum und Zeit. Alles scheint von ihr bestimmt. Frank Köstler ist ihrer Chiffrierung nach-gegangen. Seine Recherchen führen zu einem erstaunlichen Fazit.

2006, Paperback , 350 Seiten, Abbildungen
€ 19,90 ISBN 978-3-933305-20-6

Frank Köstler: Verdeckte Ziele

RV, Massenbewusstsein, Targetschutz

Nachdem Frank Köstler einige Zeit Remote Viewing praktiziert hatte, störten ihn die Warnungen anderer Viewer über Niemandsländer der Matrix. Er ist trotz allem hinausgegangen: auf den Mond, auf den Mars, in UFOs und andere „verbotene Zonen". Frank Köstler steht mit beiden Beinen auf der Erde und hatte nie viel für Verschwörungstheorien übrig. Er versucht, so distanziert wie möglich seine sehr beunruhigenden Ergebnisse zu erörtern.

2003, Paperback , 220 Seiten,
€ 17,80 ISBN 978-3-933305-18-3

Frank Köstler: Alltägliche Wunder

Serien und das Gesetz der Anziehung ... ein Buch zum Staunen.

In diesem umfassenden Buch werden erstmals Ereignisse, Orte und Personen im Zusammenhang einer hintergründig wirkenden Kraft dargestellt. Sie ist seit Jahrtausenden bekannt, hat sogar in Physik und Biologie Einzug gehalten.

Dinge passieren oft mehrmals kurz hintereinander. Flugzeugabstürze, Bahnunfälle, oft auch Kleinigkeiten im Alltag.

Dies wird an einer Vielzahl unterschiedlicher Beispiele des Weltgeschehens aufgezeigt und untersucht. Grund ist eine versteckte Kraft gegenseitiger Anziehung. Gleiches wird überall miteinander verbunden. Es wird Zeit, diese Kraft sinnvoll für das eigene Leben einzusetzen.

Die Autoren stoßen mit der Sicht der Remote Viewer in ein wenig bekanntes Gebiet vor.

2010, Paperback , 270 Seiten, viele Abbildungen
€ 19,90 ISBN 978-3-933305-23-7

Manfred Jelinski: Remote Viewing - das Lehrbuch

Einführung in die Technik des Remote Viewing
Das einzige in Deutschland veröffentlichte Buch, das diese Technik des Hellsehens ausführlich erklärt!

Teil 1 : Stufe 1-3
Paperback 240 Seiten, viele Abbildungen
Überarbeitung 2012
€ 17,80 ISBN 978-3-933305-08-4

Der zweite Teil des Lehrbuches über Remote Viewing führt uns über die rein deskriptive Phase der Stufen 1-3 hinaus nun direkt hinein in die "Schatzkammer der Matrix". Dieses Buch versteht sich als Fortsetzung des ersten Teils und setzt die dort beschriebenen Schritte und Hintergründe voraus.

Teil 2 : Stufe 4+5, überarbeitete Fassung
Paperback 282 Seiten, viele Abbildungen
€ 19,90 ISBN 978-3-933305-12-1

Band 3 dieses fundamentalen Lehrbuches beendet mit der Beschreibung der Stufe 6 die Erklärung des investigativen Remote Viewing. Der Interessent findet erstmals für diesen Protokollabschnitt eine klare und übergreifende Systematik für die verwendeten Techniken und Werkzeuge. Neben der Ermittlung von vergangenen und zukünftigen Geschehnissen werden auch die geografische Ortung und die Persönlichkeitsanalyse eingehend behandelt.
Dieses Buch versteht sich als Fortsetzung des zweiten Teils und setzt die dort und im ersten Teil beschriebenen Schritte und Hintergründe voraus.

Teil 3 : Stufe 6
Paperback 210 Seiten, viele Abbildungen
€ 17,80 ISBN 978-3-933305-13-8

Manfred Jelinski: Remote Viewing - das Lehrbuch Teil 4

Es gibt erheblich mehr über Remote Viewing zu sagen, als man öffentlich zuzugeben wagt. Band 4 dieses fundamentalen Lehrbuches wendet sich den aktiven Techniken zu. Das Wissen um Begegnungen in der Matrix, Remote Influence und Schutzfunktionen werden umso wichtiger, je mehr Menschen Remote Viewing lernen.

Dieses Buch versteht sich als Fortsetzung des dritten Teils. Damit ist das letzte, verborgene Kapitel von "Tanz der Dimensionen" veröffentlicht.

Teil 4: Interaktive Prozesse und Remote Influence

Paperback, 290 Seiten, viele Abbildungen

€ 29,90 ISBN 978-3-933305-14-5

Manfred Jelinski: Die Grauen in Louisas Landschaft

Der Albtraum beginnt mit der Nachricht vom Flugzeugabsturz. Louisa Lohmann muss nach New York, um die Leichen ihrer Eltern zu identifizieren. Sie bemerkt, wie sie beobachtet wird. Selbst in ihrem Geist nistet sich etwas ein. Als sie herausfindet, womit sich ihr Vater beschäftigt hat, ist sie bereits verzweifelt auf der Flucht. Manchmal glaubt sie, entkommen zu sein, aber als ihr Geliebter von einem dunklen Objekt entführt wird, begreift sie, dass sie nicht einmal in ihren intimsten Momenten allein waren.

Um ihn zu retten, geht sie in die Matrix und landet in einem gespenstischen Szenario, dessen Spielregeln ihr völlig unbekannt sind.

Der erste deutsche Remote Viewing-Thriller.

Roman, Paperback, 210 Seiten

€ 11,90 ISBN 978-3-933305-84-8

Durch Remote Viewing kamen wir von einer ganz neuen Seite zu der Theorie des Universums, die in der wissenschaftlichen Welt immer mehr Verfechter unter den Physikern und Mathematikern hat, nämlich dass wir nur in einer von unzähligen wahrscheinlichen Welten leben. Über dieses „Universum nebenan" lässt sich viel spekulieren. Was aber wäre, wenn man sich die Mühe machte, mittels einer Handlung den Gesetzmäßigkeiten nachzugehen?
Es gibt einige Leser, die Romane ablehnen, weil sie meinen, nur in Sachbüchern würden „Wahrheiten" stehen. Ein Roman muss sich ebenfalls in seiner Welt beweisen, besonders, wenn man die Handlung sehr weit spannt.
Hier ist ein Versuch dazu, der die Praxis im Umgang mit parallelen Welten untersucht.
Was wäre, wenn es gelänge, in andere Wahrscheinlichkeiten zu reisen? Das ist der Inhalt der groß angelegten Multiversen-Romanserie

Wahrscheinliche Welten

Von M.O. Jelinski

Erster Zyklus (5 Bände): "Die Bücher Mühlheim"
Das geheime Tor der alten Mühle
265 Seiten, gebunden, mit Give-away "Alte Wassermühle in NF" 2003
ISBN 978 3-933305-55- 8 € 15,90
Das Tor der Dinosaurier
280 Seiten, gebunden, mit Mini-CD "FPM auf der Elektrischen Ranch"
2004 ISBN 978- 3-933305-56-5 € 15,90
Der Gesang der toten Welten
280 Seiten, Softcover, 2005 ISBN 978- 3-933305-58-9 € 9,90
Wahrscheinlich Ferien auf dem Mars
260 Seiten, Softcover, 2007 ISBN 978- 3-933305-63-3 € 9,90
Der Untergang von Mühlheim
271 Seiten, Softcover, 2008 ISBN 978- 3-933305-64-0 € 9,90

Zweiter Zyklus (5 Bände): „Die Hüter der Wahrscheinlichkeit"
Der Plan der Engel
270 Seiten, Softcover 1. Auflage 2010 ISBN 978- 3-933305-85-5 € 11,90
Verschollen im Abgrund
250 Seiten, Softcover 1. Auflage 2011 ISBN 978- 3-933305-86-2 € 11,90
Die Spur im Niemandsland
250 Seiten, Softcover 1. Auflage 2013 ISBN 978- 3-933305-87-9 € 11,90
In Vorbereitung: **Das Vermächtnis des Chaos** erscheint voraus. 2015